拓展与升级

中国（上海）自由贸易试验区建设进程与展望

唐珏岚　主编

上海人民出版社

谨以此书纪念

中国改革开放40周年

中国(上海)自由贸易试验区成立5周年

前　言

建设中国（上海）自由贸易试验区（以下简称“上海自贸试验区”），是党中央、国务院从国内外大势出发，统筹国内国际两个大局、顺应全球经贸发展趋势，在新形势下推进改革开放的重大举措、重大尝试。2014 年 5 月，习近平总书记在考察上海自贸试验区时，希望“试验区按照先行先试、风险可控、分步推进、逐步完善的原则，把扩大开放同改革体制结合起来，把培育功能同政策创新结合起来，大胆闯、大胆试、自主改。”2017 年 3 月 5 日，习近平总书记在参加十二届全国人大五次会议上海代表团审议时希望上海“在深化自由贸易试验区改革上有新作为”。2018 年 10 月，习近平总书记对自贸试验区建设作出重要指示，强调“把自由贸易试验区建设成为新时代改革开放的新高地”。各级领导干部是党的路线方针政策的具体执行者，他们对待改革的态度，直接影响着群众对待改革的态度。这就需要各级领导干部认真学习领会中央的改革精神，全面准确把握中央的改革要求，凝聚改革共识，汇聚改革正能量。

上海自贸试验区要为深化政府行政管理体制改革探路。自贸试验区是一块大试验田，既要充分发挥市场在资源配置中的决定性作用，又要更好发挥政府作用。2016 年 11 月，李克强总理到上海自贸试验区考察时强调，“改革不是简单的监管职能合并，而是强化净化市场的功能，催生市场活力。”政府与市场的关系是经济体制改革的核心问题。加快转变政府职能是处理好政府与市场关系的抓手。要按照“法无授权不可为”、“法无禁止皆可为”、“法定职责必须为”的原则，拿出“权力清单”,讲清政府应该干什么;给出“负面清单”,指明企业不能做什么;理出“责任清单”,维护公平竞争的市场环境。政府职能转变能否取得预期效果,各级领导干部是关键。

我们曾编写出版了《中国(上海)自由贸易试验区干部读本》(上海人民出版社 2015 年出版),以便让各级领导干部更好地把握上海自贸试验区的主要任务和措施。随着形势的发展,中央对上海自贸试验区建设提出了新要求,为了更好地反映自贸试验区建设的新探索、新经验,我们组织中共上海市委党校经济学教研部、公共管理教研部与上海发展研究院的老师梳理了上海自贸试验区成立五周年的重大进展,编写了这本新的知识读本。在编撰过程中从新时代我国全面深化改革和扩大开放的基本背景入手,围绕扩大开放与促进改革的最新要求,阐述了以监管改革为核心的自贸试验区政府职能转变,分析了上海自贸试验区制度创新、服务业扩大开放、功能拓展,以及法制保障等主要任务的基本要求与创新实践,并提出了值得进一步探索的问题。本书内容丰富翔实,语言通俗易懂,分析细致深入,具有较强的政策性、实用性和参考性。我们相信,本书的出版对提高各级领导干部增强敢担当的责任意识、发扬敢创新的进取精神、提升善突破的本领,将产生积极的推动作用。

目录

第九章　自贸试验区的梯度发展格局

第十章　探索建设自由贸易港

第一章
总论

本章提要

建设中国(上海)自由贸易试验区,是党中央、国务院在新形势下全面深化改革和扩大开放的重大举措。中国(上海)自由贸易试验区的成立,是中国继加入 WTO 后又一次更高层级的开放。它不是优惠政策的洼地,而是制度创新的高地。在中国改革开放的伟大实践中,中国(上海)自由贸易试验区是扩大开放的破冰船、深化改革的挖掘机。建设好中国(上海)自由贸易试验区,对于我国更好地以开放促改革、促发展,构建开放型经济新体制,推动经济转向高质量发展,具有重要意义。

2013 年 9 月中国(上海)自由贸易试验区(以下简称"上海自贸试验区")正式挂牌,这是中国深化改革、扩大开放的重大举措。当前,世界经济正呈现新特征,中国经济已由高速增长转向高质量发展阶段,而上海正加快迈向卓越的全球城市,在这个阶段,需要全面深化上海自贸试验区改革开放,更好发挥其新时代改革开放新高地作用。

第一节

改革开放再出发

改革开放 40 年,中国经济发展取得了举世瞩目的成就,在中国经济已由高速增长阶段转向高质量发展阶段的当下,需要我们准确把握全球经济发展新趋势、中国经济发展新要求，出台新的、力度更大的改革开放举措。

一、 经济全球化呈现新趋势

经济全球化是指在世界范围内实现生产要素自由流动和合理配置的过程。经济全球化可以提高资源在全球范围的配置效率，使各国获取巨大的分工利益，促进经济增长。但经济全球化并非一个不可逆转的过程，每一次全球重大的政治、金融、经济危机的爆发，都有可能导致全球化的大逆转。例如，第一次世界大战的爆发，中断了全球贸易和资本流动，即便在战争结束后的相当长一段时间中，仍然如此。近年来，世界经济增长乏力，贸易保护主义、孤立主义、民粹主义等思潮不断抬头，经济全球化面临越来越严峻的挑战。①

(一) 经济全球化遭遇逆风

曾经是经济全球化旗手的美国似乎正在逐步“去全球化”。美国总统唐纳德·特朗普，宣扬“雇美国人、购美国货”，奉行“新孤立主义”路线，上台后签署的第一份总统令就是启动美国退出 12 个国家达成的“跨太平洋伙伴关系协定”(TPP)。随后又下令就北美自贸协定(NAFTA)重新展开谈判，宣布在美国和墨西哥边境修建隔离墙，颁布移民限制令，并向欧盟、日本、中国等主要经济体挑起“贸易战”。

国际贸易增速放缓。在 2008 年国际金融危机发生之前，国际贸易增速明显高于经济增速，但国际金融危机发生后，贸易增速明显放缓。根据世界贸易组织的统计，国际贸易增速从 1990 年至 2008 年的年均 7%降至 2009 年至 2015 年间的 3%，2016 年全球贸易增速创下国际金融危机以来最低增速。至 2016 年，国际贸易增速连续 5 年低于世界经济增长水平。尽管 2017 年全球贸易以 4.7%的增速创下 2011 年以来的最高水平，但与国际金融危机之前的增速相比，仍存在不小差距。贸易

① 唐珏岚：《经济全球化趋势被逆转了吗？》，《学习时报》，2018 年 8 月 6 日。

增速放缓的原因是多方面的，全球经济增长乏力是根本原因，全球价值链扩张放缓是直接原因，而贸易保护主义升温又严重制约了全球贸易的回暖。

国际资本流动出现萎缩。国际金融危机爆发后，全球资本流动明显萎缩。因全球供应链增长停滞、贸易紧张局势和地缘政治风险的影响，全球外商直接投资（FDI）从 2007 年的 1.91 万亿美元下降到了 2017 年的 1.52 万亿美元。其中跨境并购从 2007 年的 1.03 万亿美元下降到了 2017 年的 6 660 亿美元。跨境并购是社会化生产在全球扩展的表现，该数据的下降体现了企业配置跨境资产兴趣的消减。

作为全球化重要形式的跨境人员流动，即国际移民，进入 21 世纪以来一直呈现增长的态势。只要在恰当的政策支持下，移民能更好地为经济社会包容与可持续发展贡献力量。来自欠发达国家的移民在获取收入后，会通过汇款活动，并通过教育、健康、房产投资与基础设施建设等，促进家乡经济社会发展。而移民的进入，也有助于弥补移民目的国的劳动力缺口，并提供税收贡献等，有些移民成为最为活跃的成员，推动当地科技发展，增加文化多样性。移民为社会创造了大量的经济、文化与社会财富，然而不幸的是，从美国的移民限制令，到欧盟就移民问题的争论，全球范围内针对移民的敌意正在不断增加。

（二）走向新一轮全球化

尽管遭遇逆风与阻力，但经济全球化是不可逆转的时代潮流，如今已经进入一个新的扩容与重构阶段。国际贸易增速放缓、跨境资本流动下降、部分国家移民限制加强等现象，不能简单地解释为“逆全球化”。这并不是全球化的退步，更像是处于迈向全球化新阶段的转型期。跨境数据流动迅猛发展，催生了全球数字经济的快速成长；服务业跨境转移成为当前世界经济发展的新趋势；全球化与区域化并行发展，以 WTO 规则为代表的全球化规则体系与以各区域化协定为代表的区域化规则体系“双轨并存”；新兴市场和发展中经济体取代发达经济体，成为推动经济全球化的主力军。

1. 数字经济成为新生力量

21世纪以来，跨境数据流动作为经济全球化的新形式获得了快速发展。根据麦肯锡全球研究院的数据，2005年至2014年，全球数据流量增加了45倍，预计之后五年还将再增加9倍。①基于数据流动而产生的数字经济正在成为全球经济新的增长点，也是一种促进经济全球化的新生力量。

数据跨境流动使更多的企业与个人成为全球化的参与者。在20世纪，经济全球化的主导者是规模庞大、实力雄厚的跨国公司。跨国公司的全球布局带动了跨境贸易与投资，推动了经济全球化的发展。然而，在数字全球化的今天，原先在实体世界中不具备跨国经营规模的众多中小企业，借助网络平台，同样可以成为全球经济网络上的"节点"。同时，数据跨境流动也方便人们在世界各地获取自身所需要的商品与服务。

数字经济可以克服劳动力跨境流动的障碍。国际分工与比较优势是经济全球化产生的重要原因。建立在比较优势基础上的经济全球化，可以看成是经济主体在全球范围内的一种"套利"活动。由于劳动力大规模跨境流动面临着政治阻力，因此难以就各国的工资薪金差异展开"套利"，然而，数字经济和"远程智能"技术的迅猛发展将克服这一困难，使更多的人从事跨境远程工作。②

2. 服务业跨境转移速度加快

服务业跨境转移是世界经济发展的新趋势，也是经济全球化的新特征。根据WTO于1994年签署的《服务贸易总协定》，其提供方式主要是跨境交付、境外消费、商业存在与自然人的流动，具体包括商业服务、通讯服务、建筑及相关工程服务、分销服务、教育服务、环境服务、金

① McKinsey Global Institute, Digital Globalization: The New Era of Global Flows, March 2016.

② Richard Baldwin, *The Great Convergence: Information Technology and the New Globalization*, Cambridge: Harvard University Press, 2016.

融服务、健康与社会服务、旅游及与旅行相关的服务、娱乐文化与体育服务、运输服务及其他服务等 12 大类别。

1995 年全球服务贸易总额为 2.38 万亿美元，2015 年增加到了 9.25 万亿美元，20 年间增长了近 3 倍。服务贸易占全球贸易的比重明显上升，由 1995 年的 18.6%上升到 2015 年的 21.9%。近年来，全球货物贸易增速一直低于全球经济增速，而服务贸易增速则一直高于全球经济增速。相应地，服务贸易占全球经济总量的比重，也由 2008 年的 12.5%上升至 2015 年的 13%。①在全球货物贸易增速明显放缓的背景下，服务贸易逐渐成为拉动全球贸易增长的重要力量。

促使服务业跨境转移加速的力量主要有：一是全球价值链发展。服务业跨境转移是生产国际化的自然衍生，跨国公司在全球范围内开展生产，离不开跨境的通讯、运输、金融、商贸等服务，更何况，随着现代信息技术的发展，制造业与服务业融合已成为全球产业发展的主要趋势，制造业需要服务业的提升，服务业离不开制造业的支撑。据联合国贸易和发展组织（UNCTAD）的全球价值链（GVC）数据库统计，在全球总出口中，约有 28%的出口是进口国为了将其作为生产某种出口商品或服务的中间产品的进口而产生的。全球价值链中涉及大量的服务。尽管服务贸易出口份额仅占全球出口总额的 20%，但在全球出口增值部分，服务部门贡献了 46%，因为大多数出口产品在生产过程中离不开服务。当前，绝大多数国家，包括最贫穷的发展中国家，正日益参与到全球价值链活动中。投资与贸易紧密相连，全球外商直接投资的总存量中第一产业的投资仅占 7%，制造业投资为 26%，而服务贸易投资超过 60%。②二是通信与信息技术的迅猛发展。数据跨境流动催生了新的服务贸易类别，今天，思想、数据、新闻、娱乐都在互联网上实现了全球

---

① 王文：《中国引领打造“新型全球化”》，《参考消息》，2017 年 3 月 15 日第 11 版。

② UNCTAD, Global Value Chains and Development: Investment and Value Added Trade in the Global Economy, February 2013.

共享,且规模远远超过传统的跨境互动形式。①数字经济的发展不仅产生了新的贸易产品与流程,也加快了服务业跨境转移速度。原本一些跨境提供成本较高的服务,比如法律服务、金融服务等知识密集型的服务,现在能以数字化的形式进入国际服务贸易领域。

3. 经济全球化与区域化并行

经济全球化是世界经济发展的大趋势,同时,经济区域化也愈来愈显示其强劲的发展趋势。两个趋势是什么关系?是要全球化,还是选择区域化?这一直是经济学界争论不休的问题。

经济区域化是与全球化并存的世界经济发展趋势,两个趋势产生于共同的基础。要素资源跨境流动和配置的过程如果发生在全球范围内就是经济全球化,如果发生在区域范围内那就是经济区域化。两个趋势都是生产国际化与资本国际化到一定程度的体现。然而,就影响范围而言,全球化广于区域化;就经济一体化水平而言,区域化会高于全球化。

经济全球化与区域化是两个不能相互替代的趋势。一方面,任何国家都要参与全球范围的资源配置,以实现本国利益最大化。与此相应的全球性的经济组织与协调机制也相应地建立和发展起来。另一方面,因覆盖范围广泛、参与者众多、内部差异过大与利益协调困难,经济全球化推进面临着层层阻力。而由地缘经济关系相对较为密切的若干个经济体所推进的区域化则更为灵活,更易协调各方利益,与之相应的区域性合作组织、机制也更为有效。当前,全球经济在寻求多边化推进的同时,也存在着经贸关系趋向双边化的势头,这使得以 WTO 等为代表的多边规则体系与以各区域化协定为代表的区域性规则体系并行发展。因此,经济全球化不可能完全取代区域化,反而会给区域化的进一步发展增加新的驱动力,即通过经济区域化增强相关成员在全球化进

① 巴斯蒂安·马拉比:《全球化重置》,《金融与发展》(国际货币基金组织出版物),2016 年第 4 期。

程中的地位和作用，以获取更多的全球化收益。但是，区域经济毕竟是全球经济的组成部分，区域内部经济一体化程度的提升，也就意味着世界经济整体依存度的上升，况且，有一些区域性规则体系会在全球范围推行。

当美国退出 TPP 之后，太平洋两岸的 11 个国家 2018 年 3 月签署了新版协定，将其更名为全面进步跨太平洋伙伴关系协定(CPTPP)。在亚洲内部，中国参与的区域全面经济伙伴关系协定(RCEP)被各国列入优先议程，成为迈向亚洲经济一体化的重要一步。

只要能努力减少区域性经贸组织的排他性，增加其开放性，作为经济全球化组成部分的区域化在自身发展的同时，势必能更好地促进全球化的发展。

4. 新兴经济体成为推动经济全球化的主力

二战后的相当长一段时间中，以美国为首的发达经济体是推动经济全球化的主力，而不少新兴经济体对参与全球化心存担忧。阿根廷经济学家普雷维什(Raúl Prebisch)的“中心—外围”理论，指出了发达国家与发展中国家在国际分工体系中的不平等性。但 2008 年的国际金融危机加重了一些国家的内顾倾向，保护主义抬头，“逆全球化”思潮暗流涌动，而包括中国在内的新兴经济体和广大发展中国家则成为了推动经济全球化的重要力量。在 2017 年 G20 汉堡峰会期间发布的金砖国家领导人非正式会晤公报中，中国、俄罗斯、印度、巴西和南非表示，“坚定支持基于规则、透明、非歧视性、开放和包容的多边贸易体制，遵守和履行世界贸易组织现有规则和义务，反对保护主义”，呼吁 G20 其他成员国构建更加开放的世界经济，并强调“增强新兴市场国家和发展中国家在全球经济金融机构中发言权和代表性，以及按计划完成国际货币基金组织和世界银行新一轮改革的重要性”①。

① 金砖国家领导人汉堡非正式会晤新闻公报，外交部网站，2017-7-7，http://www.fmprc.gov.cn/web/ziliao_674904/1179_674909/t1476188.shtml。

中国是全球经济增长最重要的贡献者,也是经济全球化的积极倡导者。“中国方案”,即“坚持创新驱动,打造富有活力的增长模式”“坚持协同联动,打造开放共赢的合作模式”“坚持与时俱进,打造公正合理的治理模式”“坚持公平包容,打造平衡普惠的发展模式”①,正在开启经济全球化的新征程。秉承共商、共建、共享的“一带一路”,是“中国方案”的重要实践模式,将推动经济全球化向着普惠共享的方向迈进。

二、 中国经济转向高质量发展阶段

在经济新常态的基础上,党的十九大报告作出了重要判断:“我国经济已由高速增长阶段转向高质量发展阶段”。

(一) 高质量发展的基本内涵

我国经济转向高质量发展阶段必须推动经济发展质量变革、效率变革、动力变革。这三大变革是实现高质量发展的重要标志与根本途径。

1. 经济发展质量变革

经济发展质量变革可从不同角度界定,从广义角度而言,经济发展质量变革是指一个国家或地区经济的总量增长、效益提升、结构优化、可持续发展,以及发展成果的更好共享;而从狭义角度而言,经济发展质量变革是指产品和服务满足居民需要程度的变化。中国特色社会主义进入新时代,在社会主要矛盾发生历史性变化的背景下,从更好满足人民群众日益增长的美好生活需要出发,不断提升产品和服务质量是经济高质量发展的题中应有之义。

2. 经济发展效率变革

经济发展效率是对一国或地区一定时期内,在既定要素投入和技术等条件下,有效使用资源以满足经济发展需要的评价,它综合反映了该经济体的资源配置能力、市场竞争能力、投入产出能力和可持续发展

① 习近平:《共担时代责任　共促全球发展——在世界经济论坛 2017 年年会开幕式上的主旨演讲》,《人民日报》,2017 年 1 月 18 日。

能力。一般而言，经济发展效率可以分为宏观和微观两个层面。经济发展的宏观效率主要表现为劳动力、资本、土地、技术等关键要素的配置和使用效率，可通过全要素生产率、全社会劳动生产率、资本产出率等指标加以表示。经济发展的微观效率则是指具体行业或企业的经营效率，可以用行业或企业的利润率、净资产收益率等加以表示。①

3. 经济发展动力变革

一国或地区经济发展的动力来自于需求与供给两侧。从短期来看，经济发展动力主要来自于需求侧"三驾马车"——投资、消费和净出口的拉动。从中长期来看，经济发展动力则来源于供给侧，可能来自于产业结构调整与优化，也可能来自资本、劳动力、土地等生产要素的投入，或全要素生产率的提升。全要素生产率的提升有赖于技术进步、规模经济和效率改善等。

(二) 经济高质量发展需要形成全面开放新格局

"开放是国家繁荣发展的必由之路"。党的十九大报告提出"推动形成全面开放新格局""发展更高层次的开放型经济，不断壮大我国经济实力和综合国力"，强调"开放带来进步，封闭必然落后""中国开放的大门不会关闭，只会越开越大"。

在开放方式上，坚持引进来与走出去更好结合。要坚持引资和引技引智并举，提升利用外资的技术溢出效应、产业升级效应，加强在创新领域的各种形式合作，促进经济迈向中高端水平。同时也应看到，从贸易大国到投资大国、从商品输出到资本输出，是迈向更高层次开放型经济的必由之路。在提升引进来水平的同时，要支持企业积极稳妥地走出去，这既有利于保障能源资源供应、带动商品和服务输出、获取创新资源和营销网络，助力中国经济高质量发展，也有利于促进东道国经济和社会发展，推动经济全球化朝着普惠共赢方向发展。②

① 郭春丽等:《正确认识和有效推动高质量发展》,《宏观经济管理》,2018 年第 4 期。
② 汪洋:《推动形成全面开放新格局》,《人民日报》,2017 年 11 月 10 日。

在区域开放布局上，坚持沿海开放与内陆沿边开放更好结合。中国对外开放从沿海起步，由东向西渐次推进。近年来，内陆和沿边地区开放已经取得长足发展，但相对于东部沿海地区而言，总体上仍属于对外开放的“洼地”。内陆和沿边地区自然资源丰富，劳动力供给充裕，随着区域协调战略的推进，这些地区的基础设施不断改善，尤其是随着“一带一路”建设的加快推进，中西部地区逐步由开放的“末梢”成为开放的前沿阵地。推动形成全面开放新格局，意味着要加大西部开放力度，在深化沿海开放的同时，推动内陆和沿边地区从开放的“洼地”变为开放的“高地”，形成“陆海内外联动、东西双向互济”的开放格局，而这必将促进形成区域协调发展新格局。①

在产业开放上，坚持制造领域开放与服务领域开放更好结合。相对而言，制造业开放比较早、发展比较好、整体竞争力也比较强，目前中国制造业已基本开放，保留限制的只有少数行业。中国服务业开放相对滞后，产业整体竞争力不强，是经济转向高质量发展的明显“短板”。形成全面开放新格局，要在深化制造业开放的同时，大幅度放宽市场准入，扩大服务业对外开放，重点推进金融、教育、文化、医疗等服务业领域的有序开放，放开育幼养老、建筑设计、会计审计、商贸物流、电子商务等服务业领域外资准入限制。②

在开放对象上，坚持向发达经济体开放与向新兴经济体和发展中国家开放更好结合。发达经济体是中国主要的经贸伙伴，对欧盟、美国、日本三大经济体的进出口之和超过我国外贸进出口总额的 1/3。可见，能否巩固与发达经济体的经贸合作，关系到中国开放型经济基本面的稳定。与此同时，中国与新兴经济体和发展中国家的经贸联系也日益密切。③随着“一带一路”建设加快推进，中国与沿线国家的贸易、投资合作将更为密切。全面开放新格局需要中国积极发展全球伙伴关系，坚持向发达经济体开放与向新兴经济体和发展中国家开放并重，全面

①②③　汪洋：《推动形成全面开放新格局》，《人民日报》，2017 年 11 月 10 日。

发展同各国的平等互利合作，实现进口来源地、出口目的地与投资合作伙伴的多元化。

在开放载体上，坚持多边开放与区域开放更好结合。以世贸组织为代表的多边贸易体制和以自由贸易区为代表的区域经贸安排，是驱动经济全球化发展的两个“轮子”。[①]然而，2008 年全球金融危机爆发以来，多边贸易体制发展受阻，但开放水平更高、更为灵活的区域经贸合作方兴未艾。中国经济转向高质量发展，需要良好的国际环境，因此，积极支持多边贸易体制，为全球治理体系改革不断贡献中国智慧和力量，既有利于推动经济全球化朝着更加开放包容方向发展，也有利于进一步拓展中国经济发展空间。

三、上海加快迈向卓越的全球城市

2017 年 12 月 15 日，国务院正式批复《上海市城市总体规划(2017—2035 年)》(简称“上海 2035”)，明确了上海城市发展的目标——到 2035 年，基本建成卓越的全球城市，令人向往的创新之城、人文之城、生态之城，具有世界影响力的社会主义现代化国际大都市。

(一) 明确上海建设卓越全球城市的核心功能

“全球城市”(Global city)一词最早由美国学者沙森(Saskia Sassen)于 1991 年提出。全球城市是全球城市网络组织体系中的节点城市，与其他城市有着广泛而密集的联系，是全球经济系统的中枢。全球城市通常是国际机构与组织、跨国公司的首选地，是世界主要的金融、贸易、经济、科技创新、文化交流中心与交通信息枢纽。作为世界第二大经济体的中国，自身实力与国际影响力日益增强，足以支撑起一座卓越全球城市的成长。城市是代表国家参与国际竞争的主要力量，上海作为中国最大的经济中心城市，将责无旁贷地更好代表国家参与国际合作与竞争。作为上海城市发展目标，“卓越全球城市”的“卓越”二字，既呼应

① 汪洋：《推动形成全面开放新格局》，《人民日报》，2017 年 11 月 10 日。

了上海“海纳百川、追求卓越、开明睿智、大气谦和”的城市精神，又体现了上海对标全球顶级城市的决心和勇气。

迈向卓越全球城市的上海，城市核心功能是对上海建设国际经济、金融、贸易、航运、科技创新中心和文化大都市起决定性作用的功能。上海要重点加强国际经济、金融、贸易、航运、科技创新中心的核心功能，提升国际经济中心综合实力、国际金融中心资源配置功能、国际贸易中心枢纽功能、国际航运中心高端服务功能和国际科技创新的策源地功能。①这需要上海充分激发全社会创新创业活力和动力，向具有全球影响力的科技创新中心进军；提高国际金融功能影响力，提升国际贸易服务辐射能级，建设高品质的商务集聚区，提升全球经济辐射力；塑造国际文化大都市，提升上海文化的传播能力，繁荣城市文化产业，建设世界著名旅游目的地城市，扩大国际文化影响力；将先进制造业基地予以长期锁定并提升能级，保障先进制造业发展和竞争优势。

(二) 提升城市能级和核心竞争力

中国共产党上海市第十一届委员会第四次全体会议指出，“提升城市能级和核心竞争力，是世界城市发展的普遍规律，是上海承担起新时代新使命的必然要求，是应对城市激烈竞争的迫切需要”。上海将按照国家部署，坚持全球视野，对标国际顶级城市，不断增强城市能级和核心竞争力，加快迈向卓越的全球城市。全会通过的《中共上海市委关于面向全球面向未来提升上海城市能级和核心竞争力的意见》明确了上海提升城市能级和核心竞争力的主攻方向和重点任务，提出了“5 个新突破”和“8 个新高地”的框架性部署。

1. 取得新突破

推进国际经济中心综合实力取得新突破。以高质量发展为引领，推动质量变革、效率变革、动力变革，着力提高经济密度，提高投入产出

① 《中共上海市委关于面向全球面向未来提升上海城市能级和核心竞争力的意见》，上海市人民政府网站，2018-10-07，http://www.shanghai.gov.cn/nw2/nw2314/nw2315/nw4411/u21aw1322810.html。

效率，持续推动经济规模和效益提升，不断壮大上海综合经济实力。

推进国际金融中心资源配置功能取得新突破。把增强全球金融资源配置功能作为关键，推动全球功能性机构高度集聚，不断提升上海市场规模与能级。

推进国际贸易中心枢纽功能取得新突破。全面提高统筹利用两个市场、两种资源的能力，上海加快建设在全球投资与贸易网络中具有枢纽作用的国际贸易中心。

推进国际航运中心高端服务能力取得新突破。在巩固提升国际航运枢纽港地位的基础上，更加注重提升高端航运服务功能，不断增强上海航运服务品牌国际影响力。

推进国际科技创新中心策源能力取得新突破。瞄准世界科技前沿，强化科技创新的前瞻布局和融通发展，努力使上海成为全球学术新思想、科学新发现、技术新发明、产业新方向的重要策源地。①

2. 打造新高地

打造具有国际标识度的上海品牌新高地。品牌是全球城市的名片。坚持把打响品牌贯穿于提升城市能级和核心竞争力的全过程，全面提高上海产品、技术和服务的创新含量、文化品位和附加值水平，建立健全品牌培育、发展、保护机制，显著提升上海品牌的国际认知度、美誉度、影响力，使上海品牌成为高品质产品和服务的代名词，成为上海推动高质量发展的重要标志。

打造衔接国际通行规则的制度创新新高地。坚持以自由贸易试验区建设为突破口，解放思想、勇于突破，建立同国际投资和贸易通行规则相衔接的制度体系。

打造更高层次的对外开放新高地。开放是全球城市的重要标志，也是上海的最大优势。上海要坚持以开放促改革促发展促创新，全面

---

① 《中共上海市委关于面向全球面向未来提升上海城市能级和核心竞争力的意见》，上海市人民政府网站，2018-10-07，http://www.shanghai.gov.cn/nw2/nw2314/nw2315/nw4411/u21aw1322810.html。

贯彻国家进一步扩大开放重大举措，实施更加积极主动的开放战略，以高水平开放推动高质量发展。为贯彻落实国家进一步扩大开放重大举措，加快建立开放型经济新体制，2018 年 7 月上海制定了《上海市贯彻落实国家进一步扩大开放重大举措加快建立开放型经济新体制行动方案》(简称“上海扩大开放 100 条”)(见专栏 1.1)。

专栏 1.1　“上海扩大开放 100 条”

“上海扩大开放 100 条”聚焦金融业开放合作、构筑更加开放的产业体系、建设知识产权保护高地、打造进口促进新平台、创造一流营商环境五个方面。

100 条开放举措中，有 34 条需进一步争取国家支持，占全部改革举措的 1/3，另有约 1/3 的改革举措为上海独有，例如“一网通办”、自由贸易账户、上海证券交易所服务“一带一路”建设等，体现了上海对外开放先行先试的探索。

打造充满活力的创新创业新高地。创新创业是全球城市的重要特征，也是城市发展的不竭动力。上海要着力建设国际一流的营商环境，打造充满活力的创新创业生态系统，加快形成大众创业、万众创新的“场效应”，促进各类企业加快发展。

打造联通全球的网络枢纽新高地。这是全球城市的重要基础。上海要全面建设各类有形和无形网络通道，提速增效，互联互通，增强面向国际国内“两个扇面”的集聚和辐射能力，建设全球城市体系高端节点。

打造具有国际影响力的发展平台新高地。坚持以高能级发展平台提升城市知名度和影响力，高水平举办国际一流的论坛、会展、赛事、节庆等活动，提高市场化、专业化、国际化的策划和运营能力，促进要素加速集聚，引领产业加速发展。

打造近悦远来的国际化人才集聚新高地。把握全球人才流动大趋势，坚持全球视野、国际标准，面向全球引才聚才，着力构建具有国际竞争力的人才发展制度，探索更积极、更开放、更有效的海内外人才引进政策，完善人才创新创业服务体系，加快把上海建成国际一流创新创业人才的汇聚之地、培养之地、事业发展之地、价值实现之地，以强大人才优势提升城市核心战略优势。

打造令人向往的品质生活新高地。城市是广大市民共同的家园，也应成为广大市民美好生活的乐园。上海要着眼于满足超大城市人民群众对美好生活的需要，增加多层次、高水平公共服务供给，使高品质生活成为提升城市能级的助推力。①

第二节

全面深化上海自贸试验区改革开放

建设国际最高标准、最好水平的自由贸易区，是上海自贸试验区建设的初衷，也是努力的目标。上海自贸试验区将继续大胆试、大胆闯、自主改，在促进投资贸易便利化、提升政府治理能力、优化营商环境等方面，推出和实施一批重大改革创新举措，力争取得更多可复制可推广的制度创新成果，进一步彰显新形势下全面深化改革和扩大开放试验田作用，让“苗圃”枝繁叶茂。

一、 上海方案新要求

上海自贸试验区，将继续坚持以制度创新为核心，继续解放思想、勇于突破、当好标杆，进一步对照国际最高标准、查找短板弱项，大胆试、大胆闯、自主改，坚持全方位对外开放，推动贸易和投资自由化便利

① 《十一届市委四次全会决议》(2018 年 6 月 27 日中国共产党上海市第十一届委员会第四次全体会议通过)，《解放日报》，2018 年 6 月 28 日。

化，加大压力测试，切实有效防控风险，以开放促改革、促发展、促创新；进一步加强与上海国际金融中心和具有全球影响力的科技创新中心建设的联动，不断放大政策集成效应，主动服务“一带一路”建设和长江经济带发展，形成经济转型发展新动能和国际竞争新优势；更大力度转变政府职能，加快探索一级地方政府管理体制创新，全面提升政府治理能力；发挥先发优势，加强改革系统集成，力争取得更多可复制推广的制度创新成果，进一步彰显全面深化改革和扩大开放试验田作用。①

（一）建设目标

到2020年，率先建立同国际投资和贸易通行规则相衔接的制度体系，把上海自贸试验区建设成为投资贸易自由、规则开放透明、监管公平高效、营商环境便利的国际高标准自由贸易园区，健全各类市场主体平等准入和有序竞争的投资管理体系、促进贸易转型升级和通关便利的贸易监管服务体系、深化金融开放创新和有效防控风险的金融服务体系、符合市场经济规则和治理能力现代化要求的政府管理体系，率先形成法治化、国际化、便利化的营商环境和公平、统一、高效的市场环境。②

（二）明确“三区一堡”建设任务

2017年3月，国务院印发的《全面深化中国（上海）自由贸易试验区改革开放方案》（以下简称“《全面深化方案》”），明确了上海自贸试验区“三区一堡”建设的重点任务，即建设开放和创新融为一体的综合改革试验区、开放型经济体系的风险压力测试区、提升政府治理能力的先行区，以及服务国家“一带一路”建设、推动市场主体走出去的桥头堡。

1. 加强改革系统集成，建设开放和创新融为一体的综合改革试验区

《全面深化方案》按照着力加强全面深化改革开放各项措施系统集成的要求，从负面清单管理模式、国际贸易“单一窗口”、金融宏观审慎管理制度框架、政务信息共享等一批基础性核心制度创新方面，提出进一步加强制度创新的系统性、整体性、协同性，建设开放和创新融为一

---

①② 《全面深化中国（上海）自由贸易试验区改革开放方案》。

体的综合改革试验区。

在投资领域，突出“三个一致”，在准入清单管理方式上的内外资一致、行业许可管理规定上的内外资一致、业务牌照和资质申请审核标准的内外资一致，准入管理规则的透明度进一步提高。

在贸易领域，国际贸易“单一窗口”建设提出率先试点联合国的数据标准，实现高标准的贸易数据协同、简化和标准化。同时提出把海港、空港和海关特殊监管区域的物流作业功能纳入“单一窗口”，企业可以对货物通关流程实时跟踪和全程对接。此外，国际贸易“单一窗口”拓展覆盖至服务贸易领域，这是对“单一窗口”功能的最新探索。①货物状态分类监管是上海自贸试验区对标国际高标准、率先进行的海关特殊监管区域便利化改革探索，《全面深化方案》要求进一步拓展试点企业类型和范围，企业类型由物流仓储企业扩大到贸易、生产加工企业，范围拓展到上海市符合条件的海关特殊监管区域，参与改革的部门也将从海关扩大到税务等部门，实现跨部门的信息共享和互换。

在创新领域，《全面深化方案》结合上海科创中心建设，从创新产业、创新要素、创新环境等方面继续优化创新体系，进一步聚焦上海自贸试验区与张江国家自主创新区的“双自联动”。

2. 加强同国际通行规则相衔接，建立开放型经济体系的风险压力测试区

对照国际最高标准最好水平全方位扩大开放，能否在抓住机遇的同时有效防范风险，这是检验上海自贸试验区制度创新成败的重要标准。《全面深化方案》提出建立风险压力测试区的任务，即上海自贸试验区既要“补短板”——加大对外开放力度，又要“建高地”——建设国际最高标准、最好水平的自由贸易园区，由此提出了进一步扩大开放、实施高标准贸易便利化规则、创新跨境服务贸易管理方式、深化金融领域开放创新等压力测试任务。

---

①　唐玮婕：《“三区一堡”如何体现改革新作为》，《文汇报》，2017 年 5 月 15 日。

扩大开放方面,上海自贸试验区在已经实施的对外开放基础上,聚焦国际高标准开放的要求,在电信、互联网、文化、文物、航运服务等专业服务业和先进制造业等领域进一步放宽投资准入,成熟一项推出一项,加大扩大开放的压力测试力度,完善国家安全审查等投资审查制度,加强风险防范。①

在贸易便利化领域,全面推进世界贸易组织《贸易便利化协定》的40项条款,并要求最大限度实现口岸作业各环节的全程无纸化和贸易领域证书证明电子化管理。率先探索跨境服务贸易领域的负面清单管理模式,通过管理体制机制创新和推动跨境服务贸易的进一步对外开放,培育服务贸易的新增长点,优化服务贸易结构。

在金融领域,重点是积极有序推进实施"金改40条"。此外,《全面深化方案》继续深化金融国际化建设,提出构建面向国际的金融市场体系和人民币全球服务体系,进一步完善和加强开放环境下的金融监管。②

3. 进一步转变政府职能,打造提升政府治理能力的先行区

《全面深化方案》从治理主体、治理结构、治理体系、治理方式等方面,提出了整体提升政府经济治理能力的新任务。

在治理主体方面,以厘清政府、市场、社会关系为重点,规范政府权力,培育行业自律,最大限度地给市场放权。

在治理结构方面,深化大部门制改革,深化综合执法改革试点,加强监管协同。

在治理体系方面,以许可管理领域的"双告知、双反馈、双跟踪"和监管领域的"双随机、双评估、双公示"为重点,形成跨部门行政管理的无缝衔接和对市场主体全生命周期监管。

在治理方式方面,建立央地协同、条块衔接的信息共享机制,以及公共信用信息和金融信用信息互补机制,把散落在各部门中的"冷数

---

① 唐玮婕:《"三区一堡"如何体现改革新作为》,《文汇报》,2017年5月15日。
② 舒抒等:《向世界亮明中国全方位开放的鲜明态度》,《解放日报》,2017年5月15日。

据”变成政府之间、政府与市场之间互动的“活数据”。同时，通过“全网通办”、“全区通办”和“全域共享”，实现政府管理和服务的全覆盖。

这些改革事项不是个别政策调整的零打碎敲，不是各部门条线的单兵作战，而是涉及国家部门和地方政府事权、协同不同职能部门和市场领域的专业要求、同步推动线上和线下改革、涵盖事前和事中事后监管措施的综合性改革，目标是政府治理能力的整体提升和市场活力的充分释放。①

4. 创新合作发展模式，成为服务国家“一带一路”建设、推动市场主体走出去的桥头堡

这是中央对上海自贸试验区服务“一带一路”建设与“走出去”战略的最新定位。《全面深化方案》立足“一带一路”倡议和上海自身优势资源条件，提出打造上海服务“一带一路”建设的新平台、新载体和新枢纽。

打造“一带一路”开放合作新平台。在投资方面，建立综合性对外投资促进机构；在交易方面，打造“一带一路”产权交易中心与技术转移平台；在支持服务方面，建立境外投资公共信息服务平台，并提供法律查明、律师服务、商事纠纷调解和仲裁等服务支持。

搭建“引进来”和“走出去”有机结合的新载体。以上海国际贸易“单一窗口”为载体，推进贸易信息互换和服务共享；以能源、港口、通信、高端装备制造等领域为载体，推进国际产能合作和建设能力合作；以境外人民币离岸市场为载体，推进跨境投融资服务创新。

建设服务“一带一路”市场要素资源配置功能的新枢纽。发挥上海位于“21 世纪海上丝绸之路”、沿海运输通道和长江黄金水道交汇点的区位优势，把上海港建设成为连接国内外重点口岸的亚太供应链中心枢纽。提高浦东机场货运和客运服务能力，建设门户复合型国际航空

① 舒抒等：《向世界亮明中国全方位开放的鲜明态度》，《解放日报》，2017 年 5 月 15 日。

枢纽。发挥上海资本市场的国际化资源条件,建立境外资本与境内资产的对接纽带。积极探索具有国际竞争力的离岸税制安排,支持包括本土企业在内的跨国公司集聚发展跨境业务交易、支付、结算、服务等全球价值链高端的总部功能。①

二、 全面深化上海自贸试验区改革开放的着力点

党的十九大报告提出,“赋予自由贸易试验区更大改革自主权”。自贸试验区将继续作为改革创新的高地,对国家创新发展的整体格局和制度建设产生重要影响。在中国“全面开放新格局”的顶层设计中,自贸试验区是重要抓手。

上海自贸试验区成立以来,在多方面进行了积极探索,取得了明显成效,一批改革创新成果已在全国复制推广。2018 年是中国改革开放 40 周年,也是上海自贸试验区建设的第 5 年。改革开放再出发,上海自贸试验区承载的任务已经从负面清单、制度创新等探索,向深化改革、对标国际最高标准和最好水平转变,着眼于提升自贸试验区建设质量,对标国际最高标准最好水平,强化改革举措系统集成,大胆试、大胆闯、自主改,形成更多可复制可推广的制度创新成果,更好彰显其作为中国全面深化改革和扩大开放试验田作用。

上海自贸试验区全面深化改革扩大开放的着力点,主要在于围绕“开放”、“便利”、“治理”、“协同”、“法治”、“联动”等关键词系统推进改革创新试验。②

(一) 开放: 瞄准开放度最高的目标要求

瞄准开放度最高的目标要求,在风险总体可控的前提下,进一步加大上海自贸试验区开放风险压力的测试强度,完善准入前国民待遇加

① 舒抒等:《向世界亮明中国全方位开放的鲜明态度》,《解放日报》,2017 年 5 月 15 日。

② 马海倩等:《上海自贸试验区未来发展方向与制度目标模式》,《科学发展》,2017 年第 5 期。

负面清单管理模式，扩大服务业和制造业等领域的开放，进一步对接国际高标准投资贸易规则，系统完善境外投资制度体系，深度对接“一带一路”建设，树立开放新标杆。

上海自贸试验区将深度对接国际高标准投资贸易规则，深入推进产业开放，建立促进“走出去”战略的新制度和新平台，以及建立与产业开放相适应的有效监管制度。

（二）便利：瞄准便利化最优的目标要求

瞄准便利化最优的目标要求，从企业获得感出发，以市场主体实际需求为源动力，进一步创新管理理念和完善监管模式，推动全链条、全业态贸易便利化，推动全流程、全生命周期投资便利化，营造具有国际水准的营商环境。

上海自贸试验区将进一步深化关检联动，深化国际贸易“单一窗口”建设，完善货物状态分类监管模式，推进区港一体化改革，促进新型贸易业态发展，降低贸易通关制度性成本，深化企业设立注册便利化，并进一步推进货币兑换自由。

（三）治理：围绕治理能力和治理体系现代化

在浦东新区一级地方政府框架内，加快推进政府职能转变，强化“放管服”改革，创新事中事后监管体制机制方法，深化一个完整行政区内完整一级地方政府管理体制机制创新，推进政府治理能力和治理体系现代化，建立与社会主义市场经济规律相符合、与开放型经济体系相适应的一级地方政府管理体制。

上海自贸试验区将进一步深化市场准入制度改革，推动事中事后监管制度创新与政府管理服务创新。

（四）法治：围绕法治理念引领和法治环境规范

上海自贸试验区将进一步研究探索重点领域改革的法理依据，完善综合执法体系，建立完善接轨国际的商事仲裁制度，以及将上海自贸试验区实践和经验以全国性立法方式加以固化，体现全面推进依法治国方略。

(五) 协同:依托自贸试验区构建协同发展新平台

上海自贸试验区将加强与长三角、长江经济带、其他自贸试验区,以及“一带一路”建设的协同发展,进一步探索区域经济合作新模式。

(六) 联动:激发国家战略的叠加效应

上海自贸试验区将加强国际航运功能性政策的系统突破,依托自由贸易账户系统加大金融开放创新突破力度,进一步推进大宗商品贸易平台模式创新,深入推进“双自”联动制度创新,并进一步在更广领域和更大空间深化探索制度创新。

三、 探索建设自由贸易港

党的十八届三中全会通过的《关于全面深化改革若干重大问题的决定》提出了自由贸易港的概念,要求“在推进现有试点基础上,选择若干具备条件地方发展自由贸易园(港)区”。党的十九大报告明确提出,中国经济已由高速增长转向高质量发展,在推动全面开放新格局下,以“一带一路”建设为重点,将“赋予自由贸易试验区更大改革自主权,探索建设自由贸易港”。这是中国对外开放的最新命题,也是未来中国对外开放的最前沿。

(一) 中国建设自由贸易港的重要意义

建设自由贸易港对于中国积极融入并推动经济全球化、培育经济发展新动力、优化营商环境,将起到积极作用。

1. 建设自由贸易港有助于中国积极融入并推动经济全球化

在当前全球经贸竞争加剧、保护主义孤立主义抬头的背景下,欧美发达经济体试图通过全面与进步跨太平洋伙伴关系协定(CPTPP)、诸(多)边服务业协议(PSA)等来形成全球经贸新规则,而具有更高标准的服务贸易和投资协定是这些协议谈判的核心内容。通过自由贸易港的制度创新实施贸易投资自由化,对标国际高水平新规则,打造对外开放新高地,有助于中国与其他国家和地区实施更高标准的自由贸易区谈判,并通过制度创新,提高中国创新能力和价值链的整体竞争能力,积极参与全球价值链和国际经贸规则的重构，突破国际投资贸易中的制度壁垒，致力于维护全球自由贸易体系和构建开放型世界经济。

2. 建设自由贸易港有助于培育中国经济发展新动力

改革开放以来中国通过开发区、经济特区和国家级新区等实施的优惠政策，推动了部分地区经济的快速增长，但也滋生了地方政府的优惠政策“依赖症”。伴随国内外市场竞争的加剧和优惠政策的趋同，导致优惠政策红利出现衰减且难以为继。在借助提高自身“软实力”增强区域竞争力的外部压力与内在动因正日益增强的背景下，自由贸易港将通过大胆试、大胆闯、自主改，借助制度创新使地方政府摆脱对优惠政策的过度依赖，释放改革红利、开放红利，消除制约经济发展的体制机制障碍，让市场在资源配置中起决定性作用，更好发挥政府作用，促使中国经济由投资驱动、要素驱动转向创新驱动发展。

世界银行的报告称，“中国对外开放的整体水平要远远高于对内开放的水平”①，自由贸易港建设需要在对内与对外开放的结合上去考虑。相对于自由贸易试验区，自由贸易港将进一步深化改革，将以深化行政管理体制改革为突破口，协调创新发展与市场监管之间的关系，在改革与效率、风险与收益等关系均衡的前提下促进自由贸易港区内经济的持续健康发展。

3. 建设自由贸易港有助于优化中国营商环境

建设自由贸易港意味着我国对外开放将对标、对接国际最高标准，而制度创新作为自由贸易港建设的核心任务，无疑是该目标实现的主要路径。②以港口竞争力为例，当前中国内地的港口与中国香港、新加坡、迪拜等国际先进自由贸易港相比，虽然在货物吞吐量、集装箱吞吐量方面有明显优势，但在国际化、法治化、便利化营商环境方面仍存在

---

① 李钢：《自贸港建设需在金融监管等方面做突破》，新浪财经，2018-09-28，http://finance.sina.com.cn/meeting/2018-04-28/doc-ifztkpip7204133.shtml。

② 李猛：《新时代中国特色自由贸易港建设中的政策创新》，《经济学家》，2018年第6期。

不小差距①,唯有通过制度创新,在自由贸易港内率先形成国际最高标准的投资贸易制度,实现物流、资金流、信息流和人流的自由流动,方能提升国际竞争力。我国海岸线长,离岛资源丰富。探索建设中国特色的自由贸易港,打造开放层次更高、营商环境更优、辐射作用更强的开放新高地,对于促进开放型经济创新发展具有重要意义。②

(二)自由贸易港是开放水平最高的特殊经济功能区

改革开放以来,我国设立的保税区、出口加工区、保税物流园区、跨境工业区、保税港区、综合保税区等,体现了沿海港口及城市对外开放不断进步的历程,但它们的共同属性是"海关特殊监管区",本质仍是"境内关内"的管理模式。虽然政府反复强调要与国际惯例接轨,实现进出便捷、手续简化,也提出了启运港退税、沿海捎带等要求,尤其是自贸试验区在投资贸易便利化方面做出了新探索,但离真正的"自由贸易"还有相当的距离。

自由贸易港是设在一国(地区)境内关外、货物资金人员进出自由、绝大多数商品免征关税的特定区域,是目前全球开放水平最高的特殊经济功能区。③

1. 自由贸易港的属性是"境内关外"

自由贸易港的监管原则是"一线放开、二线管住、区内自由"。

"一线放开"是指自由贸易港与境外实现货物、资金和人员的自由流动,这是各国自由贸易港贸易便利化的直接体现。具体而言,按所在国或地区规定允许进出口的商品,均可进入自由贸易港,并且不受数量、途径、关税、原产地、起运国或指运国等条件的限制。自由贸易港内货物也可自由地运出境外;进入自由贸易港的商品不缴纳关税和其他进出口税,也不办理海关手续,如有必要向海关交验单证时,仅限于出

① 李猛:《新时代我国自由贸易港建设中的政策创新及对策建议》,《上海经济研究》,2018年第5期。

②③ 汪洋:《推动形成全面开放新格局》,《人民日报》,2017年11月10日。

示载明货物主要项目的商业或官方单证，即商业发票、运单、发货通知等；海关对运入自由贸易港的货物，不应该要求出具担保。①“二线管住”是指货物从自由贸易港进入国内市场或者货物从国内市场进入自由贸易港时，视为发生进出口业务，海关必须严格执法。“区内自由”是指在自由贸易港内，货物可进行储存、展览、组装、加工、制造与拆拼装等活动，无需海关批准，只需备案并留存加工记载和变动记录。

2. 自由贸易港的“自由”范围更广泛

除了货物自由流动外，自由贸易港还包括资金与人员等的要素自由流动，其最核心的是贸易自由化、投资自由化和金融自由化。香港、新加坡、鹿特丹与迪拜是当今世界著名的自由贸易港，它们除实现贸易自由外，通常还施行符合国际惯例的金融、外汇、投资和出入境等管理制度，构建“离岸”的市场环境。

上海要当好全国改革开放的排头兵、创新发展的先行者，探索建设自由贸易港是重要途径。

第三节

上海自贸试验区的样本意义

上海自贸试验区，是中国继加入 WTO 后又一次更高层级的开放。它不是优惠政策的洼地，而是制度创新的高地。上海自贸试验区旨在建立一套与国际接轨的制度体系，成为贸易业态模式创新、投资开放创新、金融功能创新、政府管理服务创新的“试验田”和示范区。在中国改革开放的伟大实践中，上海自贸试验区是扩大开放的破冰船、深化改革的挖掘机。建设好上海自贸试验区，对于我国加快新一轮改革开放，具

---

① 赵晓雷：《建设自由贸易港区将进一步提升上海自贸试验区全方位开放水平》，《经济学家》，2017 年第 12 期。

有重要意义。

一、发挥改革开放高地作用

改革与开放两者相辅相成,密不可分。改革推动开放,开放倒逼改革。中国改革已经进入攻坚期和深水区,剩下的都是难啃的"硬骨头"。全面深化改革,除了增强内生动力,还需要主动加大外部压力,以扩大开放"倒逼"国内改革。

(一)上海自贸试验区为全面深化改革和扩大开放探索新途径

党的十八届三中全会指出,"建立中国(上海)自由贸易试验区是党中央在新形势下推进改革开放的重大举措,要切实建设好、管理好,为全面深化改革和扩大开放探索新途径、积累新经验"。这表明,上海自贸试验区是我国在新形势下推进改革开放的重大举措,要主动探索深化改革、扩大开放的新路,并形成可复制可推广的创新成果。

经济体制改革是全面深化改革和扩大开放的重点任务。经济体制改革的核心问题是处理好政府和市场的关系。处理好政府和市场关系的重要抓手是加快转变政府职能。在这方面,上海自贸试验区有明确的定位——是制度创新的高地,不是优惠政策的洼地。上海自贸试验区将政府职能转变作为关键环节,理清政府与市场的边界,让市场在资源配置中起决定性作用,更好发挥政府作用,培育法治化、国际化、便利化的营商环境和公平、统一、高效的市场环境,激发创新创业潜力,走出一条创新发展的新路。

(二)自贸试验区的核心任务是制度创新

上海自贸试验区率先确立了以负面清单管理为核心的投资管理制度,形成与国际通行规则相一致的市场准入方式;确立了符合高标准贸易便利化规则的贸易监管制度,形成具有国际竞争力的口岸监管服务模式;确立了适应更加开放环境和有效防范风险的金融创新制度,形成与上海国际金融中心建设的联动机制;确立了以规范市场主体行为为重点的事中事后监管制度,形成透明高效的全过程监管体系。上海自贸试验区的制度创新在本质上都是围绕理顺政府与市场关系这一主线，在各个领域、不同层面渐次展开的。

上海自贸试验区以企业需求为导向，以制度创新为突破口，系统设计政府职能转变的路线图，归结起来就是“放、管、服”三个字——“简政放权、放管结合、优化服务”。在“放”的方面，通过放宽市场准入、商事登记制度改革等，减少政府对微观活动的过多干预，更好激发微观主体活力。在“管”的方面，形成由社会信用体系、企业年报公示和经营异常名录制度、国家安全审查制度、反垄断审查制度、社会力量参与市场监督制度、监管信息共享和综合执法制度等多项制度所构成的事中事后监管制度体系，构建市场主体自律、业界自治、社会监督、政府监管互为支撑的监管格局，深化行政管理体制改革，创新政府管理方式。在“服”的方面，上海自贸试验区通过“三全工程”——企业市场准入“全网通办”、个人社区事务“全区通办”、政府政务信息“全域共享”，把经济管理权放到离市场最近的地方，把社会管理权放到离老百姓最近的地方，使审批更简、监管更强、服务更优。①

二、 自贸试验区建设由点到面

继上海之后，国家又先后于 2015 年、2017 年、2018 年挂牌成立第二批、第三批与第四批自贸试验区。

(一) 上海自贸试验区：改革开放“试验田”

2013 年 9 月 29 日，中国(上海)自由贸易试验区挂牌成立，面积 28.78 平方公里，由外高桥保税区、外高桥保税物流园区、洋山保税港区和上海浦东机场综合保税区四个海关特殊监管区组成。②2014 年 12 月 28 日，经国务院批准，上海自贸试验区的面积扩展到 120.72 平方公里，

---

① 《应勇市长在上海市第十五届人民代表大会第一次会议的政府工作报告(2018年)》，上海市人民政府网站，2018-10-07，http://www.shanghai.gov.cn/nw2/nw2314/nw2319/nw11494/nw12330/nw12336/u21aw1286704.html。

② 《中国(上海)自由贸易试验区总体方案》。

新加入陆家嘴金融片区(34.26 平方公里)、金桥开发片区(20.48 平方公里)、张江高科技片区(37.2 平方公里)三个片区。①

上海自贸试验区是中国大陆的首个自贸试验区,作为中国推进改革和提高开放型经济水平的"试验田",坚持解放思想、先行先试,以制度创新为核心,在投资、贸易、金融和事中事后监管领域形成一批基础性制度创新。②一是深入探索负面清单管理模式,形成更加开放透明的投资管理制度。上海自贸试验区诞生了中国大陆的第一张负面清单,率先探索准入前国民待遇加负面清单的管理模式,率先探索"先照后证"的商事登记制度改革。二是推进贸易监管制度创新,提高贸易便利化水平。探索建设国际贸易"单一窗口",按照货物状态实施分类监管。三是深化金融制度创新,提升对实体经济发展的服务水平。自由贸易账户体系成为探索投融资汇兑便利、扩大金融市场开放、防范金融风险的基础工程,黄金国际板、原油期货、"沪港通"等的推出助力金融市场体系建设,宏观审慎的金融综合监管制度力保金融安全。四是加强事中事后监管,创新政府管理方式。减少行政审批事项,推进政府管理由注重事前审批转为注重事中事后监管。

(二) 第二批自贸试验区:东部沿海形成带状分布

2014 年 12 月 12 日,国务院常务会议公布第二批自贸试验区名单,广东、福建、天津获批。第二批的三家自贸试验区,都位于东部沿海,在定位策略上都有鲜明特色。

天津自贸试验区是中国大陆北方第一个自由贸易试验区,总面积 119.9 平方公里,涵盖三个片区:天津港东疆片区、天津机场片区和滨海新区中心商务片区。③推动实施京津冀协同发展战略,是国家赋予天津自贸试验区的重点任务,也是其特色之一。

广东自贸试验区的实施范围 116.2 平方公里,涵盖三个片区:广州

---

① 《进一步深化中国(上海)自由贸易试验区改革开放方案》。

② 徐蒙:《上海自贸区建设不断向纵深推进》,《解放日报》,2018 年 7 月 11 日。

③ 《中国(天津)自由贸易试验区总体方案》。

南沙新区片区、深圳前海蛇口片区和珠海横琴新区片区①。广东自贸试验区依托港澳，以深化粤港澳合作为重点，进一步推动粤港澳服务贸易自由化，同时加快经贸规则与国际对接。

福建自贸试验区总面积 118.04 平方公里，包括平潭、厦门、福州三个片区②。福建自贸试验区主要突出对接台湾自由经济区，以及建设海上丝绸之路。

(三) 第三批自贸试验区：深入内陆

2017 年 3 月 30 日，国务院正式印发了《中国(辽宁、浙江、河南、湖北、重庆、四川、陕西)自由贸易试验区总体方案》，第三批自贸试验区的名单正式揭晓。

辽宁自贸试验区实施范围为 119.89 平方公里，涵盖大连、沈阳、营口三个片区。③浙江自贸试验区的实施范围 119.95 平方公里，由陆域和相关海洋锚地组成，涵盖三个片区：舟山离岛片区，舟山岛北部片区与舟山岛南部片区。④河南自贸试验区涵盖郑州、开封、洛阳三个片区，总面积 119.77 平方公里。⑤湖北自贸试验区实施范围 119.96 平方公里，涵盖武汉、襄阳、宜昌三个片区。⑥重庆自贸试验区实施范围 119.98 平方公里，涵盖三个片区：两江片区、西永片区和果园港片区。⑦四川自贸试验区实施范围达 119.99 平方公里，涵盖了成都天府新区片区、成都青白江铁路港片区、川南临港片区三个片区。⑧陕西自贸试验区的实施范围达 119.95 平方公里，涵盖三个片区，包括中心片区、西安国际港务区片区和杨凌片区。⑨

① 《中国(广东)自由贸易试验区总体方案》。
② 《中国(福建)自由贸易试验区总体方案》。
③ 《中国(辽宁)自由贸易试验区总体方案》。
④ 《中国(浙江)自由贸易试验区总体方案》。
⑤ 《中国(河南)自由贸易试验区总体方案》。
⑥ 《中国(湖北)自由贸易试验区总体方案》。
⑦ 《中国(重庆)自由贸易试验区总体方案》。
⑧ 《中国(四川)自由贸易试验区总体方案》。
⑨ 《中国(陕西)自由贸易试验区总体方案》。

(四)第四批自贸试验区:发挥海南全岛试点整体优势

从区域分布来看,第一批与第二批自贸试验区都在东部沿海省份,第三批自贸试验区,除浙江和辽宁位于东部沿海外,河南、湖北、重庆、四川、陕西均位于内陆。而第四批的海南地处南海国际要冲,是中国最大的经济特区。这四批共12个自贸试验区,形成了七个位于沿海、两个位于中部、三个深入西部的分布格局。我国自贸试验区在地理分布上更加均匀,也符合区域协调发展的战略要求。

自贸试验区是制度创新的高地,自贸试验区扩容,将大大降低各个自贸试验区之间的制度成本和交易成本,有助于提升经济效益。自贸试验区的推广,可以更好地形成互补试验和对比试验,依托地方特色进行自贸试验区差异化探索,从而为中国全面深化改革开放探索新途径。当然,更多自贸试验区的设立也会带来更加激烈的竞争,如何避免同质化,走出一条独具特色之路,是检验每个自贸试验区建设成效的关键所在。

自贸试验区建设由点到面,不仅反映自贸试验区建设格局的变化,也体现出国家对全面深化改革开放的信心与期待。

三、上海自贸试验区五周年主要成就

上海自贸试验区的制度创新,激发了微观主体的创新创业活力,为全国自贸试验区建设提供了基础性制度框架,形成了一大批在全国可复制可推广的制度创新成果。

(一)制度创新成果①

自2013年9月上海自贸试验区成立以来,在党中央、国务院直接领导下,在国家有关部委的大力指导和支持下,上海市委、市政府坚持以制度创新为核心,大力推进自贸试验区建设,总体上实现了预期目标,制度框架基本形成。②

---

① 浦东新区发改委:《中国(上海)自由贸易试验区五周年转型发展总结》,2018年9月。

② 应勇:《耕耘好上海自贸试验区这块试验田》,《求是》,2017年第11期。

1. 以政府职能转变为导向，打造提升政府治理能力的先行区

2015年12月国务院第一轮批复的116项改革事项、2018年1月国务院新一轮批复的47项改革事项已全部实施。浦东新区又自我加压把改革向所有由上海和浦东新区实施的审批事项覆盖，在全面优化准入的基础上，重点对企业关注度较高、审批频次较高的36项事项加大自主改革力度，目前已基本完成。

建立“六个双”政府综合监管机制，深入推进“双告知、双反馈、双跟踪”许可办理机制和“双随机、双评估、双公示”监管协同机制，目前“六个双”已在浦东所有21家监管部门实现全覆盖，在108个监管行业、领域实现全覆盖，32万家市场主体基本信息已纳入监管平台。

全面推进政务服务“一网通办”，在“三全工程”(企业市场准入104个事项实现“全网通办、一次办成”、个人社区事务188个事项实现“全区通办”、政府政务信息全域共享)建设的基础上，建设“统一受理、整体服务”的企业办事“一张网”，实现327项涉企事项网上全覆盖，做到面向企业的线上线下服务事项一网受理、一次办成。

2. 以负面清单管理为核心，构建与国际通行规则相一致的投资管理方式

上海自贸试验区在全国率先实施外商投资负面清单管理模式。经过五次修订完善，外商投资准入特别管理措施数目从2013年的190项缩减到2018年的45项。在负面清单以外领域，对外商投资项目和外商投资企业设立及变更由审批改为备案管理，受理时间由4个工作日减少到1个工作日，提交材料由原来的十几项减少到0项。上海自贸试验区挂牌以来新设外资项目8 696个，98%以上的企业通过备案方式设立。服务业扩大开放成效明显，截至2018年6月，两批扩大开放共32项措施落地，累计落地企业超过2 600个，融资租赁、演出经纪、国际船舶管理、增值电信、旅行社等行业开放富有成效，涌现出一批首创性项目。

3. 以贸易便利化为重点，形成具有国际竞争力的口岸监管服务模式

深入推进通关便利化，先后推进实施一线“先进后报”，二线“批次

进出、集中申报”“预检核销”“十检十放”等贸易监管创新措施，为商品多维度入境提供便利。率先建立国际贸易“单一窗口”，包含货物进出口、运输工具、资质许可等10个功能板块，对接海关、海事、边检、税务、外汇等20多个部门，实现“一个平台、一次提交、结果反馈、数据共享”，目前上海口岸货物申报和船舶申报100%通过“单一窗口”办理，服务超过24万家企业。企业申报数据项在船舶申报环节缩减65%，在货物申报环节缩减24%，已累计为企业节约成本超过20亿元。①

率先建立按货物状态实施分类监管模式。采用信息围网技术，实现保税货物、非保税货物、口岸货物同仓存储，促进内外贸一体化发展。上海自贸试验区海关特殊监管区内的所有符合条件的物流类企业已全面开展按货物状态实施分类监管试点，另有数家贸易型企业和加工型企业开展试点。

规范大宗商品现货市场建设，探索建立第三方交易托管，加强风险防范。

4. 与国际金融中心建设联动，推动金融开放创新和风险防范

自由贸易账户功能不断拓展，实现为经常项下和直接投资等资本项下的跨境融资、跨境并购、跨境债权、金融市场交易等提供本外币一体化的金融服务功能。截至2018年6月末，自贸试验区内跨境人民币结算总额为1.25万亿元，累计开立自由贸易账户7.24万个。

推进金融对内对外开放，制定发布金融服务业对外开放负面清单指引，跨境贸易人民币结算、证券沪港通、债券通、熊猫债、原油期货等金融改革试点相继落地。

金融市场体系建设不断完善，上海国际能源交易中心、黄金国际板、上海保险交易所、中国信托登记公司等一批金融服务功能平台落地运行。

建立金融综合监管服务平台，目前平台已基本实现2万多家金融

---

① 周航：《上海自贸区一大批制度创新成果在全国复制推广》，《澎湃新闻》，2018年9月2日，https://www.thepaper.cn/newsDetail_forward_2394495。

企业工商信息的查询和归集，为金融风险预警打下良好基础。

5. 积极服务国家“一带一路”倡议，推进市场主体走出去的桥头堡建设取得实效

进一步优化境外投资服务平台，拓展“一带一路”专区功能，提高在法律、商事、财务等方面提供跨境服务的能力。目前平台已集聚银行、法律、会计、保险等数十家专业服务机构。引导大型国企、民企等各类市场主体积极拓展国际市场，通过自贸试验区投资“一带一路”沿线国家，目前已累计对“一带一路”沿线国家和地区投资 267 个项目，桥头堡效应初步显现。国家认证认可监督管理委员会签署认证认可检验检测工作合作备忘录，正式成立“一带一路”技术交流中心。全力推动“一带一路”国别(地区)商品中心建设，保加利亚、格鲁吉亚等 7 个国别管投入运营，“一带一路”沿线国家优质商品进口不断扩大。

(二) 制度创新激发经济活力①

上海自贸试验区成立以来，尤其是 2015 年扩区以来，伴随着改革开放的推进，消费结构的升级，新技术的运用，经营模式的创新，上海自贸试验区经济发展受创新驱动，产业加速转型升级。

1. 社会服务业规模快速扩大，新兴领域企业活力迸发

上海自贸试验区社会服务业企业快速增加。2015 年以来，规模以上企业数量以年均超过 10%的速度增长。截至 2018 年 6 月，规模以上社会服务业企业达 1 485 家，比上年同期净增 170 家，占浦东新区全部规模以上社会服务业企业数的 72.3%。

自贸试验区规模以上社会服务业规模明显扩大。2018 年上半年实现营业收入 2 571.88 亿元，同比增长 9.7%，占全市比重 31.9%，比 2015 年上半年提升了 10.2 个百分点。

社会服务业机构优化。信息服务业规模接近半壁江山，2018 年上半年信息服务业营业收入占社会服务业的 44.1%。专业细分服务行业

① 浦东新区发改委:《中国(上海)自由贸易试验区五周年转型发展总结》,2018 年 9 月。

中法律、咨询、会计等类型企业活跃度较高。

2. 大宗商品支撑流通市场，新零售带动消费市场

2018年上半年上海自贸试验区商品销售总额2.01万亿元，增长7.4%；2015年上半年到2018年上半年平均递增8.8%，占全市比重达35.5%。

商业综合体和网上零售带动消费市场。2018年上半年社会消费品零售额796亿元，最近三年平均递增5.2%，占全市比重13%。商业综合体和网上零售为代表的新兴零售发展较好。2018年上半年，商业综合体实现零售额(含餐饮)106亿元，增长17.4%；盒马生鲜表现抢眼，2018年上半年零售额达18.94亿元，增长2.8倍。

3. 工业规模占比提高，国内市场支撑工业平稳增长

2018年上半年，上海自贸试验区规模以上工业总产值2 411亿元，相当于浦东新区工业总产值的49.5%，比2015年同期提高6.6个百分点；占全市比重14.2%，比2015年同期提高1.7个百分点。

工业产销衔接良好，上半年销售产值2 407亿元，产销率达99.8%；其中国内销售1 956亿元，占全部销售产值的81.3%，国内市场成为自贸试验区工业的主要市场。

4. 固定资产投资占新区1/3，增速快于新区

上海自贸试验区成立五年间，全社会固定资产投资总额累计达2 978亿元，占浦东新区投资总额比重的33.3%；年均投资增幅为5.9%，高于新区投资年均增幅0.4个百分点。

服务业投资势头良好，五年来，上海自贸试验区服务业投资2 164亿元，占投资总额的72.7%。

工业投资结构优化，五年间，上海自贸试验区工业投资610亿元，其中技术改造和设备购置投资425亿元，占工业投资的69.6%。

5. 新设企业增长快，企业具“三多”特征

因开放制度带来的红利，上海自贸试验区成立后市场主体规模快速扩张。上海自贸试验区挂牌以来，新设企业5.55万户，占区内企业总数的比重达64%。

上海自贸试验区大型企业多，新设企业民营资本多、第三产业多。自贸试验区大企业集聚明显，上海自贸试验区现有企业户数占浦东新区比重为31%，内资注册资本占比达71%，外资注册资本高达85%。民营资本投资活跃，新设私营企业占上海自贸试验区新设总量的3/4，注册资本占比达到六成（2017年）。行业分布符合产业导向，新设企业租赁和商务服务业最多，其次是批发零售、金融业和科研技术服务业。

6. 区域经济效益稳健增长，新设企业贡献达15%

2018年上半年，上海自贸试验区企业实现税收1 773亿元，同比增长13.5%，上海自贸试验区大企业较多，以浦东新区三成的户管，完成了2/3的税收。重点税源集中度高，占企业数2%的税收千万以上企业，实现了上海自贸试验区90%的税收。税收行业集中度也较高，商贸业占比居首位，占到上海自贸试验区税收的30.5%，制造业占比为18.7%。商务服务业、金融业和科技服务业都接近或超过10%，其中商贸业和金融业在区内聚集度尤其高，浦东新区98.8%的金融业税收和97.1%的商贸业税收都集中在自贸试验区。

上海自贸试验区以不到上海1/50的土地面积，创造了全市1/4的生产总值和1/4的税收收入。以不到浦东新区1/10的土地面积，实现了浦东新区3/4以上的生产总值、50%的工业总产值、60%的财税收入、70%的社会消费和外贸进出口、80%的金融机构和跨国公司总部聚集、90%的外资投资，上海自贸试验区有力推动了浦东转型发展，有力支撑了上海“五个中心”建设。

（三）改革创新理念和制度创新成果在全国复制推广

作为探索改革开放新路径的先行者，上海自贸试验区在投资自由化、贸易便利化、金融开放创新、事中事后监管、营商环境优化、推进科技创新和服务国家战略等改革领域不断试点，发挥了“排头兵”与“先行者”的作用。五年来，上海自贸试验区改革创新理念和制度创新成果已分领域、分层次在全国复制推广。①

---

① 徐蒙：《上海自贸区建设不断向纵深推进》，《解放日报》，2018年7月11日。

开展“证照分离”改革试点的116项行政许可事项,在全国其他自贸试验区,以及有条件的国家自主创新示范区、国家高新技术产业开发区推广实施。外商投资备案管理、企业准入“单一窗口”等投资领域改革措施在全国复制推广。

先进区后报关、批次进出集中申报等贸易便利化改革措施,已在全国范围、长江流域范围、海关特殊监管区域等分阶段有序推广实施。

跨境融资、利率市场化等金融制度创新改革成果分领域、分层次在全国复制推广。

上海自贸试验区真正做到了把制度创新作为核心任务,把可复制可推广作为基本要求,不搞“政策洼地”,不栽“盆景”,用培育“苗圃”的标准推进制度创新。

2018年11月5日,国家主席习近平在首届中国国际进口博览会开幕主旨演讲时宣布:“将增设中国上海自由贸易试验区的新片区,鼓励和支持上海在推进投资和贸易自由化便利化方面大胆创新探索,为全国积累更多可复制可推广经验。”增设上海自贸试验区新片区,这既是对上海自贸试验区五年来创新探索的充分肯定,也是对上海自贸试验区当好新时代改革开放新高地提出的新要求。

参考文献

《中国(上海)自由贸易试验区总体方案》。

《进一步深化中国(上海)自由贸易试验区改革开放方案》。

《全面深化中国(上海)自由贸易试验区改革开放方案》。

汪洋:《推动形成全面开放新格局》,《人民日报》,2017年11月10日。

马海倩等:《上海自贸试验区未来发展方向与制度目标模式》,《科学发展》,2017年第5期。

中国(上海)自由贸易试验区门户网站,http://www.china-shftz.gov.cn/Homepage.aspx。

第二章
自贸试验区政府职能转变

本章提要

转变政府职能涉及“政府角色、政府职能及其边界的重新定位”和“履行政府职能的手段、工具以及方式方法”两个紧密相关的问题。中国(上海)自贸试验区的核心使命之一便是积极探索和推动政府职能转变,建立适应新时代要求的政府管理模式,从而为推动国家治理体系和治理能力现代化贡献可复制可推广的制度创新成果和经验。自成立以来,自贸试验区以“放管服”作为战略行动框架,以制度创新的复制推广作为基本追求,以“加快探索一级地方政府管理体制创新,全面提升政府治理能力”和“全面提升开放环境下政府治理能力”作为主要任务,重点从“健全以简政放权为重点的行政管理体制”、“深化创新事中事后监管体制机制”以及“优化信息互联共享的政府服务体系”三个方面推进改革创新,全力打造“提升政府治理能力的先行区”。总体上,中国(上海)自贸试验区在转变政府职能方面的主要经验体现为“三个结合”,即顶层设计与渐进调试相结合;制度创新与模式升级相结合;系统集成与需求导向相结合。进一步深化政府职能转变,推进政府治理模式创新和制度创新,深化“放管服”改革,需要综合考虑以下几个方面的问题,即政务服务的整体协同与智能升级问题;政府监管的国际对标与监管互认问题;社会组织的参与渠道与能力建设问题,等等。

对于理解当代中国政府管理和行政管理体制改革而言,“转变政府职能”毫无疑问是一个基础性的角度。从根本上讲,转变政府职能的角度就是要回答两个根本性的议题①，即“政府能够适当地和成功地进行什么工作”和“政府怎样才能以尽可能高的效率及在费用或能源方面用尽可能少的成本完成这些适当的工作”。简言之，转变政府职能的角度提醒观察者和政治家综合考虑“职能定位”与“工具权衡”两个紧密相关甚至是无法剥离的方面。也就是说，考察政府职能转变既要考察政府角色、政府职能及其边界的重新定位，又要考察履行政府职能的手段、工具以及方式方法的转变。

回顾改革历程，我国早在1988年第七届全国人民代表大会通过的《政府工作报告》中就明确提出政府“机构改革主要着眼于转变职能”这个基本命题和科学论断。②随后，“转变政府职能”就被奉为引领推动我国行政管理体制改革和公共管理创新的逻辑起点和根本方法。2016年3月5日，中共中央总书记、国家主席、中央军委主席习近平在参加十二届全国人大四次会议上海代表团审议时强调，深化经济体制改革的核心是处理好政府和市场关系，使市场在资源配置中起决定性作用和更好发挥政府作用，其关键在于加快转变政府职能。③作为一项国家战略，中国(上海)自由贸易试验区成立以来，其核心使命便是积极探索和推动政府职能转变，以建立适应新时代要求的政府管理模式，从而为推动国家治理体系和治理能力现代化贡献可复制可推广的制度创新成果和经验。

第一节

上海方案的基本要求

中国(上海)自由贸易试验区自成立以来，中央根据形势的变化和

① Woodrow Wilson, “The Study of Administration,” *Political Science Quarterly* 2 (July 1887): 197—222.

② 王浦劬：《论转变政府职能的若干理论问题》，《国家行政学院学报》，2015年第1期。

③ 于晓：《习近平：加快转变政府职能　该政府管的事一定要管好》，中国新闻网，2016年3月5日，http://www.chinanews.com/gn/2016/03-05/7785470.shtml。

实践的发展，分别于2013年、2015年和2017年三个关键时间点发布自贸试验区《总体方案》(国发〔2013〕38号)、《深化改革方案》(国发〔2015〕21号)以及《全面深化改革方案》(国发〔2017〕23号)。①基于上述政策文本，我们可以就中央对上海自贸试验区在政府职能转变方面的期待和目标定位作出判断。

一、 目标定位和主要任务

总体来看，"政府职能转变"乃是上海自贸试验区建设的目标，也是至关重要的手段。换言之，对于自贸试验区而言，在整个改革开放实践中"转变政府职能"都需处理好工具价值和目标价值二者之间的关系。这是中央的精神和要求，也是改革推进者必须始终坚持的基本导向。因此，关于三个方案就政府职能转变的基本目标定位的认识和判断，也需要兼顾其工具价值和目标价值。

(一) 作为具有工具价值的"政府职能转变"

从顶层设计的角度来看，这种意义上的政府职能转变不是决策者和改革者关注的最终目标，更确切地讲它是改革的"牛鼻子"。换言之，这种意义上的"政府职能转变"总体上属于实现更大、更长远、更为系统目标的手段和工具。这是对于政府职能转变最常规、最基本的定位。关于上海自贸试验区的三个方案中，多处直接或间接地强调：要通过转变政府职能来适应新的经济形势，甚至是创造新的营商环境，激发和释放新的经济活力。譬如，在《深化方案》中讲到要以转变政府职能来推进政府管理模式和制度创新，从而为加快形成法治化、国际化、便利化的营商环境和公平、统一、高效的市场环境奠定政府治理体系和能力基础。

① 三个方案分别是指：《中国(上海)自由贸易试验区总体方案》(国发〔2013〕38号)、《进一步深化中国(上海)自由贸易试验区改革开放方案》(国发〔2015〕21号)以及《全面深化中国(上海)自由贸易试验区改革开放方案》(国发〔2017〕23号)，分别简称"《总体方案》"、"《深化方案》"与"《全面深化方案》"。

(二) 作为具有目标价值的“政府职能转变”

上海方案也多次强调了自贸试验区中“政府职能转变”所应当具备的目标价值。这种意义上的“政府职能转变”不仅仅是实现其他目标的手段或者途径,它本身就具有十分重要的意义和价值。换言之,“政府职能转变”本身就是自贸试验区需要实现的一项重要的改革目标。譬如,在《深化方案》中讲到要建立“以政府职能转变为核心的事中事后监管制度”。这是一个非常重要的表述。在这个表述中,转变政府职能和加强事中事后监管孰为目标孰为手段并不明朗。更确切地讲,都可以作为一个改革目标来定位。此外,在《全面深化方案》中,中央明确提出要打造“提升政府治理能力的先行区”。在此先行区中,上海自贸试验区要加强政府自身建设,至少需要进行两大方面的改革创新探索:其一,“加快探索一级地方政府管理体制创新,全面提升政府治理能力”;其二,“全面提升开放环境下政府治理能力”。在《全面深化方案》中,中央对于这个目标给出了明确表述,即“加强自贸试验区建设与浦东新区转变一级地方政府职能的联动,系统推进简政放权、放管结合、优化服务改革,在行政机构改革、管理体制创新、运行机制优化、服务方式转变等方面改革创新,全面提升开放环境下政府治理能力”。①总体而言,在这两个改革目标中,“政府职能转变”中的“转变”都应当视为结果状态而非过程状态,即阶段性地达成“职能科学”这个目标。

在关于政府职能转变的两种价值定位上,上海自贸试验区三个方案总体上经历了一个从侧重于工具价值逐步转向工具价值与目标价值并重的发展过程。至于自贸试验区在转变政府职能上的主要任务和战略,中央在关于上海自贸试验区的三个方案中也作出了比较具体的部署和安排:

在《总体方案》中,中央主要从“深化行政管理体制改革”的角度来推进政府职能转变,其主要的战略和举措包括:建立一口受理、综合审

① 《全面深化中国(上海)自由贸易试验区改革开放方案》。

批和高效运作的服务模式；建立行业信息跟踪、监管和归集的综合性评估机制；建立集中统一的市场监管综合执法体系；完善投资者权益有效保障机制；建立知识产权纠纷调解、援助等解决机制，等等。

相比较而言，《深化方案》对于制度创新任务规定更加明确具体。在方案中，中央以清单的方式详细列出了主要任务和举措。具体包括：完善负面清单管理模式；加强社会信用体系应用；加强信息共享和服务平台应用；健全综合执法体系；健全社会力量参与市场监督制度；完善企业年度报告公示和经营异常名录制度；健全国家安全审查和反垄断审查协助工作机制；推动产业预警制度创新；推动信息公开制度创新；推动公平竞争制度创新；推动权益保护制度创新；深化科技创新体制机制改革。

在《全面深化方案》中，中央为上海自贸试验区作出了打造"三区一堡"的新的战略布局。其中，明确提出要打造"提升政府治理能力的先行区"。方案强调要加强自贸试验区建设与浦东新区转变一级地方政府职能的联动，系统推进简政放权、放管结合、优化服务改革，在行政机构改革、管理体制创新、运行机制优化、服务方式转变等方面改革创新，全面提升开放环境下政府治理能力。总体上，其主要战略和举措涉及放、管、服三个方面。具体包括"健全以简政放权为重点的行政管理体制"、"深化创新事中事后监管体制机制"、"优化信息互联共享的政府服务体系"，等等。

二、 顶层设计及其演变

总体上讲，转变政府职能涉及两个紧密相关的问题，即职能定位的问题和履行职能的工具、手段以及方式方法的问题。党的十八届三中全会审议通过的《中共中央关于全面深化改革若干重大问题的决定》指出："加强中央政府宏观调控职责和能力，加强地方政府公共服务、市场监管、社会管理、环境保护等职责。推广政府购买服务，凡属事务性管理服务，原则上都要引入竞争机制，通过合同、委托等方式向社会购买。"这段话就是对政府职能转变的两个关键问题的一个时代表达和阐述。

总体上,上海自贸试验区的三个方案在职能定位、工具创新以及目标设定等方面都随着经济社会形势变化以及国家战略的调整而与时俱进。在职能定位上,其重心逐步从以市场监管为核心关照转向全面覆盖

表 2.1　自贸试验区政府职能转变的方案比较

	职能定位	工具创新	基本目标
《总体方案》	重点聚焦市场监管、公共服务等方面	监管创新:负面清单管理模式①;事中事后监管措施②;以备案制为主的管理方式;采信第三方;等等 服务优化:对外投资服务促进体系(包括投资便利化措施、备案管理、信息共享和公开机制,等等)	其一,“推进政府管理由注重事先审批转为注重事中、事后监管” 其二,“培育国际化和法治化的营商环境”
《深化方案》	重点聚焦市场监管、公共服务、环境保护等领域	监管创新:深化推进负面清单管理模式和事中事后监管的相关制度与手段创新 服务优化:集中登记;简化流程;单一窗口;“多证联办”或“三证合一”登记制度;电子营业执照和企业登记全程电子化;等等 其他方面:产业预警体系;环境违法法人“黑名单”制度;权益保护制度创新;等等	其一,建立“以政府职能转变为核心的事中事后监管制度” 其二,“营造国际化、市场化、法治化营商环境”
《全面深化方案》	覆盖公共服务、市场监管、社会管理、环境保护等职能	简政放权:健全以简政放权为重点的行政管理体制 放管结合:深化创新事中事后监管体制机制 优化服务:优化信息互联共享的政府服务体系	打造提升政府治理能力的先行区: 其一,“加快探索一级地方政府管理体制创新”;其二,“全面提升开放环境下政府治理能力”

资料来源:作者自制。

① 《中国(上海)自由贸易试验区外商投资准入特别管理措施(负面清单)(2013 年)》。

② 《国务院关于推广中国(上海)自由贸易试验区可复制改革试点经验的通知》(国发〔2014〕65 号)。

地方政府的基本职能版块；与之相应，在管理工具创新上，也逐步转向以“放管服”作为基本思路，全面推进行政管理体制的简化和创新、创新事中事后监管的体制机制，以及推进政府服务体系的优化。具体来讲，三个方案在转变政府职能方面的发展具有鲜明特点（见表2.1）。

《总体方案》的亮点在于职能定位方面，而非政府治理工具创新这个维度。在《总体方案》中，中央明确提出“推进政府管理由注重事先审批转为注重事中、事后监管”，这是在转变政府职能方面作出的一个具有里程碑意义的转变，这对于推动政府管理思路和模式创新起到积极的催化作用和引领作用。政府监管从事前准入为主转向事中事后监管为主，这需要政府从体制、政策以及机制等方面做出相应改革创新，然而当务之急还是要推进政府监管手段、工具和机制的创新。当然，《总体方案》也涉及服务优化的相应改革创新内容，这主要集中在对外投资服务促进体系和投资便利化等方面。

随后出台的《深化方案》在改革的思路和制度创新的重点等方面都同《总体方案》具有相辅相成的关联性，其最大亮点在于履行政府职能的手段、工具、机制以及方式方法层面的创新而非政府角色、政府职能方面的重新定位。就其目标来讲，《深化改革方案》的定位是非常清楚的，即创造性地落实《总体方案》中提出的“推进政府管理由注重事先审批转为注重事中、事后监管”，加强政府事中事后监管的制度创新和机制创新，这从方案关于政府职能转变的12条主要任务绝大部分同加强市场监管相关可知。当然，在此阶段，中央也赋予了上海自贸试验区公共服务（侧重于企业的公共服务制度创新）、环境保护等职能领域探索试点和改革创新的任务与使命。

相较而言，《全面深化方案》是中央在新时代对于政府职能转变作出的新的全面部署，方案紧紧抓住“放管服”这个转变政府职能的牛鼻子。在《全面深化方案》方案中，“全面”是其突出特点，强调将上海自贸试验区打造成全面“提升政府治理能力的先行区”。一方面，这意味着上海自贸试验区在政府职能转变方面将触及更多领域，包括市场监管、公共服务以及环境保护;另一方面,这意味着上海自贸试验区将以“放管服”为纲领,从更为广阔的角度推进制度创新、机制创新以及相应手段技术创新,从而全面推动政府治理能力的提升。

第二节

打造“提升政府治理能力的先行区”

根据《全面深化方案》的要求,上海自贸试验区的政府改革创新主要是以“放管服”作为基本框架,重点从“健全以简政放权为重点的行政管理体制”、“深化创新事中事后监管体制机制”以及“优化信息互联共享的政府服务体系”三个方面推进政府职能转变,打造“提升政府治理能力的先行区”。总的目标是,到2020年率先实现政府治理体系和治理能力现代化,成为开放度最高、市场最高效、制度性交易成本最低、创新要素最集聚、公共服务最优的善治之区。主要任务是围绕“四个化”打造“四个体系”:围绕治理主体多元化、治理方式现代化、治理结构网络化、治理制度法治化,打造“市场导向、社会共治”的政府管理体系、“智能便捷、系统集成”的政府服务体系、“纵向协调、横向协同”的政府组织体系、“依法行政、高效廉洁”的政府运行体系。

一、 健全以简政放权为重点的行政管理体制

历史的经验揭示:“烦苛管制必然导致停滞与贫困,简约治理则带来繁荣与富裕”。2016年3月5日,李克强总理在《政府工作报告》中强调要“以敬民之心,行简政之道,切实转变政府职能、提高效能”。围绕简政放权,近几年上海自贸试验区主要从以下几个角度推进行政管理体制改革。

(一) 深化行政审批制度改革

上海自贸试验区建设的重点任务和目标是制度创新,而不是争取和创造政策优惠以形成政策洼地。基于此考虑,“行政审批制度改革”

就成为自贸试验区转变政府职能的突破口，其实质是政府权力的调整、转移和下放，涉及深层次的结构调整。

自成立以来，上海自贸试验区就按照“两高、两少、两尊重”(即高度透明、高效服务，少审批、少收费，尊重市场规律、尊重群众创造)的要求，深化政府职能转变，最大限度减少行政审批事项。按照《国务院关于上海市开展“证照分离”改革试点总体方案的批复》，2016 年 4 月 1 日起，在浦东新区全面实施《上海市开展“证照分离”改革试点总体方案》所涉 116 项行政审批的改革举措。基本的改革策略是按照“易操作、可管理”的要求，从与企业经营活动密切相关的行政许可事项中，选择频次较高、改革后效果比较明显的事项，先行开展改革试验，按不同情况分类推进。对企业能够自主决策的经营活动，取消行政审批或改为备案管理；对暂时不能取消审批的行政许可，简化审批方式，实行告知承诺制；对不适合采取告知承诺制的行政许可事项，简化办事流程，公开办事程序，提高审批的透明度和可预期性；对涉及国家安全、公共安全等特定领域，继续强化市场准入管理，加强风险防范。①浦东新区政府的做法是，对于这 116 项行政审批事项，按照完全取消审批、审批改备案、实行告知承诺制、提高审批透明度和可预期性、加强市场准入管理五种方式进行改革。经过一年多的改革，“证照分离”改革成效明显，2017 年又取得了新的突破。比如，试点实施工业产品许可证管理改革，从“一品一证”变为“一企一证”，节约检验时间 27 天，减少企业费用近 2 万元。非特化妆品进口实行“审批改备案”试点，较以往审批周期大大压缩，时间从 3 个月以上缩减至 5 个工作日，为企业节约更多成本。目前，已经形成了下一轮《浦东新区“证照分离”改革试点深化实施方案》。②

---

① 商务部外国投资管理司：《商务部关于印发自由贸易试验区新一批“最佳实践案例”的函》，中国投资指南网，2017 年 9 月 29 日，http://cipa.gov.cn/1200000100_7_44_0_7.html。

② 上海市人民政府新闻办公室：《2017 年 9 月 12 日市政府新闻发布会：介绍上海自贸试验区深化改革、创新发展有关情况》，上海自贸试验区官网，2017 年 9 月 13 日，http://www.investment.gov.cn/shiyandongtai/20170913/58396.html。

2018年1月17日，国务院常务会议决定：在前期已对116项审批事项开展“证照分离”改革试点并向全国各自贸试验区推广的基础上，由上海市进一步在浦东新区对商事制度、医疗、投资、建设工程、交通运输、商务、农业、质量技术监督、文化、旅游等10个领域47项审批事项进行改革试点，推进“照后减证”，大幅减少行政审批，着力解决“准入不准营”问题。其中包括：建设工程设计单位资质许可、外商投资建筑业企业资质许可等16项审批事项改为实行告知承诺制。

此外，对保留的审批事项，在全国率先推行目录管理、业务手册、办事指南、审批电子化信息化、数据共享、监督检查“六位一体”的审批标准化管理。先后下发了2009年版、2011年版和2013年版三版上海市行政审批权力清单，严格审批目录管理，凡未进入目录的，一律不得进行审批；制定、发布了《行政审批业务手册编制指引》和《行政审批办事指南编制指引》地方标准等一系列制度规范，在分两批对15个部门154项行政审批标准化进行示范试点的基础上，全面推开市级行政审批业务手册和办事指南的编制工作，编制完成了400多项审批的业务手册和办事指南。审批标准化管理的实施，划定了审批权力的边界，明确了实施审批的操作标准，公开了办事条件和要求，审批权力运行的规范性和透明度明显提高。①

总体上讲，上海自贸试验区在行政审批制度改革方面未来的基本改革方向仍然是，以厘清政府、市场、社会等相互之间的关系为重点，进一步取消和简化审批事项，优化行政审批服务流程，最大限度地放权于市场和社会。凡是市场能够决定的就交给市场，凡是社会有能力承担的就放给社会，凡是社会组织和中介机构可以作为的就依靠相关主体和组织发挥作用，凡是政府能购买服务的就向社会购买等基本方向，加大简政放权的力度，着力解决政府的越位、错位、缺位等深层次问题，限制、减少和规范政府行政权力，尽可能减少政府行为对微观经济的干

---

① 林化宾：《关于本市深化行政审批制度改革加快政府职能转变情况的专项监督调研报告》，上海人大官网，2018-10-07，http://www.spcsc.sh.cn/shrdgzw/node5/node48/n1907/u1ai60159.html。

预。通过这种系统、深入的政府管理体制改革，推动实现市场准入、执业资格等领域的管理方式的根本性转变。

(二) 打造系统、综合、集成的政府治理体系

在《全面深化方案》中，明确提出要“深化大部门制改革，在市场监管、经济发展、社会管理和公共服务、改革和法制、环保和城建五个职能模块，按照精简高效原则形成跨部门的协同机制”。在过去几年中，上海加快以自贸试验区理念推进政府职能转变，探索在一个完整行政区域内一级地方政府的管理新体制、监管新模式，努力做到放得更活、管得更好、服务更优。按照整体性政府和大部门体制的基本方向，率先开展市场监管（工商、质检、食药监、物价检查）、知识产权（专利、版权、商标权）、城市管理（环境市容、建设交通、规划土地）及科技经济（科委、经信委）四个“多合一”，推进形成了系统、综合、集成的治理体系。①

诸如此类的治理结构体系再改革和再造代表了政府自身建设的一个基本方向，即整体性政府。整体政府的改革理念在行政管理体制（尤其是组织体制）上的一个具体主张和做法就是创建大部门体制，即在政府的部门和机构设置方面，将那些职能相同或相近的部门、业务范围趋同的事项按照相对集中的原则予以调整，由一个部门统一管理，最大限度地避免政府职能交叉、政出多门、多头管理等现象，从而提高行政效率，降低行政运行成本和交易成本。

(三) 新的领域：政府组织体系和运行体系的调整

目前，上海自贸试验区和浦东新区主要围绕“四组关系”②来完善政府组织体系和运行体系，全面深化相关领域的行政管理体制改革。

---

① 上海市人民政府新闻办公室：《2017 年 9 月 12 日市政府新闻发布会：介绍上海自贸试验区深化改革、创新发展有关情况》，上海自贸试验区官网，2018-09-13，http://www.investment.gov.cn/shiyandongtai/20170913/58396.html。

② 上海市人民政府新闻办公室：《2017 年 9 月 12 日市政府新闻发布会：介绍上海自贸试验区深化改革、创新发展有关情况》，上海自贸试验区官网，2018-09-25，http://www.investment.gov.cn/shiyandongtai/20170913/58396.html。

其一,调整区镇关系。统筹五项核心发展权,下沉八项区域管理权,做实街镇的公共服务、公共管理、公共安全职能。从目前运行效果来看,通过改革已经初步实现了基层工作重心的转移,实现了资源的统筹高效利用,实现了街镇村居的减负增能,实现了条块关系的优化提升。

其二,深化管镇联动。就是把经济发展交由管委会统筹负责,把社会治理和城市管理交由镇统筹负责,发挥各自比较优势,同时实行利益共享机制,保障镇的利益。目前,在张江、金桥开展试点。

其三,推进承担行政职能事业单位改革试点。目前已制定改革方案,核心是转变政府职能,明晰事业单位的功能定位,特点主要有三方面:(1)理顺政事关系,推动实现行政职能回归行政机关、执法职能由行政执法机构承担、事业单位回归公益服务主业,将文化、环境、劳动、农业、卫生、城管六大领域30家事业单位纳入试点实施范围。(2)体现自主改革,将14家受机关委托承担行政职能的事业单位也纳入改革范围,主要聚焦在市场监管、综合交通等重点领域。(3)注重科学布局,进一步加强事业单位的科学设置,按照精简高效的基本原则,确保事业单位数量只减不增、运行效能只升不降。

其四,优化决策、执行与监督的关系。我们以法治政府建设为突破口,努力做到决策科学、执行高效、决策有力。在决策科学方面,重点是规范重大行政决策,制定了实施意见、清单目录以及公众参与、专家论证、风险评估、合法性审查、集体讨论决定等相关配套程序制度;在执行高效方面,重点是加强管理与执法部门的信息共享和工作协同,建立管理与执法部门信息互联互通机制;在监督有力方面,重点是按照决策、执行、管理、服务、结果"五公开"要求,全面推进政务公开,不断完善社会监督和网上监督,着力打造"透明政府"。

二、深化创新事中事后监管体制机制

"负面清单"管理模式是上海自贸试验区转变政府职能和制度创新

的一项重要成果。在自贸试验区成立之初，上海就确立了以“负面清单管理”为核心的投资管理制度，形成与国际通行规则一致的市场准入方式。上海自贸试验区率先制定和实施外商投资负面清单，外商准入政策透明度和可预期性大幅提升。对负面清单以外领域，实施内外资一致的市场准入，取消外商投资项目和外商投资企业设立及变更审批，开放领域覆盖世界贸易组织划分的12个服务部门中的11个，覆盖率达91.7%，超过90%的外商投资企业通过备案方式设立，市场开放度和投资便利度大幅提升。①

负面清单管理的目的在于改变传统的市场准入模式，实现“宽进”。然而，这仅仅是改革的一个方面。改革的另一面则是“严管”。二者的结合，“宽进严管”才是上海自贸试验区转变政府职能和制度创新的目标。其中的“宽进”主要就是通过“负面清单”管理模式创新、商事登记制度、备案制管理以及其他行政审批环节的改革创新来实现；而“严管”则主要是借助于事中事后监管体制机制创新。在严管方面，自贸试验区从基础制度创新、监管平台建设以及“双随机、一公开”等监管机制创新推进改革和创新。

（一）事中事后监管的基础制度创新

2016年8月5日，上海发布《进一步深化中国（上海）自由贸易试验区和浦东新区事中事后监管体系建设总体方案》。该方案明确指出上海自贸试验区和浦东新区要按照“谁审批、谁监管，谁主管、谁监管”原则，坚持从综合监管和专业监管两个方面加强事中事后监管的基础制度创新。②

在综合监管方面，主要探索推出六种基础性制度：(1)建立信息共

---

① 上海市人民政府新闻办公室：《2017年9月12日市政府新闻发布会：介绍上海自贸试验区深化改革、创新发展有关情况》，上海自贸试验区官网，2018-09-28，http://www.investment.gov.cn/shiyandongtai/20170913/58396.html。

② 《进一步深化中国（上海）自由贸易试验区和浦东新区事中事后监管体系建设总体方案》（沪府办发〔2016〕30号）。

享和综合执法制度；(2)建立社会力量参与市场监督制度；(3)培育社会信用体系；(4)建立外资安全审查制度；(5)建立反垄断审查制度；(6)实施企业年报公示制度和经营异常名录制度。其中，加强诚信监管乃是自贸试验区推出的一项颠覆性的监管工具创新。其目的之一在于，改变过去靠眼看手摸、逐门逐户巡查的传统监管方式，而构建以信息归集共享为基础、以信息公示为手段、以信用监管为核心的事中事后监管新模式。原国家工商行政管理总局负责人甚至强调，“工商部门要强化以信用监管为核心，着力构建事中事后监管新机制”，足见信用监管的价值和重要性。而“经营异常名录制度”(俗称“黑名单”制度)同与之相配套的“一处受罚、处处受限”的联合惩戒机制相互支撑，有助于极大地激发政府监管应有的威慑作用。

在专业监管方面，主要针对企业从事的特殊业务和特殊行业，由行业监管部门依据现行法律、法规、规章等进行动态监管。具体的机制包括：(1)实施告知承诺制；(2)加强重点业务的过程监控；(3)实行风险分类分级；(4)加强技术标准管理；(5)加强信息披露管理。其中，所谓告知承诺制，是指公民、法人或者其他组织提出行政审批申请，行政审批机关一次告知其审批条件和需要提交的材料，申请人以书面形式承诺其符合审批条件，并能够按照承诺在规定期限内提交材料的，由行政审批机关作出行政审批决定的方式。①2014 年 4 月 16 日，上海市质监局正式印发了《中国(上海)自由贸易试验区内产品质量检验机构资格审批部分变更审批告知承诺办法》和《中国(上海)自由贸易试验区内产品质量检验机构计量认证部分变更审批告知承诺办法》。两个《办法》于 2014 年 6 月 1 日起正式施行，标志着上海在全国率先在检验检测机构资质认定审批领域实施告知承诺制。这也是上海质监局首批开展告知承诺制的审批项目。两个《办法》按照风险可控的原则，除食品检验、司

---

① 国家认监委：《上海率先在中国(上海)自由贸易试验区内施行实验室资质认定告知承诺制》，中国国家认证认可监督管理委员会网站，2018-01-09，http://www.cnca.gov.cn/xwdt/jgdt/201404/t20140429_19983.shtml。

法鉴定、机动车安全技术检验等直接关系人身健康、生命财产安全的行政审批事项外，对自贸试验区内的检测机构，在标准变更、场所变更、授权签字人变更等审批事项方面实行告知承诺制。届时自贸试验区的检测机构一旦承诺符合相关规定条件，审批部门即当场作出审批决定，大大缩减了审批时间，使自贸试验区的检测机构能更快速适应市场检验检测需求的变化。而“分类分级监管”也是一项重要的监管工具创新。所谓分类分级监管主要是指根据监管对象的不同隐患、风险、诚信等分级状况等来采取有所侧重的监管力度和方式选择。在操作中，分类分级监管主要包括两种情形：其一，风险分级。对于那些危险性程度较高的工业产品加大抽查的频次和力度；其二，信用分级。对于信用级别较低（譬如有失信记录）的企业，加大抽查的频次和力度。反之亦然，即根据企业的诚信情况给予相应的公共服务措施，诚信程度越高越能享受到更多的服务便利。

截至当前，上海自贸试验区已经逐步确立了以规范市场主体行为为重点的事中事后监管制度，形成透明高效的准入后全过程监管体系。相关制度创新成果也已经中央和国务院认定，在全国范围内复制推广。

（二）事中事后综合监管平台建设

2016 年 7 月，上海自贸试验区管委会宣布，《上海市事中事后综合监管平台建设工作方案》已由市政府办公厅印发。事中事后综合监管平台是全市统一的监管信息共享和业务联动平台，其功能是实现各领域监管信息的实时传递和无障碍交换，为上海市有关部门在实施综合监管过程的协同工作提供支撑。它是上海市落实“证照分离”改革和建立事中事后监管体系的重要抓手，是网上政务大厅的重要组成部分，是法人库的重要应用。

事中事后综合监管平台建设要注重厘清三大关系：(1)厘清平台与网上政务大厅的关系。事中事后综合监管平台是网上政务大厅三大核心内容之一，两者通过后台数据与业务系统对接的方式，实现一体化建设发展。网上政务大厅的审批类数据将实时推送到综合监管平台，通过证照信息共享,实现部门监管衔接。综合监管平台产生的监管类数据落地到网上政务大厅,可被各类政务服务使用。(2)厘清平台与法人库的关系。法人库为事中事后综合监管平台提供法人基础数据支撑,事中事后综合监管平台是基于法人库的具体应用。通过市、区县两级法人库与综合监管平台的联动,以业务流带动数据流,实现区县综合监管数据在市级层面的统一归集,按照“一数一源”“一户一档”的原则建立各市场主体“档案”,并通过市法人库,实现跨部门的共享应用。(3)厘清平台与公共信用信息服务平台的关系。公共信用信息服务平台的重点是“服务”,主要面向政府部门、企业和公众提供信用信息服务和信用应用支撑,目标是推进社会信用体系建设。事中事后综合监管平台的重点是“监管”,是政府部门协同监管、联合惩戒等综合监管工作的业务平台,目标是强化事中事后监管。两平台数据充分共享,公共信用信息服务平台为事中事后综合监管平台提供信用信息支撑,事中事后综合监管平台产生的监管结果信息推送到公共信用信息服务平台,为建立主体信用记录提供数据支持。

事中事后综合监管平台的作用是建立社会共治的应用体系。在功能上,事中事后综合监管平台需要为三个方面提供支撑:(1)平台要为市场主体自治提供有效支撑。在事中事后综合监管平台中建立安全生产、质量管理、营销宣传、售后服务、信息公示等方面的市场主体活动档案,通过守信激励、失信惩戒措施与信息沟通反馈机制,促使市场主体强化主体责任,切实履行法定义务。提供社会化的信用信息公示服务,引导市场主体充分认识信用状况对自身发展的关键作用,主动接受社会监督,提高诚信自治水平。(2)为行业自律提供有效支撑。在事中事后综合监管平台建立政府与行业协会、商会间的信息互联共享渠道,在事中事后综合监管的各个环节形成行业参与机制,为行业协会、商会在权益保护、资质认定、纠纷处理、失信惩戒等方面提供应用支撑。整合行业协会、商会开展的行业信用评价信息,完善企业信用档案,健全行业信用体系。充分吸收行规行约和行业内争议处理规则,开展行业自律应用建设。通过综合监管平台，为政府与行业之间的代理合作提供支撑，针对信用评价、咨询服务、法律培训、监管效果评估等向行业协会、商会发布信息并提供相应的委托代理服务。(3)为社会监督共治提供有效支撑。事中事后综合监管平台，将充分利用已有监督过程和结果数据，及时掌握市场监管领域的突出问题，有针对性地辅助监督检查。与有条件的会计师事务所、律师事务所、公证机构、检验检测认证机构等专业服务机构加强数据共享和业务系统对接，发挥专业服务机构的监督作用。将第三方平台数据纳入本市事中事后综合监管体系，提供更为客观公正的市场主体资信信息。建立事中事后综合监管平台社会舆论监督功能，鼓励群众积极举报违法经营行为，充分利用新媒体等手段，及时收集社会反映的问题。

经过几年的探索，上海自贸试验区逐步开发出了一套由信息查询、信用监管、信用名单、信用服务、信息归集、效能监督、法规政策和系统管理等部分组成的公共信用信息服务平台，以及具有信息查询、协同监管、联合惩戒、行刑衔接、社会监督、数据分析和双告知、双随机的“6＋2”功能框架的事中事后综合监管平台，实现了监管信息的跨部门整合，推动了部门之间的协同监管。

然而，平台建设不可能一劳永逸。“建设事中事后综合监管平台，必须对各部门的监管职责进行清理重构，对传统执法监管流程进行优化再造，逐一明确每个监管事项的职责主体、监管依据、执法程序，在平台上固定下来，实现来源可查、去向可追、监管留痕、责任可究。”这句话具有重要的方法论价值和意义。随着各政府部门职能的转变、监管流程的调整、监管事项及相应权属的变化，监管平台也需要作出相应的调整。此外，需要在实践中不断深化平台功能开发，提高各部门在行政管理、公共服务的各个领域对综合监管平台的使用率，推动监管方式的创新，提升事中事后监管效能。

(三) 从“双随机”到“六个双”监管机制创新

“双随机、一公开”抽查执法，是常态化、基础性的市场监管方式，是落实企业事中事后监管的重要手段。这是2015年8月发布《国务院办公厅关于推广随机抽查规范事中事后监管的通知》中要求在全国全面推行的一种监管模式。所谓“双随机”，指的是“随机抽取被检查对象、随机选派检查人员”。随着随机抽查机制的开展，那些心存侥幸的企业和不法分子“想作弊都不知道找谁”。而所谓“一公开”，是指检查结果全面向社会公开，接受广泛监督。这有助于减少监管过程中的暗箱操作和腐败。

2016年，浦东新区在“双随机”的基础上进一步发展并构建了“双告知、双反馈、双跟踪、双随机、双评估、双公示”政府综合监管闭环。其中，“双告知、双反馈、双跟踪”属于证照衔接机制，而“双随机、双评估、双公示”属于监管协同机制。截至2018年1月，浦东新区“六个双”工作基本实现对新区21家监管部门、108个行业（领域）的全覆盖，在制度体系建设上也不断深化完善。目前，浦东新区“六个双”政府综合监管机制已成为新区深化“放管服”改革、打造提升政府治理能力先行区的重要内容。2017年底，商务部等十三家部委联合发文，明确向全国复制推广浦东新区“六个双”政府综合监管机制创新经验。按照国务院关于加强事中事后监管有关工作要求，2017年上海自贸试验区全面推进落实“双告知、双反馈、双跟踪”和“双随机、双评估、双公示”的“六个双”监管机制创新，形成了覆盖市场主体全生命周期的监管“全闭环”。上海自贸试验区防雷安全监管平台是上海自贸试验区“六个双”综合监管平台的子平台，自2017年11月起开始业务运行。下一步将进一步明确监管行业范围和监管对象，将气象安全重点单位和气象服务企业统一纳入“六个双”平台主体库，落实自贸试验区联合奖惩制度。

（四）新的动向：综合监管执法及其他

积极探索创新加强事中事后监管的有效方式和措施，以更好的“管”来促进更大力度的“放”。这是一个系统工程。除开上述所讲的基础制度创新、综合监管平台建设以及“六个双”监管机制创新，加强事中事后监管还需从推进重点行业的过程监管、激活企业的主体责任、加强综合监管执法以及提高监管效率等方面着手。

一是强化后续监管。重点从取消的审批所涉及行业入手，根据行业发展特点，通过采用市场机制调节、形成现代市场体系、制订统一的管理规范和强制性标准、加大事中检查事后稽查处罚力度等措施，及时转变监管方式，把该管的事管住管好。

二是突出生产经营者主体责任。依据《全面深化方案》，未来改革要“落实市场主体首负责任制，在安全生产、产品质量、环境保护等领域建立市场主体社会责任报告制度和责任追溯制度”。换言之，强调市场主体对本单位的生产经营承担主体责任，对未履行主体责任导致的后果负责。通过细化各个生产经营环节的主体责任体系、管理制度等，明确生产经营者的主体责任范围，建立健全生产经营者主体责任评价体系。

三是加强综合监管。按照“多种监管手段整合运用、多个政府部门联手治理、多方社会力量参与监督”的综合监管思路，进一步强化法律支撑、源头治理、属地管理，认真把好企业准入关，积极开展市场检查、生产基地检查等，及时查处检查中发现的问题，惩处违法犯罪行为，全面推进综合监管工作。《全面深化方案》强调要“按照探索建立新的政府经济管理体制要求，深化分类综合执法改革，围绕审批、监管、执法适度分离，完善市场监管、城市管理领域的综合执法改革。推进交通运输综合行政执法改革，加强执法协调”。

四是提高监管效率。推进标准化管理，明确审查内容、审查要求、审查方法、判定标准等；明确内部审查原则上“一审一核”制或承办、审核、决定三级审批制。消除重叠机构和重复业务，打破处室界限，建立跨部门业务合作机制等。①

---

① 《自贸试验区新一批“最佳实践案例”来了！——上海篇》，搜狐网，2017-07-28，http://www.sohu.com/a/160632775_157514。

三、 优化信息互联共享的政府服务体系

在“放管服”框架中,“优化服务”是继“简政放权”、“放管结合”之外转变政府职能的另一项重要任务。这需要坚持问题导向,创新工作思路,在转作风、提效能、强服务方面进行突破,不断提高政府服务水平和群众满意度。

(一) 提高服务的透明度和便捷性

上海自贸试验区自成立以来,始终将改善对外投资服务促进体系、塑造良好的营商环境摆在突出位置。随着外商投资负面清单管理模式的落地,商事登记制度改革也不断深化,推出实施了先照后证、注册资本认缴制、多证合一、集中注册、简易注销等准入环节全流程的创新改革举措,强化了企业的市场投资主体地位。尤其在全面实施“证照分离”改革过程中,上海自贸试验区采用取消审批、改为备案、告知承诺和优化准入管理的改革方式完善市场准入管理,使企业办证更加便捷高效。目前,第一批116项行政许可事项中取消审批、改为备案和告知承诺占比由原来的37%增加到47%,告知承诺占比由原来的23%增加到30%。①通过这些措施我们可以看出,开展“证照分离”改革,对于厘清政府与市场关系,转变政府职能,创新政府管理模式和具体方式,营造良好的营商环境,具有重要意义。

上海自贸试验区在实行“证照分离”之后,进一步改革创新,多措并举提升服务的质量。其中比较立竿见影的措施就是提高透明度、便捷性以及靠前服务。具体做法包括:(1)提高透明度。编制发布办事指南,详细列明审批所需材料、要求、程序等内容,使申请人能一次性提交符合审批要求的申报材料,避免多次往返咨询或反复提交材料,节约企业运营成本,使企业对审批结果有合理预期。(2)改进窗口服务。推进

---

① 上海市人民政府新闻办公室:《2017年9月12日市政府新闻发布会:介绍上海自贸试验区深化改革、创新发展有关情况》,上海自贸试验区官网,2017-09-13,http://www.investment.gov.cn/shiyandongtai/20170913/58396.html。

行政服务窗口的形象、用语、技能、业务等的标准化建设，建立健全收件凭证、一次告知、限时办结、首问负责、咨询服务、AB角工作制、节假日办理等服务制度。(3)推行“靠前”服务。对于选址定点、现场勘察等基础工作，在受理之前提前开展，向申请人告知结果信息并提供服务指导，避免或降低企业再次整改的可能性，节省企业经营成本。①

(二) 以“互联网+政务服务”提升服务能级

在互联网时代，“互联网＋政务服务”已经成为推进政府治理体系和治理能力现代化的必然要求，是打造更好营商环境、降低制度性交易成本的有力举措，也是推进法治政府建设的重要抓手。在2017年发布的《全面深化方案》中，中央强调要“加快构建以企业需求为导向、大数据分析为支撑的‘互联网＋政务服务’体系”。上海市政府主要领导亦强调：要强化与政府职能转变的结合，通过互联网与政府职能转变有机结合、与政务服务深度融合，大大提升政府服务能级。②

在这方面，上海自贸试验区和浦东新区的创新举措就是“三全工程”。所谓“三全工程”是指企业市场准入“全网通办”、个人社区事务“全区通办”、政府政务信息“全域共享”，以此开创开放、协同、高效的服务型政府新局面。率先启用的“全网通办”工程，把以往企业必须上门面对面才能完成的审批服务，通过“互联网＋政务服务”的有机融合，让政府的审批服务插上互联网的翅膀，为企业提供“网上全程一次办成、网上申报只跑一次”的办事服务模式。2017年4月27日，企业市场准入“全网通办”在浦东新区正式启动运行，此举意味着，浦东以推进政府职能转变为核心，以深化提升政府治理能力为目标，以企业群众感受度为衡量标准，全力打造的“三全工程”收获阶段性成果。这也是国务院印发《全面深化中国(上海)自由贸易试验区改革开放方

① 《自贸试验区新一批“最佳实践案例”来了！——上海篇》，搜狐网，2017-07-28，http://www.sohu.com/a/160632775_157514。

② 黎凡：《上海推进互联网与政务深度融合，食安领域跨部门抽查》，澎湃网，2017-09-28，https://www.thepaper.cn/newsDetail_forward_1810018。

案》后，上海自贸试验区和浦东新区推出的第一个重要改革举措。个人社区事务“全区通办”是为满足广大市民就近办理个人事务需要，推出的一项便捷举措。浦东新区针对辖区区域广、人口多、户籍地和居住地分离较多的情况，在社区事务受理信息系统改造升级的基础上，依托统一的网上社区事务受理平台和标准化办理流程，针对近200项个人社区事务，逐步实现从必须在“户籍地办理模式”向就近办理的“全区通办模式”转变。在这项转变彻底完成之后，无论居住在哪里、户籍在哪里、工作在哪里，辖区市民皆可选择在任何一家街镇社区事务受理中心办理自己的个人事务，享受便捷、透明、亲和的服务。上述两项改革(即企业事物“全网通办”和个人事务“全区通办”)的技术基础就是政府政务信息“全域共享”。在以往，政府信息共享存在比较突出的“三跨难”现象，即政府内部“跨层级资源集成难、跨部门信息共享难、跨领域业务协同难”现象。针对这个问题，浦东新区政府依托现有的政务云体系，以三年为期，通过和国家部委驻区单位、市级各部门之间的信息互联互通，逐步推进本区域政务信息“跨领域、跨层级、跨部门”的“全域共享”目标。此项改革自2017年开始，按照计划，浦东新区拟在3年内全面实现政务信息资源全域共享。2017年4月至6月为编制方案阶段，6月至12月为启动试点阶段，2018年1月至2019年6月逐步实现全面推广。①

在深化“互联网+政务服务”方面，上海自贸试验区还推出了其他做法，比如运用网络信息技术，创新网上告知、公示、咨询、查询、反馈等网上服务方式。推动实施数据共享，让居民和企业少跑腿、好办事、不添堵。强化权力网上运行，做到大小有界、公开透明、全程受控、网上留痕。诸如此类的举措，极大地简化了企业(包括外资企业)和居民的办事程序，提高了效率。与“逐案审批制”相比较，负面清单以外领域外商

① 王志彦:《浦东率先实现企业市场准入“全网通办”，这104个审批事项不用“跑腿”了》，上观新闻，2017-04-27，https://www.jfdaily.com/news/detail?id=51512。

投资企业设立及变更主要通过网络办理，办理时限由 20 多个工作日缩减至 3 个工作日以内。外国投资者既可在工商登记之前提交备案信息，也可在工商登记之日起 30 日内提交备案信息。提交备案信息不是企业进行工商登记及办理其他手续的前置条件。①

（三）其他方面

此外，在优化服务方面，浦东新区还推出了准入便利化“双十条”新措施，推出人才新政 14 条，率先试点永久居留、人才签证等改革措施，推出全国首张“知识产权金融卡”等，为企业营造了良好的营商环境。

第三节

自贸试验区转变政府职能的基本经验

“事必有法，然后可成”。实施一项国家战略，自然也需要在掌握事物运行规律的基础上按照相对成熟的战略和方法论系统推进。上海自贸试验区在建设和改革创新过程中，尤其是在转变政府职能方面，主要经验体现在以下几个方面：

一、顶层设计与渐进调试相结合

“顶层设计”是一个工程学概念，本义是统筹考虑项目各层次和各要素，追根溯源，统揽全局，在最高层次上寻求问题的解决之道。上海自贸试验区在推进政府职能转变和制度创新的过程中，重视顶层设计这是一条基本经验。一方面，从建立到发展的全过程，上海自贸试验区的改革创新探索都是按照顶层设计的指引在进行。这从中央分别在几个关键时间节点发布的三个方案（即《总体方案》、《深化方案》以及《全

① 《上海自贸试验区“创新”记》，搜狐网，2017-06-20，http://www.sohu.com/a/150547893_815543。

面深化方案》)可以看出。正如上文的分析所揭示的,随着国内外形势的变化,中央与时俱进推出三个关键方案,任务的重心有变化有延续,有总的规划(譬如以“放管服”为统领)亦有细化的展望,对于上海自贸试验区的改革创新发挥了关键性的引领和推进作用。另一方面,顶层设计还体现在中央对实施上海自贸试验区这项国家战略的目标设定上。简而言之,从转变政府职能的角度来讲这个目标就是制度创新,而且是探索形成一批可复制、可推广的新制度。2014 年 3 月 5 日下午,习近平总书记参加十二届全国人大二次会议上海代表团审议。在谈到加快推进自由贸易试验区建设时,习近平总书记强调:要大胆闯、大胆试、自主改,尽快形成一批可复制、可推广的新制度,加快在促进投资贸易便利、监管高效便捷、法制环境规范等方面先试出首批管用、有效的成果。上海市委市政府主要领导也多次强调,建设上海自贸试验区是国家战略,其关键是要进行制度创新,而不是政策优惠。

然而,中央顶层设计不能替代地方的探索创新,顶层设计的系统性不能否定改革的渐进性。在全球化时代,任何一个国家的政府职能转变和监管改革都不缺乏新颖的理念。但是,改革理念是否能够落地生根,却仰仗于一个相对务实的改革思路。在公共管理领域,“渐进主义”是一个被广泛应用的较为务实的改革策略。根据这种理念,改革者的理性是有限的,没有办法穷尽所有的信息,处理相应信息的能力也存在不足,等等。因此,改革不能追求截然理性和完美的方案,而要实行增量改革。

譬如,在上海自贸试验区《总体方案》中强调要按照“先行先试、风险可控、分步推进、逐步完善”的方式来推进改革创新,就是渐进改革方法论的一个具体体现。实际上,在各项具体的改革领域,这种渐进性都得以体现。譬如,浦东新区的“三全工程”建设就是一个很好的例子。在推进政府政务信息“全域共享”方面,其目标是实现浦东新区部门间,与上海市相关部门、国家驻区单位间,与企业和市民之间信息资源共享。总的考虑是分四步走,2017 年推监管信息共享,2018 年推信用信息共享，2019 年推与市级部门和国家驻区单位对应共享，2020 年实现全域共享。①此外，调研发现，自贸试验区内的政府监管改革创新也具有较强的渐进调试的色彩。自贸试验区的诸多制度创新并非凭空想象或者全新设计，譬如自贸试验区政府监管中的综合执法体系建设就是在总结既有的城管综合执法实践经验的基础上而提出和发展起来。在此过程中，改革创新既有微调-扩散推广的成分，也有推陈出新的成分。通过这种渐进式的改革，有助于降低改革创新的风险和成本。

作为一条改革创新经验，“顶层设计与渐进调试的结合”其本质就是“加强顶层设计和摸着石头过河的辩证统一”。2012 年 12 月 31 日，习近平总书记在党的十八届中共中央政治局第二次集体学习时提出了改革方法论的问题。习近平总书记指出：“摸着石头过河和加强顶层设计是辩证统一的，推进局部的阶段性改革开放要在加强顶层设计的前提下进行，加强顶层设计要在推进局部的阶段性改革开放的基础上来谋划。”这就为我们正确运用摸着石头过河和加强顶层设计这两种基本方法，进一步加强改革的宏观思考和顶层设计提供了基本遵循。摸着石头过河，有利于为顶层设计提供经验，要继续鼓励大胆创新、大胆突破，不断把改革开放引向深入；加强顶层设计，有利于更好地运用摸着石头过河的成果，把改革引向深入，要注重总体统筹、整体谋划，把握改革的宏观性、整体性、系统性、协同性，务实有效推进各项改革。

二、 制度创新与模式升级相结合

在政府职能转变的过程中，倘若仅仅重视制度创新而没有推进相应的行为模式创新或者政府治理模式创新，那么制度难以真正成为操作层面的制度，而形同虚设；相反，倘若一味地追求行为模式或者治理模式创新，而缺乏制度层面的革故鼎新，那么治理模式创新最终也难以

---

① 上海市人民政府新闻办公室：《2017 年 9 月 12 日市政府新闻发布会：介绍上海自贸试验区深化改革、创新发展有关情况》，上海自贸试验区官网，2017-09-13，http://www.investment.gov.cn/shiyandongtai/20170913/58396.html。

长久或者达到其预期效果。据此而论，可以将制度创新与模式升级相结合视为上海自贸试验区改革创新的一个重要经验。

专栏 2.1　制度创新 VS.政策优惠

为什么我们讲制度创新而不讲政策优惠呢？在社会主义市场经济体制下，市场要求有法治的、透明的、统一的规则，这样才能更高效地配置资源，各类资源要素流通才更有效率。自贸试验区建设的关键是制度创新，不是挖掘政策洼地。政策洼地越多，越会阻碍各类要素高效流动，越会阻碍市场配置资源的基础性作用。洼地越多、障碍越大、困难越多。就好比在高速公路上行驶，如果有洼地，就容易出事故。自贸试验区所有的规则和改革举措必须按照中央要求，可推广、可复制，形象地说是“种苗圃”。不可推广的、不可复制的，就像“栽盆景”的那种，哪怕有些眼前利益，我们也不会做。

——《人民日报》，2013 年 11 月 07 日第 05 版

根据中央精神，上海市委、市政府主要领导多次强调：自贸试验区是改革高地，不是政策洼地。这决定了深化制度创新是自贸试验区建设的核心任务。与此同时，上海自贸试验区也非常重视制度框架下的政府治理模式升级，譬如实行动态监管、分类分级监管以及“双随机、一公开”，等等。上文已经对分类分级监管和随机抽查监管模式进行了介绍。这里重点介绍一下事中事后监管中的动态监管模式。动态监管的监管行为模式主要基于两点考虑：其一，要加强事中事后监管就必须降低对于行政审批制度的依赖，尤其是要改变以往“重审批、轻监管”的局面，通过动态巡查、抽查以及跟踪调查等动态监管机制的使用来加强批后监管；另一方面，为了促使告知承诺制真正发挥作用，必须对告知承诺内容的真实性、合规性等予以后续监管，唯有如此，方可倒逼和引导相关市场主体采取顺应监管的预期行为。譬如，为加强事中事后监管，《中国(上海)自由贸易试验区内产品质量检验机构资格审批部分变更

审批告知承诺办法》规定上海市质量技术监督局自由贸易试验区分局将在作出准予行政审批的决定后 2 个月内，对被审批单位的承诺内容是否属实进行检查，对不符合要求的责令限期整改，整改仍不符合要求的将撤销审批决定。此举将“倒逼”检测机构持续符合所承诺的条件，规范其检测行为，这也是督促检测机构落实主体责任的一项措施。

三、系统集成与需求导向相结合

加强系统集成，这是深化自贸试验区改革创新的基本方法。这种改革方法论贯穿于自贸试验区的决策、实施等各个方面。2017 年，上海市政府结合上海发展的特点和战略定位提出，上海自贸试验区需要重点加强“三个联动”，即加强上海自贸试验区建设同上海国际金融中心建设的联动，与推进具有全球影响力的科技创新中心建设的联动，与浦东新区作为一级地方政府进一步转变职能，打造提升政府治理能力的再造区的联动。可以说，“三个联动”就是系统思考和系统集成的一个很好的例子。具体到转变政府职能和政府管理模式创新而言，系统思想也是至关重要的一种方法。譬如，“宽进”与“严管”相结合，商事登记制度改革与加强事中事后监管相结合，监管提升与服务优化相结合，等等。在上海自贸试验区的改革实践中，改革者要进一步牢固树立系统思想，强化自贸试验区建设与面上重点工作的联动，注重改革举措配套组合，加快健全投资管理体系、贸易便利化制度体系、金融服务体系、政府管理新体系，不断增强制度创新的系统性、整体性、协同性。

系统集成或者系统思考是在宏观和整体的层面考虑和布局改革创新的方案与途径问题。但具体到每项微观层面的、单项的改革实践，则都需要改革者“以绣花般的细心、耐心和卓越心”精细化、精准化地设计方案和推进实施。在改革过程中，不仅眼光要朝内盯住机构改革、制度创新以及流程再造的关键环节，还要眼光朝外关注服务对象的需求和心理。自贸试验区的相关负责同志表示：优化营商环境，政府要当好“店小二”，“店小二”精神的重要特质就是用户为导向。“我们政府自身在改革、在提升效率过程中往往比较注重于自身，比如说机构的重组、流程再造等等，但怎么注重服务对象的需求？”改革者需要有一个心态和视角的转变：原先的政府、企业“二元结构”应当变成“你中有我、我中有你”的服务生态，“政府的改革不仅要关注自身的时间，更要关注企业办事的时间；政府的改革举措、制度创新，也要用企业听得懂、搞得明白的方式进行推送”。①

第四节

需要进一步探索的问题

进一步深化政府职能转变，推进政府管理模式创新，深化简政放权、放管结合、优化服务，结合当前形势和要求，可以考虑从以下几个方面推进自贸试验区的政府治理改革创新。

一、 政务服务的整体协同与智能升级问题

面向未来，上海自贸试验区和浦东新区进一步转变政府职能、深化改革创新以及提升政务服务能级，需要重视以下三个方面的问题②：

其一，整体性。加快建设全市联动、部门协同、一网办理的“互联网＋政务服务”体系，积极开展跨部门、跨层级协同应用，实现政务服务的智能感知、主动推送和个性化服务，进一步提升服务能级，推动工作再上新台阶。

其二，应用性。“互联网＋政务服务”，应用是主线，是生命力，要强化协同应用。各部门要牢固树立整体政府的意识，着力打通部门业务链，围

① 《李强强调以绣花般细心耐心卓越心使上海更有温度更富魅力更具吸引力》，搜狐网，2018-02-02，http://www.sohu.com/a/220573387_479794。

② 黎凡：《上海推进互联网与政务深度融合，应勇启动食安领域跨部门抽查》，澎湃网，2017-09-28，https://www.thepaper.cn/newsDetail_forward_1810018。

绕业务全流程开展协同应用,实现跨部门、跨区域、跨层级办理。要以提升网上政务大厅一站式办事服务能力为重要抓手,加强服务整合,推进流程优化基础上的协同办理,实现“一号申请、一窗受理、一网通办”。

其三,智慧性。“互联网＋政务服务”要强化与新型智慧城市建设的融合,实现智慧政府和智慧城市联动建设。一方面,要整合硬件资源,充分利用智慧城市基础设施,统筹规划,集约建设。要整合数据资源,共享用好智慧城市和智慧政府建设积累的海量数据。另一方面,要整合服务渠道,推进网上政务大厅与“市民云”联动,建设面向企业和市民的一站式“互联网＋”公共服务平台。譬如,在加强事中事后监管方面,未来需要进一步强化以“互联网＋”和大数据技术为支撑,实施精准监管。充分利用大数据、云计算、物联网等信息化、科技化手段,实行“互联网＋”监管模式,实现在线即时监督监测。充分运用移动办案、电子案卷等手段,提高监管和执法效能。试点建设重要产品的物联网追溯体系,形成“来源可查、去向可追、责任可究”的信息链条。①

二、 政府监管的国际对标与监管互认问题

在事中事后监管阶段,政府对于市场主体的监管,其重心从对主体和资质的监管转向对企业活动和行为(包括行为的结果和产品)的监管,这是一个基本方向。加强并完善企业运营和产品的事中事后监管是一项异常重要和艰巨的任务。在产品监管上,国际上一个通行的经验:在社会性监管领域(譬如环境、安全以及卫生监管等),相关产品的监管遵循国际通行的标准,实现监管的国际标准采用和国际双边合作。譬如,20 世纪 90 年代,加拿大在杀虫剂监管领域,就逐步采用国际杀虫剂监管标准。未来,我国可以在业务性和技术性色彩相对较强的领域,采用国际通行的标准和标准体系。与此同时,也要做好相关领域采用

① 《进一步深化中国(上海)自由贸易试验区和浦东新区事中事后监管体系建设总体方案》(沪府办发〔2016〕30 号)。

国际监管标准的风险评估和风向防范工作。此外，为了提高政府事中事后监管的水平和能力，国际上已经有国家和地区（包括中国和周边地区、国家之间）探索在地区间、国家间展开合作，加强产品领域中的监管互认。譬如，《厦门市质量发展规划（2013年—2020年）》要求全面深化厦台质量交流与合作，在质量标准认证、食品安全、物品编码应用、检验检疫、冷链物流等方面与台湾地区开展交流互访和技术合作，实现监管互认、执法互助、信息共享和互换以及检测的比对。此外，2014年5月，东宁口岸中俄海关监管互认机制已经进入试运行阶段。加强监管的国际和地区间合作，适时启动和完善“监管互认机制”。在操作中，监管互认机制运行必须做好以下几个方面：一是数据交换，即对进出口货物或入境货物进行数据交换；二是工作协调，这可以通过联席会议制度来实现；三是电子定位，这可以借助于GPS全程定位技术来实现；四是结果互认，互相认可对方的监管结果；五是执法互动，这是指在发现产品质量问题等之后在执法环节紧密合作。①

三、 社会组织的参与渠道与能力建设问题

鼓励社会组织参与市场监管和政务服务是上海自贸试验区改革创新的一个重点方向和领域。在2014年，“社会力量参与市场监督制度”已经作为加强事中事后综合监管的六种基础性制度之一而得到国务院的认可并在全国复制推广。然而，政府鼓励社会组织参与的制度创新和渠道建设是一回事，社会组织参与能力建设是另外一回事。二者共同决定了社会组织的参与水平和质量。目前，上海自贸试验区侧重于参与渠道和机制建设。譬如，上文提到的2014年成立的“社会参与委员会”就是其中一项重要的参与渠道和机制建设。在未来，可以进一步在激发社会组织参与热情和提升其参与能力上做文章。

① 陈奇星：《强化事中事后监管：上海自贸试验区的探索与思考》，《中国行政管理》，2015年第6期。

专栏 2.2 “社会参与委员会”的基本使命①

一是引导企业和其他社会力量表达利益诉求，当好各种社会力量和政府之间的沟通桥梁；

二是协调和组织市场经营主体参与市场监督，做好诚信体系建设，加强自律；

三是推动区内协会、商会、专业服务机构发挥其在制定行业公约、维护竞争秩序、评审评估、认证监管等方面的作用；

四是推动区内社会参与体系建设，逐步增进社会参与的深度和广度。

推动这项工作，可供选择的方案和思路之一便是党的十八届三中全会提出的“使市场在资源配置中起决定性作用”。譬如目前国内兄弟省市所采取的“中介超市”的做法就是一个值得借鉴的做法。社会组织进入“网络为主、实体为辅”的中介超市平台，相互之间形成了一个虚拟的竞争性市场。在这个平台上，社会组织之间可以相互学习和竞争，并且凭借各自的核心优势、服务水平和质量等获取业务、项目和发展的机会。“中介超市”负责对中介机构的管理，并对中介成果进行及时的评估。为了确保评估的客观性，给中介组织打分的不仅有行业主管部门，还有被服务的企业和行政服务中心。总而言之，社会组织的参与能力需要经过长期的锻炼才能显著提高，政府部门可以做的就是为其提供锻炼的机会和舞台。此外，自贸试验区还可以进一步拓展社会组织参与公共事务的范围。依据《全面深化中国（上海）自由贸易试验区改革开放方案》，未来可以进一步“鼓励社会力量参与市场监督，建立健全会计、审计、法律、检验检测认证等第三方专业机构参与市场监管的制度安排。”

---

① 王晓易：《自贸区社会参与委员会揭牌：可参与试点政策评估和市场监督》，网易新闻，2014-09-29，http://news.163.com/14/0929/19/A7B6TVLJ00014SEH.html。

参考文献

张磊:《对标国际最高标准深化上海自贸试验区改革》,《科学发展》,2018年第7期。

文学国:《中国(上海)自由贸易试验区目标与模式》,《科学发展》,2018年第5期。

卢迪:《上海自由贸易试验区制度创新的演进过程与推进机制》,《当代经济研究》,2018年第2期。

周效门、杨畅:《中国(上海)自由贸易试验区三周年改革实践总结与评估》,《上海市经济管理干部学院学报》,2017年第3期。

唐珏岚主编:《中国(上海)自由贸易区建设干部读本》,上海人民出版社2015年版。

肖林:《国家试验——中国(上海)自由贸易试验区制度设计》(增订版),格致出版社2015年版。

第三章
自贸试验区投资管理制度创新

本章提要

制度创新是上海自贸试验区的核心任务。上海自贸试验区的一个重要目标就是建立国际高标准的投资规则，营造法治化、国际化、便利化的营商环境，提高投资的自由化和便利化程度。上海自贸试验区对标国际最高标准，对外商投资实行负面清单管理，对负面清单以外的领域，按照内外资一致的原则，将外商投资改为备案制，即实行“准入前国民待遇加负面清单管理”制度。从 2013 年诞生第一张负面清单开始，自贸试验区已经出台了五个版本的负面清单，极大地便利了外商投资，促进了我国经济发展。在注重“引进来”的同时，上海自贸试验区积极探索改革境外投资管理方式，对境外投资实行备案为主的管理方式，并成立境外投资服务平台，帮助企业更稳健更安全地“走出去”，提高境外投资的便利化程度。

2013 年 9 月 29 日，上海自贸试验区正式挂牌成立。全球自由贸易(园)区虽有 1 200 多个(发达国家有 400 多个，发展中国家有 800 多个)，但没有一个能被上海全面复制并完全参照执行，所以上海自贸试验区是以先行先试的原则进行改革创新。上海自贸试验区的关键词之一就是“试验”，是“先行先试”。“先行先试”的主要内容概括为四大制度创新：投资管理制度创新、贸易监管制度创新、金融制度创新和政府事中事后监管制度创新。

至 2018 年 9 月 29 日，上海自贸试验区成立已满 5 周年。在这 5 年时间里，上海自贸试验区坚持不是“栽盆景”，而是“种苗圃”，坚持是“制度创新的高地,不是政策优惠的洼地”,一大批制度创新成果在全国复制推广。可以说,上海自贸试验区的诞生,彰显了我国通过进一步深化改革、扩大开放来破解发展难题的坚定信心。

第一节

上海方案的基本要求

上海自贸试验区被认为是我国加入世界贸易组织后的一次更高层级的开放,它不是优惠政策的洼地,而是制度创新的高地,它是探索要素市场不断开放、政府边界不断厘清和行政管理不断放开,是中国经济转向高质量发展的新引擎。上海自贸试验区旨在建立一套与国际接轨的制度体系,推进投资开放创新、贸易业态模式创新、金融功能创新,它是政府服务创新的“试验田”和示范区。因此,上海自贸试验区的一个重要目标就是建立对接国际高标准的投资和贸易规则,营造法治化、国际化、便利化的营商环境。

一、 目标定位

上海自贸试验区投资管理制度创新,是逐步淡化内资和外资企业边界,打造主体和标准基本统一、各方公平竞争的投资制度环境,即更多通过制度优化,创造吸引外部资本进入的经济环境和法治环境,实现本地投资和外部投资的互利共赢。

(一) 《总体方案》目标

2013 年 9 月,国务院发布《中国(上海)自由贸易试验区总体方案》(下称《总体方案》)。《总体方案》明确提出,经过两至三年的改革试验,加快转变政府职能,积极推进服务业扩大开放和外商投资管理体制改革,大力发展总部经济和新型贸易业态,加快探索资本项目可兑换和金融服务业全面开放,探索建立货物状态分类监管模式,努力形成促进投资和创新的政策支持体系，着力培育国际化和法治化的营商环境，力争建设成为具有国际水准的投资贸易便利、货币兑换自由、监管高效便捷、法制环境规范的自由贸易试验区，为我国扩大开放和深化改革探索新思路和新途径，更好地为全国服务。①

（二）《深化方案》目标

2015 年 4 月，国务院发布《进一步深化中国（上海）自由贸易试验区改革开放方案》（下称《深化方案》）。按照党中央"继续积极大胆闯、大胆试、自主改"，"探索不停步、深耕试验区"的要求，上海自贸试验区深化完善以负面清单管理为核心的投资管理制度、以贸易便利化为重点的贸易监管制度、以资本项目可兑换和金融服务业开放为目标的金融创新制度、以政府职能转变为核心的事中事后监管制度，形成与国际投资贸易通行规则相衔接的制度创新体系，充分发挥金融贸易、先进制造、科技创新等重点功能承载区的辐射带动作用，力争建设成为开放度最高的投资贸易便利、货币兑换自由、监管高效便捷、法制环境规范的自由贸易园区。②

（三）《全面深化方案》目标

2017 年 3 月，国务院发布《全面深化中国（上海）自由贸易试验区改革开放方案》（下称《全面深化方案》）。《全面深化方案》明确要求，到 2020 年，率先建立同国际投资和贸易通行规则相衔接的制度体系，把上海自贸试验区建设成为投资贸易自由、规则开放透明、监管公平高效、营商环境便利的国际高标准自由贸易园区，健全各类市场主体平等准入和有序竞争的投资管理体系、促进贸易转型升级和通关便利的贸易监管服务体系、深化金融开放。③创新有效防控风险的金融服务体系、符合市场经济规则和治理能力现代化要求的政府管理体系，率先形成法治化、国际化、便利化的营商环境和公平、统一、高效的市场环境。强化

① 《中国（上海）自由贸易试验区总体方案》。
② 《进一步深化中国（上海）自由贸易试验区改革开放方案》。
③ 《全面深化中国（上海）自由贸易试验区改革开放方案》。

上海自贸试验区改革同上海市改革的联动,各项改革试点任务具备条件的在浦东新区范围内全面实施,或在上海市推广试验。

二、投资领域的主要改革措施

上海自贸试验区改革外商投资管理模式,对外商投资实行准入前国民待遇加负面清单的管理制度。对负面清单之外的领域,按照内外资一致的原则,将外商投资由核准制改为备案制。

(一)扩大投资领域开放

1. 扩大服务业和制造业等领域开放

在《总体方案》中,选择金融服务、航运服务、商贸服务、专业服务、文化服务以及社会服务领域扩大开放,暂停或取消投资者资质要求、股比限制、经营范围限制等准入限制措施(银行业机构、信息通信服务除外),营造有利于各类投资者平等准入的市场环境。①在《深化方案》中,进一步减少和取消对外商投资准入限制,扩大在服务业和先进制造业等领域的开放,提高投资的开放度和透明度,试点的对外开放措施适用于陆家嘴金融片区、金桥开发片区和张江高科技片区。②

2. 探索建立负面清单管理模式

《总体方案》借鉴国际通行规则,对外商投资实行准入前国民待遇,研究制订外商投资与国民待遇等不符的负面清单,改革外商投资管理模式。对负面清单之外的领域,按照内外资一致的原则,将外商投资项目由核准制改为备案制(国务院规定对国内投资项目保留核准的除外),由上海市负责办理;将外商投资企业合同章程审批改为由上海市负责备案管理,备案后按国家有关规定办理相关手续;工商登记与商事登记制度改革相衔接,逐步优化登记流程;完善国家安全审查制度,在试验区内试点开展涉及外资的国家安全审查,构建安全高效的开放型

---

① 《中国(上海)自由贸易试验区总体方案》。
② 《进一步深化中国(上海)自由贸易试验区改革开放方案》。

经济体系。《深化方案》提出在总结试点经验的基础上,逐步形成与国际接轨的外商投资管理制度。《全面深化方案》最大限度缩减上海自贸试验区的外商投资负面清单,推进金融服务、电信、互联网、文化、文物、维修、航运服务等专业服务业和先进制造业领域对外开放。除特殊领域外,取消对外商投资企业经营期限的特别管理要求。对符合条件的外资创业投资企业和股权投资企业开展境内投资项目,探索实施管理新模式。完善国家安全审查、反垄断审查等投资审查制度。

3. 推进对外投资管理制度改革

《总体方案》提出改革境外投资管理方式,对境外投资开办企业实行以备案制为主的管理方式,对境外投资一般项目实行备案制,由上海市负责备案管理,提高境外投资便利化程度。创新投资服务促进机制,加强境外投资事后管理和服务,形成多部门共享的信息监测平台,做好对外直接投资统计和年检工作。支持试验区内各类投资主体开展多种形式的境外投资。鼓励在试验区设立专业从事境外股权投资的项目公司,支持有条件的投资者设立境外投资股权投资母基金。①《深化方案》进一步提出建立完善境外投资服务促进平台。试点建立境外融资与跨境资金流动宏观审慎管理政策框架,支持企业开展国际商业贷款等各类境外融资活动。统一内外资企业外债政策,建立健全外债宏观审慎管理制度。②

(二) 商事制度改革

1. 全面深化商事登记制度改革

保障企业登记自主权,尊重企业自主经营权。上海自贸试验区开展企业名称登记制度改革,除涉及前置审批事项或企业名称核准与企业登记不在同一机关外,企业名称不再预先核准。放宽住所(经营场所)登记条件,有效释放场地资源。优化营业执照的经营范围等登记方式。推行全程电子化登记和电子营业执照改革试点,探索建立普通注

---

① 《中国(上海)自由贸易试验区总体方案》。
② 《进一步深化中国(上海)自由贸易试验区改革开放方案》。

销登记制度和简易注销登记制度相互配套的市场主体退出制度，开展“一照多址”改革试点。①

2. 建立更加开放透明的市场准入管理模式

实施市场准入负面清单和外商投资负面清单制度。在完善市场准入负面清单的基础上，对各类市场主体实行一致管理，进一步优化、简化办事环节和流程，对业务牌照和资质申请统一审核标准和时限，促进公平竞争。进一步提高外商投资负面清单的透明度和市场准入的可预期性。实施公平竞争审查制度，清理和取消资质资格获取、招投标、权益保护等方面存在的差别化待遇，实现各类市场主体依法平等准入清单之外的行业、领域和业务。②

3. 全面实施“证照分离”改革

深化“先照后证”改革，进一步加大探索力度。把涉及市场准入的许可审批事项适时纳入改革试点，能取消的全部取消，需要保留审批的，按照告知承诺和加强市场准入管理等方式进一步优化调整，在改革许可管理方式、完善风险防范措施的基础上，进一步扩大实行告知承诺的领域。加强许可管理与企业设立登记管理的衔接，实现统一社会信用代码在各许可管理环节的“一码贯通”。实施生产许可“一企一证”，探索取消生产许可证产品检验。③

第二节

投资管理制度创新

在投资管理制度方面，上海自贸试验区进行了有益的尝试。

一、外商投资管理制度改革

上海自贸试验区积极推进外商投资和境外投资管理制度改革，深

①②③ 《全面深化中国(上海)自由贸易试验区改革开放方案》。

化与扩大开放相适应的投资管理制度创新，实施外商投资负面清单管理制度，减少或取消对外商投资准入限制，提高了对外商投资的开放度和透明度。

(一) 外商投资企业、项目实行备案制管理

上海自贸试验区对外商投资实行的是准入前国民待遇加负面清单的管理制度，负面清单之外的领域，按照内外资一致的原则进行管理。将外商投资企业和项目改为备案管理。上海自贸试验区管委会加强事中、事后监管。

过去，我国对于外商投资实行的是审批制，即对投资主体资格、投资领域行业、投资方式、投资金额、公司合同章程等合法性进行逐一的审查认可，完全是一种事前管理的手段；而在负面清单管理下的备案制，只要掌握投资主体资格、投资领域行业等基本信息即可。政府通过信息共享平台和综合监管机制，加强事中事后监管，把合规经营的主体责任回归到企业本身。政府营造的是强化信用监管，加强市场主体信息公开，营造公平竞争的环境，切实发挥社会力量的监督作用。

专栏 3.1 备案制与审批制的主要区别

1. 监管不同：审批制是一种事前管理模式，在外资准入阶段，商务部门首先对其投资主体资格、投资领域行业、投资方式、投资金额、拟设立公司的合同章程等的真实性、合法性进行审查、认可。在备案制管理模式下，对负面清单以外的领域，在外资的准入阶段，商务部门对其投资主体资格、投资领域行业等基本信息进行备案，投资管理由事先审批转为注重事中、事后监管。外商投资企业设立由工商一口受理，上海自贸试验区管委会、工商、质监、税务等并联办事，大大缩短了办事时限。

2. 办理材料不同：对于负面清单以外的企业，备案制无论是新办企业还是变更办理，只需要提供一份资料即外资企业设立备案申报表或者变更备案申报表＋承诺书。而审批制模式下，需要投资方的开业

证明、公正认证、银行资金证明、章程修正案、股东决定、验资报告等等。对于负面清单以外的领域，企业变更以下9种需要备案：注册资本、股权投资方、股权质押、企业合并或分立、企业提前终止、经营期限、出资方式或出资期限、经营范围、投资者提前撤资。涉及法律法规，变更需要公告的还是需要公告(如企业提前终止、减资或增资等)。

(二) 注册资本认缴登记制度

除了法律、法规对公司注册资本实缴应有的规定(银行、证券公司、期货公司、基金管理公司、保险公司、直销企业、对外劳务合作企业以及募集设立的股份有限公司)以外，对其他公司实行注册资本认缴登记制。

(三) 从“先照后证”到“证照分离”

1.“先照后证”

上海自贸试验区企业向工商部门申请营业执照后即可从事一般生产经营活动。从事需要许可生产经营活动的，应在领取营业执照后向主管部门申请办理相关许可证或者批准文件，然后才能开展此类项目的经营活动。

2.“证照分离”

全面实现“证照分离”改革，就是要通过改革审批方式，加强综合监管，进一步完善市场准入，使企业办事更加便捷高效。

(四) 企业年报公示制度

上海自贸试验区在全国率先探索将企业年度检查制度(即工商年检)改为企业年度报告公示制度。企业在每年的3月1日至6月30日内，通过市场主体信用信息公示系统向工商部门报送年度报告，并向社会公示，任何单位和个人均可查询。作为企业主体，需对年度报告的真实性、合法性负责。同时，还建立了经营异常名录制度，即市场主体信用信息公示系统，将记载未按照规定期限来公示的年度报告企业。

(五) 企业设立"单一窗口"受理

企业可通过中国上海门户网站(www.shanghai.gov.cn)或在上海自贸试验区的综合服务大厅提交申请,各个相关职能部门对登记申请进行审查,其中工商部门在3个工作日做出登记决定。质量技监、税务部门自工商部门做出核准决定之日起1个工作日核发证照。内资企业及属于外商投资准入特别管理措施列表(负面清单)外的外商投资企业可在4个工作日内领取到包括营业执照、机构代码证、税务登记证等在内的各类证照。

> **名词解释　单一窗口**
>
> "单一窗口"是指由工商部门会同税务、质检等部门和管委会建立外商投资项目核准(备案)以及企业设立(变更)"一表申报、一口受理"工作机制。工商部门统一接受申请人提交的申请材料,并统一向申请人送达有关文件。

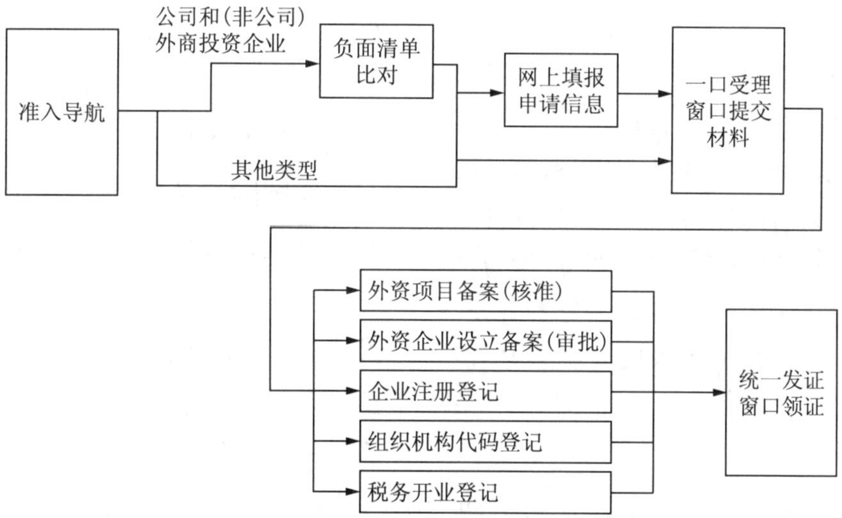

图3.1　外商投资企业网上申报流程图

随着上海自贸试验区外资管理制度的不断创新和完善,外商的投资积极性空前高涨。截至2018年6月底,上海自贸区新设外资企业超过

1万多户,占新设企业的比重从挂牌初期的5%上升到20%左右,累计实到外资230亿美元。

二、外商投资准入前国民待遇

上海自贸试验区投资便利化最主要的一个体现就是实行准入前国民待遇加负面清单的管理制度,这项制度也是党的十八大以来推出的扩大开放方面的标志性举措,是中国加强同国际经贸规则对接,深化外商投资管理制度改革,营造法治化、国际化、便利化投资环境的重要举措。

(一) 国民待遇是条约义务而非国际习惯法

名词解释　国民待遇

国民待遇,又称平等待遇,是指一国给予外国人和本国人以相同的待遇。在投资领域,国民待遇的适用范围按投资阶段可以分为"外资准入前国民待遇"(或"准入阶段国民待遇")和"外资准入后国民待遇"。"准入前国民待遇"是指在企业设立、取得、扩大等阶段给予外国投资者及其投资不低于本国投资者及其投资的待遇。①

在国际投资法中,国民待遇不是国际习惯法,而是一项以条约为基础的义务。一些投资条约并无国民待遇标准的规定,而是保留了东道国对外资管制的自由,但大多数国际条约还是规定了国民待遇条款。

在国际投资法的理论上,通常以外国投资机构的建立为准将外国投资活动,大致划分为外资准入阶段和外资运营阶段。据此,国民待遇的适用范围可以分为外资准入阶段(或称准入前)国民待遇和外资准入后国民待遇两大类。是否给予准入前国民待遇是传统投资体制采取的控制模式与开放投资体制中自由模式的最重要的差别(见表3.1)。

① 赵玉敏:《国际投资体系中的准入前国民待遇》,《国际贸易》,2012年第3期。

表 3.1　国民待遇标准分类及特征

国民待遇标准		特　　　征
准入前国民待遇	有限的	东道国保留较大的自由裁量权
	全面的	适用法律上和事实上的国民待遇，除对国家经济至为重要的特定产业或幼稚产业予以例外保护
准入后国民待遇	有限的	选择肯定式清单：除非经东道国特别同意，其产业和活动在准入阶段不适用国民待遇原则，外国投资者在清单内可享有国民待遇
	全面的	选择负面清单：东道国保留对清单内的产业或措施制定不符国民待遇原则的权限

资料来源：王海峰：《外商投资准入国民待遇和负面清单模式研究》，上海社会科学院经济研究所、中共浦东新区党校《〈全面深化改革与中国（上海）自由贸易试验区建设理论研讨会〉论文集》，2014 年 6 月。

（二）“准入前国民待遇+负面清单”是发达国家投资自由化的产物

20 世纪 80 年代，美国率先在双边投资协定中纳入了准入前国民待遇，接着加拿大、日本、韩国等相继签订了包含准入前国民待遇的投资协定。①美国的《双边投资条约范本》（美国 BIT 范本）是美国对外投资谈判的蓝本，它不仅适用于投资保护协议，也适用于投资开放协议；它不仅适用于双边协议，也适用于区域协议，甚至适用于多边的协议。

“准入前国民待遇＋负面清单”的外商投资管理模式已经成为国际投资规则发展的新趋势，目前至少已经有 77 个国家采用了这种模式。

（三）核心是给予外资准入权②

准入前国民待遇是将国民待遇延伸至投资发生和建立前阶段，其核心是给予外资准入权。在国际投资法中，国民待遇是一项以条约为

①　崔凡：《美国双边投资协定范本与中美双边投资协定》，《国际贸易问题》，2013 年第 2 期。

②　叔平：《创造法制化和国际化的营商环境》，《上海质量》，2013 年第 8 期。

基础的义务,其含义是给予外国投资者及投资的待遇不低于在相似情形下给予本国投资者及投资的待遇。各国实际投资协定在国民待遇的范围、适用方面存在较大差异。准入后国民待遇适用于投资建立之后阶段,主要涉及外国投资者拥有或控制的企业在东道国的运营条件,这种国民待遇在国内法的适用方面提供非歧视待遇,同时允许国内法继续限制外国资本的进入,并在监管和税收待遇上继续实行差别待遇。

(四) 追求高标准的投资准入规则

现在投资规则越来越多地出现在旨在推动区域一体化的议程中。在区域经济合作的协定中,投资自由化是深化成员经济联系,实现经济一体化的重要途径。尤其是一些一体化程度较高的区域贸易协定中,倾向于追求高水平的投资规则。最有可能体现各个利益相关方的追求,就是在投资准入阶段,提供更加广泛的国民待遇。

近年来,在经济利益、文化利益和发展利益的共同作用下,发展中国家希望通过实现外国资本的进入,以及本国海外资本输出来实现双赢,这就使区域一体化协定中,纳入了高标准的外资准入阶段国民待遇条款。

2013 年 9 月,上海自贸试验区就开始实行"准入前国民待遇加负面清单"管理制度。上海自贸试验区全面落实"准入前国民待遇加负面清单管理"制度,包含两方面含义:一方面,不断减少准入限制。我国将进一步对接国际规则,不断缩减外商投资负面清单。不但有金融、汽车、飞机、船舶等领域的开放,还有能源、资源、基础设施、交通运输、商贸物流、专业服务等领域取消或者放宽外资限制。可以说,开放的范围广、力度大;另一方面,落实准入阶段的国民待遇。这就要求相关部门统一认识,真正执行到位。

三、 负面清单管理

负面清单管理制度,是借鉴了国际上通行的规则,实行了更加积极主动的开放战略,也是上海自贸试验区实行外商投资准入前阶段国民待遇的重要举措。

（一）负面清单管理

“负面清单”管理是发达国家普遍采用的外资准入模式，就是把外商投资准入有特殊规定的行业列一个清单，明确告诉对方这些行业是不开放的或者是存在限制的。反之，未列入清单内的，就享有投资准入前阶段的国民待遇，由此可以简化外资进入国内市场的管理。

1. 负面清单和准入前国民待遇

负面清单和准入前国民待遇是东道国对外商投资准入的一种承诺，是国际上新的高标准投资规则之一，是国际投资规则发展的新趋势。

2. 正面清单和负面清单

与负面清单相对应的是正面清单。我国在外商投资管理方面采用的是《外商投资产业指导目录》模式。在这份由国家发改委和商务部制订的目录中，列出了国家是鼓励、还是限制，以及禁止外资进入的行业，所有的外商投资企业和项目只能是在规定的范围内活动。

正面清单管理制度采用的是一种循序渐进的方式，承担的义务标准较低，是逐步对外开放，在一定程度上保护了本国的弱小产业，工作难度也相对较低。而负面清单则需要有前瞻性的战略眼光，为本国的产业发展预留必要

名词解释　负面清单

负面清单（Negative List），明确企业“什么不能做”，除了清单上的禁区，其他行业、领域，外资与内资享有同等待遇。负面清单又称消极清单、否定列表，它是指凡是针对外资的与国民待遇、最惠国待遇不符的管理措施，或业绩要求、高管要求等方面的管理措施均以清单方式列明。

名词解释　正面清单

所谓正面清单（Positive List），仅列明企业“可以做什么”，只有法律法规明确规定的事项，市场主体才有相应的行为自由。它是指国民待遇并非一个普遍适用的义务，缔约方仅在条约列举的事项上给予外资国民待遇，凡未明确承诺的事项，缔约国无需承担该项义务。

的空间，这样工作难度就相对较高。负面清单与正面清单虽然只是一字之差，但却是管理理念的根本转变。“禁止做什么比允许做什么更难。”负面清单更加精细化，这实际上也增加了政府责任，要求政府对负面清单更加熟悉，加强事中事后监管，提高行政效率。

两者的区别主要体现在如下几个方面(见表3.2)：

表3.2　正面清单与负面清单的区别

	国民待遇义务水平	例外安排设置的难易程度	透明度	对政府执政水平和执政能力的要求
正面清单	低	易	低	低
负面清单	高	难	高	高

实行负面清单管理后，企业投资更多的是基于对市场的判断，而不是跟着政府的产业指导目录以及产业的优惠目录走。同时，划定“禁区”以后，相比以前的投资审批制度，更能给企业以明确的预期，释放了企业投资的活力、拓宽了发展的空间。

3. 负面清单的特点和形式

负面清单具有不同于正面清单的特点，有多种表现形式。

负面清单的特点：第一，开放标准高。服务部门和服务模式具有很高的开放度。这是因为负面清单是国家之间和国家与地区之间签订投资自由化协议的一种模式。第二，开放力度大。要求缔约国以前瞻性的视角为未来的施政和新兴产业发展保留必要的合理的空间。由于产业开放限制较小，对发展中国家正在培育和成长的产业冲击较大。第三，多采用列表方式。多数国家的负面清单分为“措施列表”(列举现存不符措施)和“行业列表”(列举保留将来采取不符措施权利的行业或活动)。

负面清单的类型：第一，东道国对外商投资准入的负面清单，形式多样；第二，经合组织(OECD)的成员国，对于外商投资的国民待遇承诺以及外商投资的政策透明度承诺；第三，国家之间自由贸易协定中的外商准入负面清单。

(二) 自贸试验区五个版本的负面清单

2013 年上海自贸试验区出台中国大陆第一张负面清单，有 190 项特别措施；2014 年版有 139 项；2015 年版有 122 项；2017 年版有 95 项；2018 年版缩减到 45 项。随着自贸试验区负面清单的不断缩短，标志着我国对外开放步伐的不断加快。

1. 上海自贸试验区首张负面清单

2013 年 9 月 30 日，上海市人民政府发布了《中国(上海)自由贸易试验区外商投资准入特别管理措施(负面清单)(2013 年)》的公告。负面清单按照《国民经济行业分类及代码》(2011 年版)分类编制，即按照国民经济行业分为 18 个门类，89 个大类，419 个中类，1 069 个小类，负面清单按小类进行限制，共制定了 190 条管理措施，涉及国民经济行业 1 069 个小类中的 17.8%。

对负面清单之外的领域，将外商投资项目由核准制改为备案制(国务院规定对国内投资项目保留核准的除外)；将外商投资企业合同章程审批改为备案管理。除列明的外商投资准入特别管理措施，禁止(限制)外商投资国家以及中国缔结或者参加的国际条约规定禁止(限制)的产业，禁止外商投资危害国家安全和社会安全的项目，禁止从事损害社会公共利益的经营活动。

2. 第二版负面清单问世

2014 年 7 月 1 日，上海市人民政府发布《中国(上海)自由贸易试验区外商投资准入特别管理措施(负面清单)》(2014 年修订)。此版负面清单按照《国民经济行业分类及代码》(2011 年版)分类编制，包括 18 个行业门类，但取消了 2013 年版的大类和中类的细分，统一以“领域”来代替类别。2014 年版负面清单共 139 条特别管理措施，较 2013 年版减少了 51 条，缩短幅度为 26.8%。

2014 年版负面清单有三大特点：第一，开放度进一步提高。从开放的角度看，取消了 14 条管理措施，放宽了 19 条管理措施。第二，透明度进一步增加。无限制条件措施缩减为25条。第三，与国际通行规则接轨。与第一版负面清单相比，同行业归并减少了23条措施。

3. 第三版负面清单出台

2015年4月20日，国务院发布《自由贸易试验区外商投资准入特别管理措施(负面清单)》。负面清单依据《国民经济行业分类》(GB/T4754—2011)划分为15个门类、50个条目、122项特别管理措施。其中，限制性措施85条，禁止性措施37条，其中特别管理措施包括具体行业措施和适用于所有行业的水平措施。它是第一张全国自贸试验区统一适用的负面清单，从原来28.78平方公里的上海自贸试验区，拓展到超过460平方公里的上海、广东、福建、天津四大自贸试验区，负面清单改革试点的空间范围大幅拓展。

2015年版负面清单有四大特点：第一，开放度更高，制造业比例大降。制造业方面的条款由2014年版的近50条减少到17条，其中，农副产品加工业、酒类、烟草、印刷、文教、工美体育和文化用品等一般制造业领域完全放开，只是在航空、船舶、汽车、轨道交通、通讯设备、矿产冶炼、医药制造等关系国计民生的重点制造业领域对外资有所限制。大幅减少了制造业在清单中的比例，更符合国际惯例，也标志着我国对于服务业的管理趋向成熟。第二，从内容上来看，2015年版负面清单的透明度和开放度以及完整性都有所提高，显示出我国外商投资负面清单管理模式在不断深化和完善。第三，透明度提升，条目打开“大门”。总体上，此版负面清单做了减法，但并不是原有基础上的简单减少，而是有增有减，增加的地方主要集中在金融领域和文化、体育和娱乐领域。第四，完整性增强，增加平行限制措施，即从清单的完整性来看，它有一个新的分类，即明确特别管理措施不仅有针对具体行业的措施，还有适用于所有行业的平行措施。此次新增不分行业的平行限制措施，主要集中在股权投资、并购领域。

与此同时，在外商投资国家安全审查制度上，还发布了统一适用于四个自贸试验区的与负面清单管理模式相配套的国家安全审查试行办法。与过去的相关规定相比，拓宽了安全审查范围，从主要审查外资并购扩大到绿地投资；丰富了安全审查的内容，将互联网、文化、协议控制(VIE)等敏感领域和商业模式都纳入进来；完善了审查工作机制和程序，明确了自贸试验区地方管理机构的职责。

4. 第四版负面清单

2017年6月16日，《自由贸易试验区外商投资准入特别管理措施(负面清单)(2017年版)》正式发布。第四版负面清单依据《国民经济行业分类》(GB/T4754—2011)来编制，共划分为15个门类、40个条目、95项特别管理措施。其中特别管理措施包括具体行业措施和适用于所有行业的水平措施。2017年版负面清单覆盖11个自贸试验区。

2017年版负面清单有三大特点：第一，从大的条目来看，负面清单减少了10个条目，包括轨道交通设备制造、医药制造、道路运输、保险业务、会计审计、其他商务服务等6条，同时整合减少了4条。第二，更加开放。具体到金融业的对外开放中，取消了“外国银行分行不可从事《中华人民共和国商业银行法》允许经营的‘代理发行、代理兑付、承销政府债券’”的特别管理措施；还取消了“外资银行获准经营人民币业务须满足最低开业时间要求”；以及“境外投资者投资金融资产管理公司须符合一定数额的总资产要求”。第三，覆盖范围更广，11个自贸区同时适用。

5. 第五版负面清单

2018年6月30日，国家发改委、商务部发布了《自由贸易试验区外商投资准入特别管理措施(负面清单)(2018年版)》。第五版负面清单减至45条措施，主要作出以下调整：

第一，精简负面清单内容。在放宽市场准入方面，除与全国外资准入负面清单一致的开放措施外，自由贸易试验区外资准入负面清单在种业、油气、矿产资源、增值电信、文化等重要领域提出了新的举措，进行更高水平的对外开放。在负面清单口径方面，对标国际规则，主要列示股比要求和高管要求等外资准入方面的特别管理措施，实现与全国外资准入负面清单的可对比;对于非常规投资范畴的内容、内外资一致的管理措施、部分行业的审批要求等,原则上不单独列示,按照现行规定执行。同时,为保持延续性,2018年版负面清单在部分条目后用括号标注了来自2017年版负面清单的资质条件、业绩要求等内容。①

第二,扩大开放继续先行先试。自贸试验区负面清单在全国开放措施的基础上,进一步提出更为开放的试点措施:将小麦、玉米新品种选育和种子生产外资股比由不超过49%放宽至不超过66%;取消石油、天然气勘探、开发限于合资、合作的限制;取消禁止外商投资放射性矿产冶炼、加工及核燃料生产的规定;取消演出经纪机构须由中方控股的限制;将设立文艺表演团体由禁止投资改为中方控股;将上海自由贸易试验区原有28.8平方公里区域试点的增值电信开放措施推广到所有自贸试验区,包括取消存储转发类业务、呼叫中心业务、国内多方通信服务业务、上网用户互联网接入服务业务外资股比限制,国内互联网虚拟专用网业务外资股比不超过50%。②

(三)自贸试验区负面清单管理及配套改革

2013年8月30日,第十二届全国人大常委会第四次会议决定:授权国务院在中国(上海)自贸试验区内对国家规定实施准入特别管理措施之外的外商投资,暂时调整《中华人民共和国外资企业法》、《中华人民共和国中外合资经营企业法》、《中华人民共和国中外合作经营企业法》规定的有关行政审批。上述调整在三年内试行,对实践证明可行的,完善修改有关法律。

2016年9月3日,第十二届全国人民代表大会常务委员会第二十二次会议通过关于修改《中华人民共和国外资企业法》、《中华人民共和国中外合资经营企业法》、《中华人民共和国中外合作经营企业法》、《中

①② 《〈自由贸易试验区外商投资准入特别管理措施(负面清单)(2018年版)〉修订说明》,中华人民共和国国家发展和改革委员会网站,2018-10-07,http://www.ndrc.gov.cn/gzdt/201806/t20180630_891484.html。

华人民共和国台湾同胞投资保护法》四部法律的决定，为负面清单管理制度在全国的实施提供了法律保障。

（四）不断完善的负面清单制度

上海自贸试验区设立已满 5 年，五个版本的负面清单逐步加大了开放力度，是循序渐进，逐步积累经验。同时给予了相关行业一定的过渡期，增强了开放的可预见性。

（1）负面清单首次探索。作为负面清单管理模式在国内的首个探索，上海自贸试验区更多肩负着全国外资管理体制改革与进一步开放"先行者"的重担。

（2）负面清单渐进调整。负面清单调整是一个动态发展的过程。任何事情发展都有循序渐进的过程，改革开放是一个渐进、不断完善的过程。

（3）负面清单不断缩减。负面清单不断缩减，符合我国对外开放的大方向，也是落实国家推动高端制造业、高端服务业开放水平的重要体现。

负面清单制度在吸引外资，以及为中国经济发展和深化改革方面发挥了积极作用。通过不断完善外商投资准入的负面清单，新一轮开放将有力促进深层次改革、高质量发展。与此同时，这有助于营造更加公平、透明、便利的外商投资环境，推动形成全面开放新格局，努力保持中国作为全球外商投资主要目的地地位。

四、上海自贸试验区与发展总部经济

跨国公司更多从价值链的角度出发，考虑集团在全球的生产与要素布局，把握自身在全球产业链中的重要位置。总部企业发展的趋势，是在全球价值链环节中，布局"微笑曲线"的端点，掌握产业价值链中附加值最高研发、设计和渠道、物流、金融部分。地区总部，是指聚集在某个特定区域内，制定区域内企业经营战略框架，对区域内各企业的经济活动进行统筹管理和协调的公司组织形式。而总部经济则是指某区域由于特有的优势资源吸引企业总部集群布局。如今地区总部及功能性总部的作用不再仅仅是承接集团总部决策的执行者,而是全球布局的重要节点,对于投资所在国增强全球整合能力起到重要作用。

总部经济是上海经济的一大亮点。上海自贸试验区在贸易、金融、投资准入等方面的改革有利于上海总部经济的发展,吸引跨国公司国际总部、地区总部的落户,更好推动上海产业转型升级。

(一) 自贸试验区与总部经济

上海自贸试验区总部经济的发展,得益于上海自贸试验区作为总部资源密集的区域,以及与周边地区作为加工制造资源密集腹地之间“总部——加工基地”的功能分工而产生的。这些区域产业的聚集形成了产业集群,完善了产业链,降低了配套成本,使企业获得更大的发展。

总部经济使得上海自贸试验区与周边地区形成了“同城效应”,将大大降低企业内部的信息传递和组织成本,使企业内部组织结构不断演变——企业总部、企业研发部门、企业营销部门与加工基地在空间上逐步分离,出现总部、研发、营销向自贸试验区集群布局、产业加工基地向成本较低的周边地区集群布局的现象。因此,总部经济提升了上海自贸试验区的聚集力与辐射力,强化了上海自贸试验区对周边地区的经济带动作用。

(二) 自贸试验区总部经济的产业关联

在上海自贸试验区内,服务业尤其是知识型服务业实现了较快发展。商业中心、金融中心、管理控制中心等功能在上海自贸试验区不断发展,成为区内的主导功能。上海自贸试验区通过众多企业总部的聚集,带动了如金融、保险、会计、律师、咨询等现代服务业的迅速集聚,形成了该区域新的经济增长点。

上海自贸试验区总部经济的发展,实现了知识经济与具体产业的结合。企业总部的设立,带动了为制造业服务型企业,知识型服务业企业产业链的发展。比如,由通信、网络、传媒、咨询等组成的信息服务业；由银行、证券、信托、保险、基金、租赁等组成的金融服务业；由会计、审计、评估、法律服务等组成的中介服务业；以及由教育培训、会议展览、国际商务、现代物流业等组成的新型服务业。上海自贸试验区通过发展总部经济，使其成为跨国公司地区总部、研发机构和采购中心的集聚地，不但能够使总部经济成为自贸试验区经济发展的新增长点，而且能够成为推动城市经济结构优化升级的新引擎。

（三）自贸试验区总部经济发展情况

上海自贸试验区成立后为浦东新区总部经济发展提供了新的机遇。上海自贸试验区投资管理、贸易监管、金融、事中事后监管等方面的创新为浦东新区总部经济发展创造了更加国际化、法治化、便利化的营商环境，为浦东新区总部企业发展提供了新机遇、新动能、新空间。浦东新区作为全国率先提出发展总部经济的地区之一，萌芽至今发展已有 20 多年，通过不断积极探索已取得可喜成效。截至 2017 年 9 月，浦东新区累计吸引获认定的跨国公司地区总部 290 家，占上海全市总量 45%，对浦东新区销售额、税收、进出口贸易额的贡献超过所有外资企业总量的 1/3；浦东新区吸引的国内大企业总部、区域性总部数量超过 170 家。

如今，总部经济在浦东新区的发展已经同区域转型发展、产业结构调整、“五个中心”建设、总部能级与区域功能转变、全球科创中心核心功能区建设、对标国际一流营商环境等方面产生了巨大的协同效应。在上海自贸试验区建设的引领下，浦东新区的总部经济将在未来更加持续、系统地发展。

五、 上海自贸试验区境外投资管理制度

上海自贸试验区作为深化改革、扩大开放的“试验田”，率先突破了原有的境外投资管理制度，将自贸试验区内企业境外投资由核准制改为备案制，并通过自由贸易账户推动相关跨境融资活动的发展，提高了境外投融资的便利化程度。

(一) 企业境外投资管理制度

名词解释　企业境外投资、境外投资项目

企业境外投资即对外直接投资(OFDI)，是指投资主体通过新建、购并、参股、增资等方式在境外取得既有的所有权、控制权、经营管理权及其他权益的行为。

境外投资项目指投资主体通过投入货币、有价证券、实物、知识产权或技术、股权、债权等资产和权益或提供担保，获得境外所有权、经营管理权及其他相关权益的活动。

1979 年 11 月，北京市友谊商业服务公司同日本东京丸一株式会社在东京成立"京和股份有限公司"。这是我国第一家境外合资企业，也是我国发生的第一笔企业境外投资。改革开放 40 年，我国对外直接投资稳步增长。商务部数据显示，2018 年上半年，我国境内投资者共对全球 151 个国家和地区的 3 617 家境外企业进行了非金融类直接投资，累计实现投资 572 亿美元，同比增长 18.7%，投资主要流向租赁和商务服务业、制造业、采矿业以及批发和零售业。其中，我国企业对"一带一路"沿线 55 个国家新增投资 74 亿美元，同比增长 12%，占同期总额的 12.9%。

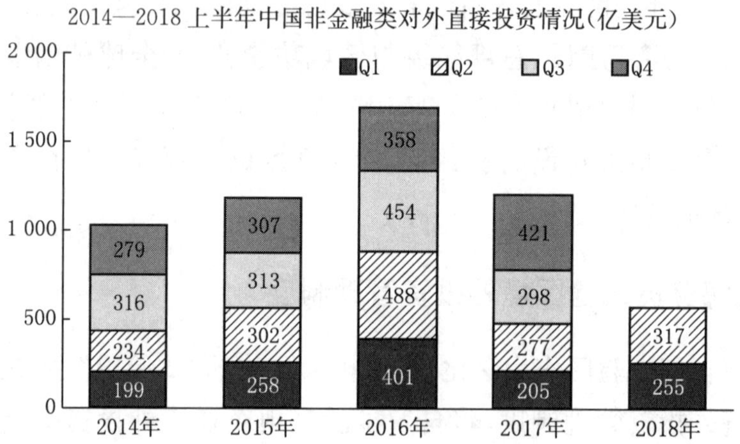

资料来源：中国商务部。

图 3.2　中国对外直接投资情况

2000—2011年，国务院和各职能部门共出台了52个规范性文件，逐步形成了我国对外投资制度，对企业"走出去"帮助较大。其主要内容为以下5项制度：

1. 管理制度

我国非金融类境外投资管理制度的基本框架由前置报告、实体监管、事后监督构成。(1)前置报告指商务部和外汇管理局的境外并购前期报告制度，以及发改委管理下的信息报告制度。(2)实体监管是指由发改委、商务部对境外投资项目和企业实行核准制、备案制，外汇管理局对境外投资外汇实行核准、登记制度，以及国资委对中央企业实行报告、核准制度。(3)事后监管包括对境外投资利润的汇回或留存境外相关事项的监督(外汇管理局)、企业境外投资统计制度(商务部与国家统计局)、境外投资联合年检和综合绩效评价制度(商务部与外管局)、境外矿产资源开发网上备案制度(商务部与国土资源部)、国别投资经营障碍报告制度(商务部)等。

2. 财政和金融支持

政策性机构指中国出口信用保险公司、中国进出口银行和国家开发银行。其中，中国出口信用保险公司为境外投资提供投资保险服务、担保服务和各类咨询服务；中国进出口银行作为专业外经贸政策性银行，对各类对外投资合作给予信贷支持，并设立境外投资专项贷款；国家开发银行在世界50多个国家设立了工作组，为各类投资项目提供信息咨询，累计为境外投资项目提供贷款超过200亿美元；①国家开发银行设立了中非发展基金有限公司，以投资参股方式推动中国企业到非洲开展投资和经贸活动，并提供咨询服务。中央政府的财政支持主要是对境外投资企业提供直接补助或贴息等专项资金支持。此外，许多地方政府也提供一定金额的地方财政支持。

① 高晓雪：《入世以来中国对外投资政策的演变》，《中国证券期货》，2012年第7期。

3. 税收支持

我国对外直接投资的税收优惠主要有五项措施：

(1) 税收抵免。国家税务总局定义税收抵免，即对纳税人来源于国内外全部所得或财产课征所得税时允许以其在国外缴纳的所得税或财产税税款抵免应纳税款的一种税收优惠方式，是解决国际间所得或财产重复课税的一种措施。我国实施分国限额税收抵免办法，即抵免数额不得超过按照居住国税法计算的税额。

(2) 税收饶让。税收饶让是指居住国政府对跨国纳税人在非居住国得到减免的那一部分税额，视同已经缴纳，不再按本国规定的税率予以补征。①

(3) 所得税减免优惠。无论东道国与我国是否签有避免双重征税协定，境外投资企业自正式投产或开业之日起5年内，对中方从境外分得的应税利润免征所得税。

(4) 关税优惠。对在发展中国家不能获得可兑换货币的合营企业，中方以分得的利润购买或者以货易货的方式换回我国所需要的其他产品，除国家禁止进口的产品外，若经营有亏损的，可申请减免进口关税。

(5) 税收减免。纳税人海外投资遭遇自然灾害或政治风险而损失较大时，可按规定对其境外所得给予一年减征或免征所得税的照顾。

4. 投资促进体系

我国已经建立起从中央到地方的专门投资促进机构，主要有商务部投资促进事务局和地方商务委下设投资促进机构，准政府机构有国际投资促进会、中国国际贸易促进委员会、国际商会等。这些机构的特点是同时具有对外投资的管理和促进职能。主要投资促进机构还建立了全国投资促进机构联席会议(FIPAC)机制。中国出口信用保险公司、国家开发银行、中国进出口银行是落实投资促进政策的专门机构，国家外汇管理局、中国人民银行、财政部、国资委、国家发改委以及地方

① 张京平：《对外投资税收政策的国际比较》，《税务研究》，2006年第4期。

政府等都有一定的管理权和服务职能。

5. 提供信息服务

我国投资促进机构提供的服务便利以纯粹的信息服务为主。经过近20年的发展，已经形成较为全面的宏观信息服务，如《中国对外投资促进国别地区系列报告》、《国别贸易投资环境报告》、《国别投资经营障碍报告》、《对外投资国别产业指引》、《对外投资合作国别(地区)指南》、《国家风险分析报告》、《中国企业对外投资统计公报》以及《中国对外投资合作发展报告》。此外，中国投资指南网、中国对外经济合作指南网、展会平台和中介服务组织等公共信息服务网站提供更多具体信息和服务。

(二) 自贸试验区助推企业“走出去”

2013年9月29日，上海自贸试验区挂牌当天，上海市政府颁布了《中国(上海)自由贸易试验区境外投资项目备案管理办法》和《中国(上海)自由贸易试验区境外投资开办企业备案管理办法》，均自2013年10月1日实行。两个《办法》对企业境外投资实行核准和备案管理。其中，对于涉及敏感国家或地区、敏感行业的敏感类项目实行核准管理，由国家发改委进行核准，发改委发布敏感行业目录。对于非敏感类项目实行备案管理。投资主体是中央管理企业或者是地方企业但中方投资额3亿美元及以上的，由国家发改委备案；投资主体是地方企业且中方投资额3亿美元以下的，由投资主体注册地省级发改部门备案。

1. 境外投资项目举措

对于区内企业境外投资项目而言，自贸试验区保留了项目前期信息报告制度和地方重大境外投资项目的登记制度。对于中方投资额1亿美元及以上的境外收购和竞标项目，需向国家发改委报送项目前期信息报告。对于地方企业实施的中方投资额3 000万美元以上至3亿美元以下的资源开发类、中方投资额1 000万美元以上至1亿美元以下的非资源开发类境外投资项目，虽然由管委会备案，但需报国家发改委登记。

适用备案制管理的企业仅需上报上海自贸试验区境外投资备案表并提交相关材料,无需制作项目申请报告。管委会在5个工作日内出具境外投资项目备案意见。与上海自贸试验区外类似,取得项目备案意见是办理其他手续的前提,企业必须凭项目备案意见办理商务、外汇、海关、税务等相关手续。

2. 境外投资企业举措

在外资快速涌入上海的同时,国内企业"走出去"的势头也非常强劲。对外投资方面,得益于国家"一带一路"建设和自贸试验区建设,上海企业"走出去"参与国际竞争和合作的意愿与能力大幅提高。2017年初,上海企业"走出去"网络已覆盖178个国家和地区,并与新加坡、捷克、土耳其等14个"一带一路"沿线国家经贸部门和重要节点城市建立了经贸合作伙伴关系。①

对于上海自贸试验区内企业境外投资开办企业而言,企业需向上海自贸试验区管委会递交相关材料,管委会确认材料符合规定形式后5个工作日内,完成备案并制发《企业境外投资证书》。同样,企业凭该证书办理商务、外汇、海关、税务等相关手续。

此后,上海自贸试验区内企业跨境投资便利化措施又不断推出。概括起来有以下方面:(1)私募股权投资基金(PE)可利用自贸试验区平台赴境外设立投资平台,再寻找合适的境外项目开展投资合作;(2)区内企业对外直接投资可以赴外汇部门先行登记支付前期费用,原则上不超过300万美元和境外投资总额的15%。资金跨境收付上,也与以往的前置核准脱钩,可直接到银行办理;②(3)因非货币性资产对外投资等资产重组行为而产生的资产评估增值部分,可在不超过5年内分期缴纳所得税;(4)国内大型企业在自贸区内发展境外股权投资和离岸业务,可以获得政府财政补贴的税收政策扶持。

---

① 《上海已成全球第一大口岸城市》,新华网,2017-04-13, http://www.xinhuanet.com/webSkipping.htm。

② 陈晓奕:《自贸区一周年外投创新落地全盘点》,《中国外资》,2014年第10期。

3. 境外投资服务体系

为了加强境外投资服务，上海自贸试验区搭建了境外投资服务平台(www.shftz.cn)(见图 3.3)。2014 年 9 月 2 日，中国(上海)自由贸易试验区境外投资服务平台正式上线，平台涵盖了综合咨询、境外投资备案、投资项目推荐、投资地介绍、行业分析、境外投资专业服务等功能。境外投资服务平台，集聚了大量专业服务机构，为服务企业“走出去”发挥了重要作用。

图 3.3　上海自贸试验区境外投资服务平台

上海自贸试验区将继续推动境外投资管理进一步与国际接轨，将积极打造境外投资全生命周期服务体系，整合各类专业服务力量，推进境外投资项目库、资金库、信息库的建设，实现政府、中介机构与企业的有效连接与信息共享；打造企业境外投资保障体系，向企业提供重点国别和重点行业的评估报告，帮助企业规避风险，引进和发展相关争端解决机构，为企业提供权益保障服务；并将按照上海自贸试验区方案的要求，与财税部门共同研究完善符合国际惯例、适应境外股权投资和离岸业务发展的税收政策，打造更加完善的境外投资政策支持体系，增强企业竞争力。

4. 自贸试验区制度优势

相对于以往的对外投资优惠政策，上海自贸试验区境外投资管理

制度优势体现在以下几个方面:

(1) 放松投资管制。放松对境外投资项目和境外开办企业的管制。长期以来,国内企业开展对外投资活动,涉及的审批部门较多,而且个别环节存在重复审核和审核标准不一致的现象,企业往往错过对外投资的机会。针对这一问题,上海自贸试验区的境外投资由审批制改为备案制,在上海市政府权限内的对外投资项目和企业设立不需要审批和核准,只需到政府商务部/商务委备案即可。“备案制”使企业“走出去”变得更加自主。核准制改为备案制是我国对外投资管理体制的一项重大突破,成为第一条在全国范围内“可推广、可复制”的制度创新经验。

(2) 放松外汇管制。我国现行外汇审批流程复杂,对国内母公司给予境外子公司贷款担保有严格的数量限制,中国银行境外分行也不能向我国境外企业发放贷款。这些规定都极大削弱了海外投资企业的国际国内融资能力。对此,上海自贸试验区按照服务实体经济、深化外汇管理改革、有效防范风险、“成熟一项、推动一项”原则,大幅度简化外汇管理的审批流程,体现“简政放权”。

(3) 资金跨境流动。金融制度创新是上海自贸试验区最重要的部分,对自贸试验区加速集聚发展总部经济具有重大意义。上海自贸试验区放松资金跨境流动限制,探索投融资汇兑便利,为降低海外投资风险提供多种对冲手段,以及扩大人民币“走出去”。

上海自贸试验区已经成为企业“走出去”的重要通道,下一步将围绕“一带一路”建设,以全球资源配置为目的,以国际产能合作为核心,以基础设施互联为依托,以公共服务体系为支撑,将自贸试验区建设成为各类企业和要素“走出去”的一个重要枢纽。上海自贸试验区将继续完善以便利化为核心的对外投资合作管理体系,推动商务部放宽自贸试验区对“一带一路”沿线国家的高新技术、基础建设、生物医药、高端制造等投资建设的条件,探索突破以工程承包为主的经营资格管理体制;继续完善“五位一体”对外投资服务促进体系,即风险管理、资产评估、项目融资、跨境结算、会计服务等为一体的高效服务平台；完善以风险防范为底线的对外投资事中事后监管体系，规范企业在境外的投资行为，确保投资项目的真实性，针对境外投资制定诚信管理监管制度，建立重点项目的专项检查和随机抽查。上海自贸试验区联合外汇管理局、工商、税务等部门建立企业资金汇出的动态监测，推进诚信经营、纳税完税和预警机制的联动。

第三节

投资管理制度创新的实践

随着上海自贸试验区改革开放力度的不断加大，引进外资成果斐然。2017年，上海自贸试验区新增实到外资60亿美元，同比增长6.3%，占全市实到外资的比重升至35.3%，助推浦东新区实到外资达到78.26亿美元，占全市实到外资的46%。这些数据预示着上海吸收外资的后劲充足，也说明外资持续看好上海的投资环境和经济发展前景。

一、发展总部经济案例

上海自贸试验区拥有四种总部型企业类型，分别为跨国公司地区总部、跨国公司运营中心、跨国公司国际贸易中心结算点和跨国公司亚太区总部。2017年，上海继续加大总部培育和支持力度，上海市政府发布了修订后的《上海市鼓励跨国公司设立地区总部的规定》，全年新增跨国公司地区总部45家，其中雅玛多、沃尔沃等14家跨国公司设立了亚太区总部。近五年上海引进跨国公司地区总部222家，占累计引进地区总部数量的36%。

上海吸引跨国公司地区总部是扩大开放，提高利用外资质量、水平的重要方面。从2002年以来，总部经济政策优化了上海总部发展经济的环境、为提升总部经济能级发挥了重要作用。上海的总部经济不仅促进了自身的经济发展,而且肩负着带动长三角经济一体化高质量发展,长江经济带发展的国家战略使命。

从国家整体发展来看,总部经济必然伴随着产业集聚。跨国公司总部在一个地区密集布局之后,会带动相应的产业集聚,其经济影响力更是以几何倍数的效应放大,促进了更多优质国际资源进入中国市场。

(一) 亚马逊国际贸易总部

2014 是亚马逊进入中国市场 10 周年。亚马逊在上海自贸试验区成立一周年之际,正式在自贸试验区设立国际贸易总部,发展跨境电商、跨境贸易、跨境金融。该总部成为亚马逊全球业务的枢纽,为亚马逊后续业务发展提供宝贵经验。①

(二) 蔡司中国总部

德国蔡司集团是全球光学和光电行业的领导者。蔡司中国已经成功建立了显微镜、医疗技术、工业测量、视力保健和消费光学五大事业部。2015 年 9 月,在位于外高桥美约路的蔡司中国总部大楼正式启用。蔡司集团将本土研发视为其在中国发展的战略核心,在总部大楼内,设有蔡司集团在德国以外的首个企业级创新研发中心。蔡司上海是由贸易公司转型为研发中心,最终升级为地区总部的成功案例。

(三) 万宝盛华集团

万宝盛华集团(ManpowerGroup)成立于 1948 年,是全球人力资源行业的开创者,也是该领域的领军企业。2003 年 3 月,集团在浦东新区注册成立万宝盛华人力资源(中国)有限公司,成为最早进入中国人力资源市场的外资公司之一。2015 年 9 月,集团正式将万宝盛华人力资源(中国)有限公司升级为万宝盛华大中华地区总部,成为首家落户上海的全球人力资源区域总部。

(四) 瑞典斯凯孚集团

作为上海自贸试验区首批获得总部授权的 20 家亚太运营商企业

---

① 杨珍莹:《提升自贸区国际贸易能级》,《浦东开发》,2014 年第 9 期。

之一——世界著名轴承制造商瑞典斯凯孚集团旗下的斯凯孚东北亚分拨中心，2014 年 6 月 10 日在外高桥保税区新发展园区启动营运。借助亚太运营商计划赋予该分拨中心的各项贸易便利化政策和具体扶持，该中心集贸易、物流和结算等功能为一体，并将逐步成为斯凯孚集团覆盖整个东北亚地区、辐射亚太乃至全球的分拨中心。

上海自贸试验区的制度创新为跨国公司总部、地区总部的落地与发展带来了新机会，地区总部项目正在加快落户。截至 2018 年 3 月底，上海已累计引进跨国公司地区总部 634 家，其中亚太区总部 72 家，投资性公司 350 家，研发中心 430 家，超 95％地区总部具有两种以上功能。仅占全市外商投资企业总数 1％的地区总部，贡献了全部外商投资企业 9％的营业收入和 15％的利润总额，辐射带动效应明显。地区总部在不断集聚的同时，能级不断提升，功能持续拓展，越来越多的地区总部成为集管理决策、采购销售、研发、资金运作、共享服务等多种职能于一体的“综合性总部”。

二、企业“走出去”案例

上海自贸试验区承担着帮助中国企业“走出去”的任务。上海自贸试验区成立以来，已经成为中国企业“出海”投资的桥头堡，在企业“走出去”方面积极进行制度创新，促进企业境外投资的自由化和便利化，为我国企业境外投资提供了新发展机遇。

2017 年 3 月，国务院发布《全面深化方案》，上海自贸试验区主动构筑起服务“一带一路”建设、推动市场主体走出去的桥头堡。这是党中央、国务院赋予上海自贸试验区服务“一带一路”建设的新定位、新要求。2017 年，上海对“一带一路”沿线国家和地区的货物贸易额占全市比重达到五分之一；对外直接投资的中方投资额占全市比重为 11.6％；新签对外承包工程合同额占全市比重达到 66.8％。“一带一路”国别馆初具规模，保加利亚、匈牙利等 7 馆投入运营。上海先后与以色列、俄罗斯、新加坡等“一带一路”沿线国家联合建立跨国孵化器，搭建跨境项目交流平台。截至2018年上半年,上海自贸试验区已累计备案投资509亿元,占浦东新区总数的93%,对"一带一路"沿线国家的投资也取得了快速增长。

(一) 振华重工出海战略

振华重工以港口机械制造为主要产业,产品销售遍及全球99个国家和地区,其中包括"一带一路"沿线29个国家和地区。作为世界上最大的重型装备制造企业,振华重工近年加快了国际化步伐,在全球设立了多家子公司。

振华重工在全球拥有20多个办事处,其中有11个办事处设在"一带一路"沿线国家,并注重海外办事处的"本地化"管理。振华重工的"走出去"战略中,其投资模式包括与当地已有企业合资,如与新加坡港口公司等合资投资码头港口建设;以设备入股、合作经营等方式,以"投资+产业"双轮驱动海外产业发展。①

(二) 鼎新投资印尼

上海鼎新投资(集团)公司系浙江青山控股旗下的集团公司之一。2009年,鼎新集团与印尼知名矿企合作,提前布局印尼镍矿采掘、出口及镍铁冶炼产业。2013年,在印尼建设中国印尼综合产业园区青山园区,是中印尼两国经贸合作的示范区。2016年8月,被国家商务部和财政部认定为中国境外经济贸易合作区,这对促进中国与印尼、中国与东盟之间的合作具有重要意义。

(三) 上海国际港务(集团)投资以色列

上海国际港务(集团)成功中标以色列长期的码头经营权。集团计划于2018年7月,正式开工建设获得的首块场地,投资额2亿美元。这是集团中标以色列海法新港码头24年加11个月的码头经营权后的首次建设,并将通过在以色列设立的项目对该码头进行建设和运营。

---

① 浦东新区商务委:《上海自贸区企业境外投资基本情况》,2018年9月14日。

(四) 上海纺织集团收购联泰股权

上海纺织集团收购香港上市公司联泰控股公司股权，投资额 1.73 亿元，股权占比 70.64%。联泰公司主营成衣及服饰配件的贸易及制造，为全球多家知名品牌代工，在美国、菲律宾等地区均有设计中心及生产基地。此次收购，是上海纺织集团与联泰控股形成资源互补，充分利用双方在贸易、运营、生产、加工等方面的优势，为集团的国际化发展迈出坚实的步伐。①

(五) 东方证券资金“出海”

大疆无人机是一家拥有极高技术门槛的高端制造企业，在全球消费级无人机市场上，已打败欧美企业位居市场第一，这样的高端制造企业在国内比较少见。截至 2016 年，大疆生产的消费级小型无人机已占据了全球 60%的市场份额，其中 70%以上出口欧美国家，仅美国就占据 60%，10%左右内销。过去 5 年，大疆业绩呈现爆发式增长，销售额从 2011 到 2015 年间增长近 100 倍，2016 年销售额达到 10 亿美元。②

效率的提升对境外投资非常重要。该项目流程中，备案换汇在 5 天内即告完成。2015 年中，大疆无人机境外主体 DJI International 启动新一轮融资，其“高端制造业”的特征进入了东方证券境外投资标的筛选的范围。大疆一共融资 5 亿元美金，但意向投资机构加起来有 15 亿元美金，也就是说只有三分之一的机构能够拿下该项目，而能在激烈竞争中顺利争取到大疆投资项目，得益于一点：东方证券早已是上海自贸试验区平台内一家较有经验的境外投资者了。为快速高效完成此次境外投资，东方证券借助上海自贸试验区境外投资政策优势，在区内设立投资主体东证睿联（上海）投资中心（有限合伙），同步在开曼群岛设立境外投资平台，以该平台参与 DJI International 投资，并通过该平台向大疆境外主体汇款完成了投资。

---

① 浦东新区商务委：《上海自贸区企业境外投资基本情况》，2018 年 9 月 14 日。
② 叶赟：《上海自贸区三年焕发企业新活力》，《劳动报》，2016 年 10 月 2 日。

第四节

需要进一步探索的问题

在当前单边主义和贸易投资保护主义抬头、逆全球化趋势加剧的背景下,中国用扩大投资准入开放的实际行动,推动经济全球化持续发展,对于稳定全球投资者市场预期发挥了积极作用。在开放问题上,中国扩大开放的广度和力度将进一步加大,投资准入开放会不断深化和拓展,负面清单还会越来越短。对此,我们需要进一步在准入方面不断探索:①

一、 进一步提升投资准入开放水平

中国的投资准入开放水平与国际上许多国家尤其是发达国家相比还存在较大差距。经济合作与发展组织(OECD)每年都会公布涉及主要经济体(2016 年是 62 个国家)的外资准入限制性指数,指数值越高说明外资准入越不开放。这是目前国际上最具权威性和影响力的评价体系之一。从 2016 年结果来看,中国在综合评价上高居第四位,其中制造业居第五位,略好于综合排位;服务业居第二位,与 OECD 国家平均水平相差甚远。如果把中国近两年的最新举措考虑在内,指数值会有所改善,但距离平均水平仍有较大差距,甚至不及越南的排位。因此,扩大市场准入尤其是服务业的准入开放仍然还有很大的空间,需要做出长期甚至艰难的努力。

二、 进一步优化营商环境

市场准入开放要取得实际成效离不开良好营商环境的建设。市场

① 赵晋平:《两份外资负面清单先后出炉释放何种信号?》,搜狐网,2018-07-06,https://www.sohu.com/a/239605850_115376。

准入开放的目的在于吸收更多有利于中国经济高质量发展的国际资本、技术、人才等要素。准入开放能够为投资者提供进入国内投资兴业的机会，是这些要素流入的必要条件，但并不是充分条件。稳定、透明、可预期，符合国际规范的营商环境往往是跨国公司选择投资目的地的重要决策依据之一。2017 年，中国 11 个自由贸易试验区外商实际投资增长了 18.1%，比全国平均水平高出 10 个百分点，新注册外资企业占全国的五分之一。主要原因是自贸试验区在包括政府简政放权、投资和贸易便利化、金融服务和法制环境等内容在内的营商环境建设方面展现的领先优势，充分说明了营商环境建设的重要性。2018 年 10 月，世界银行发布的营商环境报告显示，中国营商环境在全球排名从 2017 年的 78 位跃升至 2018 年的 46 位，首次进入世界前 50 位。今后一方面要进一步深化自贸试验区的市场准入改革创新，积累更多经验在全国范围内复制推广。另一方面，需要对标国际先进经贸规则，建设更具吸引力的营商环境。

三、 在开放中学会防范和控制各种风险

对外开放是一把“双刃剑”，在带来机会和利益的同时，也会伴随着一定的风险和挑战。例如，许多产业的投资准入开放在促进行业竞争、提升效率的同时，会对现有企业造成冲击、增加困难企业和员工失业；金融等特殊行业准入开放，如果缺乏有效的防火墙，可能由于外部市场波动的传导，增加国内的系统性金融风险。面对这些可能性，中国需要建立国家安全审查机制和竞争性政策体系。要在实施投资准入负面清单的同时，手中还应握有一份安全审查正面清单，加强事中事后监管，对危及国家安全、生态安全以及具有过快增长冲击国内产业发展、形成市场垄断风险的投资项目及时发现、有效监管和严格执法。

总之，我们要在开放中积累经验、学会防范和控制风险，不断提高适应复杂环境和应对外部风险冲击的能力，并不断完善风险控制体系，能够做到在开放条件下更加有效抵御各种风险的发生。

参考文献

《中国(上海)自由贸易试验区总体方案》。
《进一步深化中国(上海)自由贸易试验区改革开放方案》。
《全面深化中国(上海)自由贸易试验区改革开放方案》。

第四章
自贸试验区服务业扩大开放

本章提要

服务业进一步扩大开放，是上海自贸试验区建设的重要任务。从2013年上海自贸试验区成立以来，聚焦于金融服务、航运服务、商贸服务、专业服务、文化服务以及社会服务六大领域的开放，在这些领域内暂停或取消投资者资质要求、股比限制、经营范围限制等准入限制措施(银行业机构、信息通信服务除外)。针对这六大开放领域，2014年又推出一批扩大开放措施，探索育幼养老、建筑设计、会计审计、商贸物流、电子商务、检测检验认证、影视出版等服务业领域的扩大开放措施，营造各类投资主体平等参与竞争的市场环境。服务业的开放向着更广、更深的方向发展。

服务业在发达市场经济国家，总体呈现高度开放的态势。我国改革开放40年，经济飞速发展，服务领域已成为我国对外开放的重点领域，服务业扩大开放也是上海自贸试验区的重要任务。

第一节
上海方案的基本要求

从上海自贸试验区《总体方案》开始，就选择了金融服务、航运服务、商贸服务、专业服务、文化服务以及社会服务等六大领域，暂停或取消投资者资质要求、股比限制、经营范围限制等准入限制措施(银行业机构、信息通信服务除外),营造有利于各类投资者平等进入的市场环境,随着上海自贸试验区《深化方案》和《全面深化方案》的发布,服务业开放力度不断加大。

一、 目标定位

根据2013年9月发布的《总体方案》要求,上海自贸试验区的目标之一就是“积极推进服务业扩大开放”,主要聚焦金融服务、航运服务、商贸服务、专业服务、文化服务以及社会服务等六大领域,实施23项开放措施,暂停或取消相关准入限制。2014年颁布第二批扩大开放措施31项,探索育幼养老、建筑设计、会计审计、商贸物流、电子商务、检测检验认证、影视出版等服务业领域的扩大开放举措。服务业扩大开放措施两批共54项,为各类投资主体平等参与竞争创造了良好的市场环境。

2015年4月,随着《深化方案》的发布,上海自贸试验区扩区,实施范围从28.78平方公里扩大到120.72平方公里。《深化方案》特别强调上海自贸试验区一个非常重要的定位,就是要“力争建设成为开放度最高的投资贸易便利、货币兑换自由、监管高效便捷、法制环境规范的自由贸易园区”①。

2017年4月发布的《全面深化方案》,上海自贸试验区提出要进一步对照国际最高标准、查找短板弱项,大胆试、大胆闯、自主改,坚持全方位对外开放,推动贸易和投资自由化便利化,加大压力测试,切实有效防控风险,以开放促改革、促发展、促创新,进一步彰显全面深化改革和扩大开放试验田作用。②

二、 服务业开放的主要任务

上海自贸试验区加快落实中央战略部署,率先形成服务业开放新

---

① 《进一步深化中国(上海)自由贸易试验区改革开放方案》。
② 《全面深化中国(上海)自由贸易试验区改革开放方案》。

优势，更好发挥国际金融中心核心功能，打造金融服务业集聚的新高地；加快形成改革创新的合力，全面落实服务业开放新举措。

(一)《总体方案》提出的服务业开放举措

上海自贸试验区《总体方案》，列出了深化自贸试验区六大服务领域扩大开放，18 项具体改革措施(见图 4-1)。

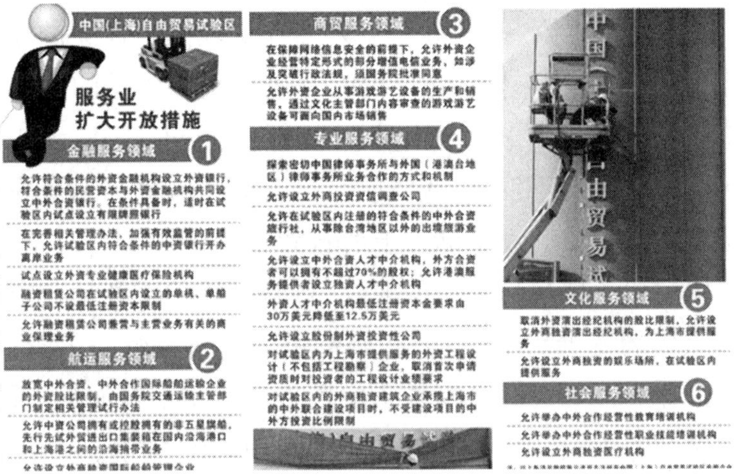

图 4.1 《总体方案》提出的服务业开放措施

1. 金融服务领域

《总体方案》明确的金融服务领域开放主要包括以下内容：

(1) 银行服务。第一，允许符合条件的外资金融机构设立外资银行，符合条件的民营资本与外资金融机构共同设立中外合资银行。此项措施的关键是，在试验区内外汇管制基本放开的背景下，区内银行不仅可以经营人民币业务，同时也可以直接开展外币有关业务，将对我国银行国际化经营带来促进作用；还首次提出允许民营资本与外资金融机构成立合资银行，将对民营资本进入金融业起到有力推动作用；允许在自贸试验区内设立有限牌照银行，一方面为我国探索推进银行业分类监管提供重要经验，另一方面有助于吸引大量非吸储类外资金融机构落户试验区，繁荣试验区内金融业生态。第二，在完善相关管理办法,加强有效监管的前提下,允许自贸试验区内符合条件的中资银行开办离岸业务。此举极大地满足了区内大量企业的离岸业务,吸引更多跨国公司资金中心、财务中心、结算中心落户试验区。

(2) 专业健康医疗保险。设立外资专业健康医疗保险机构。随着国家的富裕和人口老龄化的到来,专业医疗保险市场的需求不断升温。此举更好地发挥了外资保险机构的品牌、运作、产品设计等优势。

(3) 融资租赁。第一,融资租赁公司在试验区内设立的单机、单船子公司不设最低注册资本限制。我国是全球飞机船舶的消费大国,全球每年新生产的飞机约10%销往中国,新造船合同金额的30%在中国。但由于国内租赁生产不发达,我国航空租赁生产的90%被外资所占领,航空市场几乎被外资公司垄断。上海自贸试验区的这一改革举措有助于推动国内单机单船项目公司的成立,打破外资的垄断地位,促进我国融资租赁市场的发展。第二,允许融资租赁公司兼营与主营业务有关的商业保理业务。这一举措顺应了融资租赁公司本身所从事的商业保理业务的客观需求,有助于融资租赁公司的多元化发展。

2. 航运服务领域

《总体方案》明确的航运服务领域开放主要包括以下内容:

(1) 远洋货物运输。第一,放宽中外合资、中外合作国际船舶运输企业的外资股比限制,由国务院交通运输主管部门制定相关管理试行办法。取消股比限制,意味着外资可以控股,以便于外资更好地运用其国际化的经营能力开展国际船舶运输业务,提高我国国际船运能力。第二,允许中资航运公司拥有或控股拥有

名词解释　商业保理业务

《中国(上海)自由贸易试验区商业保理业务管理暂行办法》所称的商业保理业务是指供应商与保理商通过签订保理协议,供应商将现在或将来的应收账款转让给保理商,从而获取融资,或获得保理商提供的分户账管理、账款催收、坏账担保等服务。商业保理业务是指非银行机构从事的保理业务。

的非五星旗船，先行先试外贸进出口集装箱在国内沿海港口和上海港之间的沿海捎带业务。政策限制的放开，方便旗船在国内沿海港口和上海港之间沿海捎带业务的开展，促进了境外中转的集装箱到上海中转，增加上海港水水中转流量，提高上海港的国际地位。①

（2）国际船舶管理。允许设立外商独资国际船舶管理企业。此项措施有助于我国船舶国际企业向国际化、专业化、独立化发展，有助于上海吸引更多国际船舶管理企业落户，加快国际船舶管理业中心建设。

名词解释　中资航运公司

《交通运输部关于在上海试行中资非五星旗国际航行船舶沿海捎带的公告》所称的“中资航运公司”，指注册在境内，依据《中华人民共和国国际海运条例》取得《国际班轮运输经营资格登记证》、从事国际海上运输业务的企业法人。

3. 商贸服务领域

《总体方案》明确的商贸服务领域开放主要包括以下内容：

（1）增值电信。在保障网络信息安全的前提下，允许外资企业经营特定形式的部分增值电信业务，如果涉及突破行政法规，须经国务院批准同意。此举标志着我国放宽外商进入增值电信业务领域。我国电信企业在自贸试验区直面来自外资企业的竞争，对我国企业提高市场竞争能力和国际化经营能力、对我国的电信产业发展带来促进作用。但由于电信业务的敏感性，此项政策对开放电信增值业务的具体形式和内容作了规定，对需要突破行政法规的电信增值业务开放许可需要得到国务院层面批准。

（2）游戏机、游艺机销售及服务。允许外资企业从事游戏游艺设备的生产和销售，通过文化主管部门内容审查的游戏游艺设备可面向国内市场销售。此举加快了国际品牌如 PlayStation、任天堂等游戏游艺设备企业进入国内，加速我国游戏游艺设备行业洗牌，促进优质游戏游

① 《上海自贸区服务业扩大开放 18 项解读》，《东方早报》，2013 年 9 月 28 日。

艺设备龙头企业的崛起。

4. 专业服务领域

《总体方案》明确的专业服务领域开放主要包括以下内容：

(1) 律师服务。探索密切中国律师事务所与外国以及港澳台地区律师事务所业务合作的方式和机制。随着贸易、金融和投资的全球化，国外律师逐渐成为中国内地服务市场的参与主体。这一举措将进一步密切中外律所合作关系，有助于发挥中国律师事务所的优势，同时学习借鉴外国律师事务所的国际化长处，不断提高中国律师事务所的管理水平、法律服务水平和高端人才培养能力。

(2) 资信调查。允许设立外商投资资信调查公司。上海自贸试验区允许设立外商投资资信调查公司，将推动国外资信调查公司在中国的落地，为区内企业带来先进的信用评估技术，减少企业经营的信用风险。

(3) 旅行社。允许在上海自贸试验区内注册的符合条件的中外合资旅行社，从事除中国台湾地区以外的出境旅游业务。上海自贸试验区取消了中外合资旅行社经营许可满两年才可以经营出境游业务，有利于合资旅行社开展和扩大出境游业务，提高我国公民出境游的服务质量，倒逼境内旅行社出境游的服务质量，提高市场竞争力。

(4) 人才中介服务。第一，允许设立中外合资人才中介机构，外方合资者可以拥有不超过70%的股权；允许港澳服务提供者设立独资人才中介机构。上海自贸试验区内将外方控股比例进一步提高，对于外资人才中介机构是明显的利好，有助于更多引进国际化人才，增强人才机构的市场竞争力。第二，外资人才中介机构最低注册资本金要求由30万美元降低至12.5万美元。①此举大幅度降低了资本金要求，降低了外资人才机构的准入门槛，吸引了更多外资人才中介机构进入。

(5) 投资管理。允许设立股份制外资投资性公司。这意味着外资

① 谢为群：《上海自贸区：推进改革开放的试验田》，《人民日报》，2013年9月28日。

投资公司可以面向社会募集资金，增强了外资投资性公司的资本实力和投资经营能力，并且在运作上更加规范。

（6）工程设计。对上海自贸试验区内为上海市提供服务的外资工程设计（不包括工程勘察）企业，取消首次申请资质时对投资者的工程设计业绩要求。该项措施进一步降低了外资工程设计企业进入我国的门槛，便于外资公司更容易在中国市场开展业务，对我国企业提高竞争能力带来挑战。

（7）建筑服务。对上海自贸试验区内的外商独资建筑企业承揽上海市的中外联合建设项目时，不受建筑项目的中外方投资比例限制。此举对外资更多地在上海承接中外联合建设项目，改变其市场份额，起到明显的推动作用。

5. 文化服务领域

《总体方案》明确的文化服务领域开放主要包括以下内容：

（1）演出经纪。取消外资演出经纪机构的股比限制，允许设立外商独资演出经纪机构，为上海市提供服务。此举鼓励外资演出经纪机构在上海开展业务，规范上海演出经纪市场，促进我国演艺事业的更快发展。

（2）娱乐场所。允许设立外商独资的娱乐场所，在上海自贸试验区内提供服务。这一举措推动了外商娱乐场所在自贸试验区内成立，满足国内外人士的娱乐休闲方面的多元化需要。

6. 社会服务领域

《总体方案》明确的社会服务领域开放主要包括以下内容：

（1）教育培训、职业技能培训。第一，允许举办中外合作经营性教育培训机构；第二，允许举办中外合作经营性职业技能培训机构。这些举措鼓励了国外优质教育培训品牌进入中国市场，规范国内的培训市场，促进我国教育培训业的健康发展。

（2）医疗服务。允许设立外商独资医疗机构。此举意味着我国在医疗服务领域的进一步开放，推动国外高端医疗品牌的进入，打破我国医疗领域的垄断局面，增强医疗机构的服务意识，更好地为市民服务。①

(二)《深化方案》提出的服务业扩大开放措施

上海自贸试验区《深化方案》要求进一步扩大金融服务业对内对外开放，对标国际高标准的经贸规则，探索金融服务业对外资实行准入前国民待遇加负面清单管理模式，推动金融服务业对符合条件的民营资本和外资机构扩大开放。

1. 进一步扩大服务业领域开放

根据国家对外开放战略要求，在服务领域进一步扩大开放。在严格遵照全国人民代表大会常务委员会授权的前提下，上海自贸试验区部分对外开放措施和事中事后监管措施辐射到整个浦东新区，涉及调整行政法规、国务院文件和经国务院批准的部门规章的部分规定的，按规定程序办理。

2. 加大金融创新开放力度

“加大金融创新开放力度，加强与上海国际金融中心建设的联动。具体方案由人民银行会同有关部门和上海市人民政府另行报批。”《深化方案》这一表述，意味着上海自贸试验区金融创新将和上海国际金融中心建设全面联动，这也是上海自贸试验区区别于其他几个自贸试验区最大特征，也是上海自贸试验区的最大特点。

3. 对外开放与对内开放相结合

谈到开放，一般认为是对外开放，但实际上对内开放同样重要。在《深化方案》中，有不少地方是将两者结合起来，如统一内外资融资租赁企业准入标准。把对外开放与对内开放相结合，意义在于创造公平竞争的市场环境。能对外资开放的领域，当然也应该对民资开放，让国企、民企和外企在同一条起跑线上竞争。

(三)《全面深化方案》提出的服务业扩大开放措施

上海自贸试验区贯彻落实党中央、国务院决策部署，对照国际最高

① 谢为群：《上海自贸区：推进改革开放的试验田》，《人民日报》，2013 年 9 月 28 日。

标准、最好水平，全面深化自贸试验区改革开放，加快构建开放型经济新体制，在新一轮改革开放中进一步发挥引领示范作用。

1. 进一步深化金融开放创新

《全面深化方案》要求加强与上海国际金融中心建设的联动，积极有序实施《进一步推进中国(上海)自由贸易试验区金融开放创新试点加快上海国际金融中心建设方案》。加快构建面向国际的金融市场体系，建设人民币全球服务体系，有序推进资本项目可兑换试点。加快建立金融监管协调机制，提升金融监管能力，防范金融风险。

2. 更好服务"一带一路"建设

《全面深化方案》要求推动上海国际金融中心与"一带一路"沿线国家和地区金融市场的深度合作、互联互通。加强与境外人民币离岸市场战略合作，稳妥推进境外机构和企业发行人民币债券和资产证券化产品，支持优质境外企业利用上海资本市场发展壮大，吸引沿线国家央行、主权财富基金和投资者投资境内人民币资产，为"一带一路"重大项目提供融资服务。大力发展海外投资保险、出口信用保险、货物运输保险、工程建设保险等业务，为企业海外投资、产品技术输出、承接"一带一路"重大工程提供综合保险服务。支持金砖国家新开发银行的发展。

第二节

服务业开放力度前所未有

国际服务业的发展呈现如下趋势：一是服务业在国民经济中的地位显著提高，比重明显上升；二是服务业产业组织日益优化，竞争日趋激烈；三是服务业内部结构正在发生质的变化，新型服务业主体(电子商务、教科文卫体等公共服务和中介服务业)不断增加；四是服务产业内涵日趋丰富，创新不断；五是服务业技术信息化、数据化、国际化趋势不可逆转；六是社会资本参与和政府部分公共服务有条件市场化、社会化。①上海借助自贸试验区这个平台，是要形成新的服务业市场、提供更多的服务及价值。

从最初的28.78平方公里，到扩区后的120.72平方公里，上海自贸试验区对标国际投资规则，探索实施外商投资准入前国民待遇加负面清单管理制度，减少和取消对外商投资准入限制，简化准入管理，不断提高开放度和透明度，目标是打造“开放型经济体系的风险压力测试区”，以及开放度最高的自由贸易园区。上海自贸试验区将推进服务业扩大开放，围绕“针对性、协同性、透明度、开放度”的目标，制定和实施好浦东高端服务业三年行动计划，加快构建立足浦东、服务全国、面向世界的高端服务业体系。

一、服务业扩大开放措施

在修订2014版“负面清单”的同时，相关部门梳理了上海自贸试验区进一步扩大开放的31项措施，这些举措为上海自贸试验区新一轮开放带来新机遇。

(一) 服务业是开放重点

中央要求上海自贸试验区加大服务业扩大开放的力度。

1. 服务业是自贸试验区开放的重点

2014年服务领域扩大开放措施增加至31项，这些开放措施，既符合党的十八届三中全会的要求，又突出了上海自贸试验区的主导产业。党的十八届三中全会要求进一步扩大开放的商贸物流、会计审计、医疗等领域均提出了扩大开放措施。

2. 促进自贸试验区服务功能提升

在商贸领域上海自贸试验区取消了对外商投资邮购和一般商品网上销售的限制等；在物流领域放宽了一些行业的外资股比限制，允许外商以独资形式从事国际海运货物装卸、国际海运集装箱站和堆场业务，

① 应勤俭：《上海自贸区如何开放服务业》，《中国经济报告》，2014年第2期。

允许外商独资从事航空运输销售代理业务等；在会计行业，允许取得中国会计师资格的香港、澳门专业人士担任会计师事务所合伙人；在医疗领域，取消了外商投资医疗机构最低投资总额和经营年限的限制。服务业领域的进一步开放将有力促进上海自贸试验区服务功能的提升，促进了上海“五个中心”建设。

(二) 扩区后服务业开放成效显著

上海自贸试验区扩区后，良好产业基础和载体空间，加速了服务业开放项目落地。

1. 开放领域有突破

落地项目的一大特点是领域突破。上海自贸试验区在保险经纪、专业健康保险、独资医院、增值电信之呼叫中心、认证机构、游艇设计等领域对外资都有较大突破，涌现出一批首创性项目，如中国第一家专业再保险经纪公司——江泰再保险经纪有限公司、第一家合资道路运输公司——中外运沙伦氏物流有限公司等。

2. 聚焦六大服务领域

在负面清单更短更透明的同时，上海自贸试验区聚焦金融服务、航运服务等六大服务业领域，先后分两批提出了 54 项扩大开放措施。截至 2018 年 6 月，服务业两批扩大开放措施 54 项中已经有 32 项落地，累计落地企业超过 2 600 多个，融资租赁、演出经纪、国际船舶管理、增值电信、旅行社等开放长效显著，涌现出一批首创型项目。

值得注意的是，上海自贸试验区的 54 项扩大开放措施中，属于世界贸易组织划分的 12 个服务部门中的 11 个，覆盖率达 91.7%。所以，上海自贸试验区的开放度已经远远高于我国加入世贸组织时的开放承诺，以及一些对外签订的自由贸易协议。

(三) 上海自贸试验区不断推进金融服务业对外开放

2018 年 6 月 21 日，《中国(上海)自由贸易试验区关于扩大金融服务业对外开放，进一步形成开发开放新优势的意见》出台。该意见提出金融服务业对外开放的 25 条举措，涉及吸引外资金融机构集聚、便利外资金融机构落户、支持境外创新企业发行CDR,争取年内开通“沪伦通”等方面。这25条举措中,第一大类就是吸引外资金融机构集聚,其中包括:扩大上海自贸试验区银行业、证券业及保险业对外开放;支持境外中央银行和国际金融组织在上海自贸试验区设立代表处或分支机构等,体现了上海自贸试验区在扩大金融开放中的“试验田”作用。

二、 金融领域的扩大开放措施

上海自贸试验区自成立以来,金融领域的开放创新日新月异。

(一) 总体政策框架落地①

2013年原“一行三会”出台了支持自贸区建设的51条意见,标志着上海自贸试验区建设总体政策框架的基本建立,推动了金融改革的顺利起步。在51条意见中,中国人民银行的30条意见涉及自由贸易账户体系、资本项目可兑换、利率市场化、人民币跨境使用、外汇管理体制改革、风险管理六方面内容。原中国银监会的八条措施主要是支持中外资银行入区经营发展,支持民间资本进入区内银行业;中国证监会的五条措施旨在深化资本市场改革、提升我国资本市场对外开放度;原保监会的八项措施侧重于完善保险市场体系,促进功能型保险机构的聚集。

同时,中国人民银行上海总部与上海银监局、证监局和保监局先后出台了支付机构跨境人民币支付业务、扩大人民币跨境使用、放开小额外币存款利率上限、外汇管理等十余项实施细则。这些意见和实施细则共同构成了上海自贸试验区金融改革的总体政策框架。

(二) 建立FT账户系统

在上海自贸试验区成立以前,对于有跨国业务的公司来说,有境内账户和境外账户,但两者处于相隔离状态,不能自由划转,需要层层申请。2014年5月,围绕贸易和投资便利化金融改革政策全面投入实施、以自由贸易账户(FT账户)为核心的强大的风险管理系统正式投入运

① 金姬:《金融创新三年大考》,《新民周刊》,2016年第10期。

行。FT 账户开通后，跨国公司可以借这一中间载体打通区内、区外、境外三个市场，通过 FT 账户就可以与境外的资金自由划转。

FT 账户的推出，将企业与银行、证券、保险等金融机构有效连接，实现了境内外金融市场的融通，不仅节约了财务成本，同时提高了企业资金汇划的效率，上海自贸试验区金融创新业务得到全面发展。

(三) 全面放开本、外币境外融资

2015 年 2 月 12 日，中国人民银行上海总部发布《中国(上海)自由贸易试验区分账核算业务境外融资与跨境资金流动宏观审慎管理实施细则》。该实施细则的推出，意味着上海自贸试验区全面放开本、外币境外融资，与全球低成本资金对接，同时取消境外融资的前置审批，取而代之的是运用风险转换因子等新的管理方式，依托 FT 账户管理系统进行事中、事后监管。值得注意的是，这一系列新政也适用于扩区后的上海自贸试验区全域。

(四) “金改 40 条”

2015 年 10 月 30 日，中国人民银行、商务部、原银监会、证监会、原保监会、国家外汇管理局、上海市人民政府正式印发《进一步推进中国(上海)自由贸易试验区金融开放创新试点加快上海国际金融中心建设方案》(简称“金改 40 条”)。

“金改 40 条”的主要亮点。一是在市场准入方面，加大了外资和民资的开放力度；二是在业务创新方面，比之前的内容更加具体深化；三是在服务实体经济方面，提出了一些具体措施。

上海自贸试验区自挂牌以来，借助于政策等优势，多项金融业对外开放试点项目落户。上海自贸试验区还积极为外资金融项目落地开展相关协调服务，包括建立了上海自贸试验区外资金融机构落户服务团队、建立了上海自贸试验区与金融监管部门的精准招商工作例会制度、协助外资金融机构寻找国内合作伙伴、为外资金融机构提供长期政策支持等。

第三节

服务业扩大开放的实践探索

上海自贸试验区成立5年,服务业不断扩大开放。各类服务业企业抓住发展机遇,积极在上海自贸试验区开展各类业务。除涉及意识形态、国家安全以及敏感领域外,重点推进金融、高端航运服务、专业服务等领域的开放试点。

一、航运服务领域

交通运输部《关于中国(上海)自由贸易试验区试行扩大国际船舶运输和国际船舶管理业务外商投资比例实施办法的公告》旨在试点扩大国际船舶运输和国际船舶管理业务外商投资比例,保护投资者合法权益。在上海自贸试验区设立的外商投资比例超过49%的中外合资、合作企业,及其拥有或实际经营的船舶,可经营进出中国港口的国际船舶运输业务。

上海润元船舶管理有限公司、海工船舶管理(上海)有限公司、马士基船务管理咨询有限公司、全球第一大国际船舶管理公司——威仕(V-SHIP)等已正式落户上海自贸试验区。

专栏4.1　上海润元船舶管理有限公司

2014年5月8日,由新加坡上市企业——扬子江船业所设立的上海润元船舶管理有限公司,顺利领取了上海市交通委核发的《国际海运辅助业经营资格登记证》,成为上海自贸试验区第一家外资国际船舶管理企业。该公司享受到了上海自贸试验区“先照后证”的改革新政,在2013年11月8日率先完成工商注册,拿到了营业执照,随后在2014年《公告》出台后,再向上海交通委申请国际船舶辅助业证书。目前已有5条船舶归到了润元船舶名下管理,初步估算运营成本比之前下降20%左右,总公司旗下所有的船舶将由该公司统筹管理。

二、 商贸服务领域

《中国(上海)自由贸易试验区总体方案》中对于游戏机的放开，使得微软 Xbox One 和索尼 PlayStation 4 进入中国市场的步伐正越来越快。以游戏公司为代表，上海自贸试验区成立至今，国家对外文化贸易基地已吸引超过 100 家文化企业，占基地整个 250 家文化企业规模的五分之二，呈现出井喷式的增长。作为上海自贸试验区文化领域开放的重点之一，游戏产业国际化程度最高、传播速度最快、消费市场最大，是中国文化产业嫁接国际市场的突破点。

(一) 百家合公司

2013 年 9 月 23 日，百视通宣布与微软共同出资 7 900 万美元组建合资公司上海百家合信息技术发展有限公司。上海自贸试验区的便利政策让百家合得以在 7 天内完成注册备案，拿到上海自贸试验区“001”号备案证。百视通与微软的合作，打造面向中国市场的家庭游戏娱乐中心。百视通还大力引进世界一流技术，建立内容银行，并利用上海自贸试验区对游戏游艺设备的利好措施，把一流家庭娱乐平台带给中国用户，并实现中国主流文化产品的产业化输出。由百视通和微软牵头成立的国内首个“家庭游戏产业联盟”在 CCGEXPO 期间亮相，合作对象包括完美世界、第九城市、巨人网络等多家国内知名游戏公司，将起到业界所期待的带动作用。

(二) 东方明珠与美国公司合作

2013 年 10 月 21 日，上海东方明珠(集团)股份有限公司旗下位于上海自贸试验区的全资子公司东方明珠文化发展有限公司与“第九城市”签订投资条款书，以 2 400 万美元收购后者控股的美国著名游戏研发工作室 Red5Studios，Inc 20.01%的股份。

(三) 盛大游戏与中青宝合作

自 2011 年起，盛大就将海外战略作为集团三大战略之一，积极地向海外输出中国制造的文化产品，同时引进国外的优秀作品。目前盛大游戏产品已出口到89个国家和地区,并在硅谷、首尔、新加坡建立了研发和运营中心。其文学作品在日本、韩国、泰国、越南和中国台湾等地的畅销书排行榜名列前茅。2013年盛大集团预计收入接近100亿元人民币,利润超过20亿元,其中全球文化贸易总额达到3亿美元。

2013年11月13日,盛大游戏与中青宝召开发布会,公布合资设立上海自贸试验区首家网游公司,并发布首款合作项目——《战争世界》。上海自贸试验区在松绑相关禁令之余,海外资金和游戏服务也会开放引入,将带动和激励中国游戏企业成长,加速中国游戏与世界游戏行业的融合。合资公司成立后,将专业从事游戏的服务贸易拓展,涉及金融服务、商贸服务、专业服务、文化服务以及社会服务等多个领域,上海自贸试验区将给包括网游产业在内的互联网文化创意产业带来新机会。

三、 专业服务领域

主要包括以下内容:

(一) 仲裁服务

上海自贸试验区《总体方案》要求率先建立符合接轨国际的跨境投资和贸易规则体系,形成与国际投资、贸易通行规则相衔接的基本制度框架,这就要求仲裁规则具有更大的开放性,仲裁员更具国际化水平,与国际仲裁规则和水平相接轨。

在上海自贸试验区内,90多项先行先试的事项涉及金融服务类、航运服务类、商贸服务类、专业服务类、文化服务类、社会服务类六大类服务业开放,包含了一系列对外资开放的新领域、新模式、新业态,涉及投资、贸易、金融、航运等领域的方方面面。这些试验衍生出一系列仅在上海自贸试验区范围内产生的民商事仲裁案件,具有专属性、排他性、独特性,因而也需要更加专业的仲裁服务。

(二) 中外律师事务所合作

2014年1月27日,司法部作出批复,同意上海市司法局提出的《关于在中国(上海)自由贸易试验区探索密切中外律师事务所业务合作方式和机制试点工作方案》，标志着我国律师业对外开放迈出了新步伐。这些新的开放措施，有助于拓展中外律师事务所以及内地与港澳律师业开展业务合作的渠道，提升合作水平，通过资源整合、优势互补、密切合作，更好地面向客户提供跨境法律服务。同时，也有利于中国与外国律师事务所、内地与港澳律师事务所之间相互学习借鉴，共同提升律师服务专业水准和国际业务竞争能力，更好地服务于我国对外开放新格局。

(三) 德勤财务咨询公司

全球最大的企业服务机构——德勤，于 2014 年 1 月 3 日在上海自贸试验区挂牌成立。德勤财务咨询（上海）有限公司是首家取得上海自贸试验区营业许可的国际专业服务机构。入驻上海自贸试验区后，德勤利用全球智库资源，建立上海自贸试验区研究中心。该中心收集企业需求及反馈，同时积极与相关政府部门保持沟通，将前沿市场的需求与问题在第一时间反馈给相关政府机构。

(四) 上海地中海国际旅行社

2014 年 4 月，上海地中海国际旅行社由上海港客运中心和地中海邮轮公司组建，主要为邮轮游客提供专业性服务。旅行社获取出境游审批经营资格之后，为上海赴境外或者通过邮轮赴境外提供便利。

四、 文化服务领域

上海自贸试验区挂牌五年，文化产业规模不断扩大。国家对外文化基地的入驻企业已经超过 670 家，不乏如佳士得拍卖、华谊兄弟、中国图书进出口公司、东方明珠、百视通、盛大网络等行业龙头企业。2017 年，文化贸易总额达到 350 亿元，上海自贸试验区文化产业有望成为又一个千亿元平台。

上海自贸试验区二期艺术品保税仓库预计将在 2018 年第四季度投入使用。作为全球面积最大、国际一流的艺术品保税服务综合体，集保税、仓储、物流、展览、交易等功能于一体。通常艺术品进入中国需要在海关停留 2—7 天，但由于上海自贸试验区在艺术品交易方面的优势，即运送到上海自贸试验区的保税仓库，当天即可进入，提高了运输安全性。

(一) 佳士得自贸试验区第一拍

2013年11月24日,备受业界关注的上海自贸试验区佳士得首场艺术品拍卖以868万元的总成交额落槌。首场拍卖共计92件拍品中,成交拍品共约72件,拍品成交率近80%,其中一颗5.51克拉的黄色裸钻以70万元的价格成交,创下本场拍卖会的最高成交价。本次拍卖成功后,境外拍品可继续存放在外高桥的保税艺术仓库内,免交约为50%的关税、增值税和消费税。如藏家需带出自贸试验区,有关部门也将在3个工作日内办理完毕海关清关手续。

(二) 上海东方明珠与索尼公司的合作

东方明珠文化及索尼中国在上海自贸试验区设立两家公司,一家是2014年7月成立的“上海东方明珠索乐文化发展有限公司”,注册资金1 000万元,东方明珠文化持有51%股权,索尼中国持有49%股权;另一家是2014年8月成立的“索尼电脑娱乐(上海)有限公司”,注册资本4 380万元,东方明珠文化持有30%股权,索尼中国持有70%股权。两家公司经营期限为10年,负责游戏设备的生产、营销;游戏软件的营销、授权、批发;网络服务咨询及一般商业性咨询服务;游戏开发相关技术咨询和服务。此次共同投资将进一步增强公司在内容、创意、文化、演艺、旅游业务方面的布局,做大做强文化产业。

(三) 倪德伦环球娱乐公司

作为美国百老汇最大的运营机构之一,外国法人独资的上海倪德伦环球娱乐有限公司于2014年9月9日成立,经营范围包括文化艺术交流策划、市场营销策划、会务会展服务(主办、承办展览除外)、舞台布置、礼仪服务等。上海争取在印刷、影视制作等文化创意领域进一步扩大开放,进一步吸引包括外资龙头文化创意企业、国内外顶级艺术机构、国际顶级大型艺术博览会等落户上海自贸试验区。

(四) 国际艺术品交易中心

国际艺术品交易中心由上海自贸试验区国际文化投资发展有限公司负责运营,是上海自贸试验区文化艺术产业示范性服务平台。交易中心依托上海自贸区试验的制度优势，为国际艺术品交易提供全流程便捷服务。

上海自贸试验区为文化类企业的发展提供了良好的制度环境，文化产业规模不断提升，目前，上海自贸试验区文化产品进出口总值占到上海市的40%左右，成为打响“上海文化”品牌的重要载体。

五、 社会服务领域

上海自贸试验区社会服务业企业快速增加。截至2018年6月，规模以上社会服务企业达1 485家，比2017年同期净增170家，占浦东全部规模以上服务业企业数的72.3%。①

(一) 外资医疗服务

《中国(上海)自由贸易试验区外商独资医疗机构管理暂行办法》规定，符合条件的外商独资医疗机构40个工作日内即可完成申请办理。设置的外商独资医疗机构的最低投资总额2 000万元人民币，经营期限20年。该《办法》有两个突破，其一，过去我国只允许举办中外合资、合作的医疗机构。2010年11月，国务院58号文提出，逐步取消对境外资本的股权比例限制，对具备条件的境外资本在我国境内设立独资医疗机构进行试点，逐步放开。但实际操作中，只允许港澳台资本举办独资医疗机构，如上海虹桥、浦东两个国际医学园区引进的20多家高端医疗服务机构，大多为中外合资合作，仅个别是台资独资。此次《办法》允许包括港澳台投资者在内的外资医疗进入自贸试验区，堪称破冰之举。其二，审批与登记程序大大简化。只要向上海相关部门申请，而非过去要上报国家相关部门审批。而商务、工商、卫生、税收等部门“一门式办理”，40个工作日办结，大大缩短了时间。这意味着，上海自贸试验区内会出现一些外商独资的高端医疗机构。

① 浦东新区发改委：《中国(上海)自由贸易试验区五周年转型发展总结》，2018年9月。

1. 德国阿特蒙医院

对于来自境外的医疗服务提供者,原本只有港澳台投资者能在内地地级市以上城市开办独资医院,目前这一限制已逐渐放开。上海自贸试验区首家外商独资医院——阿特蒙医院已落定。德国阿特蒙集团(Artemed Group)、银山资本、外高桥三联发展有限公司、外高桥医疗保健中心签订四方框架协议,确定合作事宜。阿特蒙医院成为上海自贸试验区内第一家实体性外商独资医疗机构,主打影像诊断和运动创伤,可能配备数十名外籍医生。医院于 2014 年年内开工建设,2018 年投入使用,首期规模 100 张床位。

阿特蒙集团是德国医疗服务及养老服务市场的领先者,同时拥有心血管等外科手术所需医疗器材的生产企业。在静脉血管、动脉血管、冠心病、肌骨疾病、外科手术、人体脏器的病理诊断和移植等领域保持欧洲一流水平。根据规划,一期上海阿特蒙医院的 75%的床位将用于医保,二期建成后,将最终实现医保的全覆盖。二期 250 张床位建设心血管疾病中心等,二期将于 2020 年投入运营。

2. 上海和睦家新城医院

上海和睦家新城医院 2018 年 6 月正式开业,成为上海自贸试验区开设的第一家外资综合医院,医院位于新金桥路 1598 号,该院由和睦家医疗开办。和睦家医疗获得美国 JCI 国际认证医疗服务标准,提供国际医疗体系的全科医学服务。在上海和睦家新城医院,拥有来自全球 25 个国家的员工,绝大部分医师均为外籍。今后,在和睦家看病,主治医生很可能是来自美国、德国等国家。

上海和睦家新城医院着力于打造从预防保健、疾病诊断、治疗到康复的连续性医疗服务体系链,同时医疗服务可贯穿至病患生命周期的各个阶段,为病患建立永久性电子病历,打造全生命周期的医疗服务。医院建筑面积近 3 万平方米,设计床位 200 张,开设有全科、内科、外科、口腔科、皮肤科、整形外科及医疗美容科、中医科等二十余个临床科室,旨在为上海市民提供高品质、高效率、人性化的医疗服务。

3. 上海永远幸妇科医院

作为日本独资的医疗机构，上海永远幸妇科医院2015年5月正式落户上海自贸试验区，总投资2亿元人民币。2016年起对外试运营。医院主要有四大主营业务，包括妇科、不孕不育、中医治疗和女性健康管理。目前，该院95%的客户来自中国国内。

上海永远幸妇科医院在治疗不孕不育方面获得突破，借助辅助生殖技术成功迎来首名婴儿，此举宣告这家2016年8月开始试运营的日资医院迎来首个成功案例。①

（二）教育培训机构

在教育培训方面，过去对经营性的教育培训和职业培训机构，没有明确规定。上海自贸试验区的2013年版负面清单中明确：投资经营性教育培训机构、职业技能培训机构仅限合作。也就是说，中外合作的经营性教育培训机构、中外合作的经营性职业技能培训机构都可以在上海自贸试验区设立。

在自贸试验区2015年版负面清单中，把"非学制类职业技能培训"放在了负面清单之外，也就是说，在自贸试验区里，外商可以独资设立非学制类职业技能培训。

1. 普华永道商务技能培训公司

普华永道商务技能培训（上海）有限公司是全国首家外商独资经营性职业技能培训机构。普华永道是全球领先的大型专业服务机构，目前是世界上最大的会计师事务所及专业服务机构，服务遍及全球157个国家和地区。2017年1月，普华永道在上海自贸区成立普华永道商务技能培训（上海）有限公司，成为首家经批准正式开业的外商独资培训机构。

未来，上海自贸区将吸引更多像普华永道一样的优秀项目来到上海，通过紧贴市场需求，满足提升职业培训水平，增强人才的职业化素

---

① 《上海自贸区日资医院首个婴儿诞生》，《浦东时报》，2017年9月15日。

质。放开非学制类职业技能培训,对于为社会输送更多专业人才提供了良好渠道,一定程度上缓解了中国企业需求与人才供给失衡的问题。

目前,上海自贸试验区已经成为我国金融开放程度最高、外资金融机构最密集的地区,外资银行、合资公募基金、外资保险公司的数量均位列全国第一,最有能力也最具备条件承接金融服务业全面扩大开放的重大举措。作为我国首个自贸试验区,上海瞄准国际通行的投资贸易规则,用更高水平的开放倒逼更深层次的改革,形成了衔接国际标准、满足市场需求的市场规则体系。

第四节

需进一步探索的问题

服务全球化是当前经济全球化进程中最明显的阶段性特征和标志,服务业跨国投资的增速高于全球投资增速。过去,中国开放的重点领域是制造业,服务业开放相对滞后,这一方面说明服务业还有很大的开放空间,另一方面说明服务业相对制造业还是属于相对幼稚产业,需要在开放的同时做好产业安全工作。

一、 更加注重国家经济安全

因为从整体上看,服务业对国家经济安全的影响比制造业更为深刻。比如,信用服务业本身是一个很小的行业,但是,这个行业所涉及的信用评级等,直接与国家宏观经济稳定相关。又如,审计等专业服务的开放,可能导致我国国家经济数据的不安全。因此,在扩大服务业开放的同时,应对国家经济安全政策有更积极与灵活的政策。既不能单纯以外商投资的规模或外资市场占有率作为管制的标准,也不能以行业规模作为管制或国家安全的标准,而应该建立一套综合性的、全面的管制体系。

二、降低对内资服务业的冲击风险

上海自贸试验区服务业开放力度前所未有，适应了国际国内形势的发展。在这些开放领域，外资的大量涌入一方面会促进我国相关产业的发展，弥补这些领域的短板；另一方面在短期内也可能会对我国基础薄弱、竞争优势不强的服务业形成一定的冲击，我们要有一定的思想准备。中国服务业发展水平与国际先进服务业发展水平之间仍存在不小差距，进一步开放我国服务市场，必将对国内服务业产生巨大的冲击。因此，在服务业扩大开放的过程中要防止出现不利于我国服务业发展的后果。根据服务贸易总协定(GATS)的基本原则，结合我国服务业的实际制定出服务业各部门法规，并在此基础上制定统一的服务贸易法律，特别注意充分利用GATS中的例外条款，从立法上对我国服务业给予应有的保护。

三、对内对外同步开放

在对外资开放服务业的同时，更要注意对民营企业的开放。对内对外同步开放，不能"厚外薄内"，要给予民营企业切实的国民待遇。从我国服务业发展、改革和开放的历程看，服务业对内开放是比较薄弱的环节。服务业的对内开放要注意平等性与差别性相结合。尽管内资与外资在一定时期内还存在着操作层面的差别，但要向内外一致的方向努力，即要按照"凡是法律法规没有明令禁入的服务业领域，都要向社会资本开放；凡是向外资开放的领域、都要向内资开放"原则处理。

我国服务业对内开放程度低的一个重要原因就是重要的服务业基本被国有经济垄断经营，因此服务业对内开放的核心就是要打破"垄断"，切实贯彻"非禁即入"的政策，推进垄断行业改革，取消对非国有资本或者非本地要素的不平等做法，即放宽市场准入，凡国家法律法规未明令禁入的服务业领域，全部向外资、社会资本开放，并实行内外资、内外地企业同等待遇，各类投资者均可以独资、合资、合作等方式进入。

四、 引进和培养并重的人才政策

服务业是劳动密集型行业。当前,我国最为缺乏的就是高端服务业和新兴服务业人才。而外资服务业的进入,会导致国内本已稀缺的高端服务业人才的流失。外国先进服务企业进入国内市场后,必将吸引大批国内人才的加盟,在一定程度上抢走国内企业人才资源,不利于国内企业的长远发展。因此,在服务业扩大开放的同时,还应抓紧实施引进和培养并重的人才政策。

五、 加强服务业立法工作

服务业扩大开放,需进一步提高立法水平,完善知识产权保护等法律体系。研究表明,服务业比制造业更加依赖于良好的法治水平、高效透明的政府管理、高水平的公共服务。因此,我们应积极清理各种不利于服务业发展法律法规,不断提升公共服务水平与政府管治水平,大幅提升司法公正与效率,积极采取各种知识产权保护措施,为吸引高水平的服务业投资创造良好的环境。①

六、 加强政策的透明度和改革的协同性

上海自贸试验区需进一步加强政策的透明度和改革的协同性,对服务业开放措施涉及的实施细则、行业许可以及配套政策进行系统梳理,参考国际惯例和国际规则,建立平等规范、公开透明的市场准入标准,使企业能够一目了然。同时,加强监管部门、行业主管部门在推进服务业开放中的协同改革,避免出现"蜂窝煤""碎片化"等问题,不断增强服务业项目落地的便利性和体验度,营造良好的营商环境。

---

① 华广明:《高技术服务业 FDI 对东道国制造业效率的影响》,《世界经济研究》,2012 年第 12 期。

参考文献

《中国(上海)自由贸易试验区总体方案》。

《进一步深化中国(上海)自由贸易试验区改革开放方案》。

《全面深化中国(上海)自由贸易试验区改革开放方案》。

唐珏岚主编:《中国(上海)自由贸易试验区建设干部读本》,上海人民出版社 2015 年版。

李永坚、夏杰长:《我国外资利用正步入服务经济时代》,《中国经济时报》,2012 年 2 月 8 日。

第五章
自贸试验区贸易发展方式转变

本章提要

加快转变贸易发展方式，是适应世界贸易形势变化与调整的客观需要，也是促进中国贸易可持续发展与提高贸易国际竞争力的必然选择。上海自贸试验区贸易发展方式转变的最重大意义，在于提升我国在全球贸易价值链中的地位。为此，需要以贸易便利化、贸易转型升级、国际航运服务能级提升为目标，努力推动基础业务转型升级、培育贸易新型业态和功能、建立健全国际贸易"单一窗口"、实施贸易便利化新规则、构建有国际竞争力的航运发展制度和运作模式。

目前，自贸试验区在转变贸易发展方式上已经取得了一些初步成绩，主要体现在国际贸易"单一窗口"、国际船舶制度改革、十大专业贸易平台建设、服务外包发展等方面。今后一个阶段，需要加强对贸易发展方式转变的"顶层设计"，继续在加强与国际贸易中心建设的联动、提高贸易"一线放开"程度、提升全球航运资源配置能力、改善新型贸易业态发展环境上攻坚克难。

改革开放以来，中国的对外贸易规模快速增长，自 2013 年起，中国货物贸易总额连续多年位居世界第一。但是，我国外贸在总量不断扩张的过程中依然存在不少问题，突出表现为贸易附加值偏低、贸易结构不合理、贸易摩擦增多、内外贸分割等，外贸发展失衡、不协调、不可持续等一系列问题逐渐凸显，迫切需要转变贸易发展方式。上海自贸试验区转变贸易发展方式的意义在于通过促进贸易便利化与推动贸易转型升级，更好适应全球经贸发展新形势、新要求，增强我国贸易发展的可持续性和国际竞争力，提升我国在全球贸易价值链中的地位。

第一节

上海方案的基本要求

根据上海自贸试验区《总体方案》、《深化方案》与《全面深化方案》的要求，贸易发展方式转变的基本目标为贸易便利化、贸易转型升级和国际航运服务能级提升。围绕这三大目标，上海自贸试验区确定了推动基础业务转型升级、培育贸易新型业态和功能、建立健全国际贸易“单一窗口”、实施贸易便利化新规则、构建有国际竞争力的航运发展制度和运作模式五项改革试点任务。

一、 目标定位

上海自贸试验区贸易发展方式转变以贸易便利化、贸易转型升级、国际航运服务能级提升为目标定位，既顺应了全球经贸一体化发展趋势，也契合了我国贸易功能提升的客观需要，同时较好地对接了上海国际航运中心建设。

(一) 贸易便利化

上海自贸试验区旨在“建设具有国际水准的投资贸易便利、货币兑换自由、监管高效便捷、法治环境规范的自由贸易试验区”。贸易便利化是自贸试验区建设的主要目标之一，更是自贸试验区在贸易领域推进改革的首要目标。

1. 贸易便利化的要义

贸易便利化是一个贸易领域的常用词，出现的频率很高。不少国际组织曾对贸易便利化进行了定义，尽管各自的表述有所不同(见表 5.1)，但中心思想是基本一致的，即简化程序、提高贸易效率，前者是手段和过程，后者是目的和结果。因此，贸易便利化可以理解为取消、简化或统一货物、服务、人员、技术跨境流动的程序，使得国家之间（或地区之间）的贸易往来变得更加方便、更加有效率。

表5.1 国际组织关于贸易便利化的定义

国际组织	定　　义
世界贸易组织(WTO)(1998年)	贸易便利化指简化和协调国际贸易程序，包括国际货物贸易流动所需要的收集、提供、沟通及处理数据的活动、做法和手续。
世界海关组织(WCO)(2001年)	贸易便利化主要指海关程序的简化及标准化，同时将贸易便利化与贸易安全紧密联系在一起，力求两者的平衡。
经济合作与发展组织(OECD)(2001年)	贸易便利化是国际货物从卖方流动到买方并向另一方支付所需要的程序及相关信息流动的简化和标准化。
联合国欧洲经济委员会(UNECE)(2002年)	贸易便利化是指通过对海关、运输、电子商务等领域的关注，消除海关通过规定、程序、费用、运输规则和章程、交易方式对国际贸易的阻碍，为国际贸易创造一个简化的、协调的、透明的、可预见的环境。
亚太经合组织(APEC)(2002年)	贸易便利化指使用新技术和其他措施，简化和协调与贸易有关的程序和行政障碍，降低成本，推动货物和服务更好地流通。

2. 贸易便利化的利益

随着全球经济一体化进程的加快，贸易便利化越来越成为提高一国贸易竞争力的关键因素，各国均采取各种贸易便利化举措来支持国际贸易的持续、健康发展。从理论和实践上来看，贸易便利化有利于降低贸易成本、减少贸易摩擦、增加商业机会、提高海关效率。

首先，贸易便利化有助于降低贸易成本。标准的统一、流程的简化、透明度的提高以及限制措施的减少等一系列贸易便利化举措，可直接或间接地降低国际贸易中的物流与交易成本。据澳大利亚工业委员会对 APEC 贸易便利化的分析表明,《大阪行动议程》中的贸易便利化所节约的成本,约占全部贸易额的 5%—10%。

其次,贸易便利化有助于减少贸易摩擦。贸易便利化所要求的简化程序、统一标准能大幅度地减少贸易往来中的纠纷和争端,其受益者不仅包括直接参与国际贸易的企业,还包括相关的政府管理部门与消费者个人。

再次,贸易便利化有助于增加商业机会。简化贸易程序和手续,可以不同程度地降低贸易成本、促进企业扩大海外市场,创造更多的商机。尤其是中小企业,原先繁琐的贸易程序会导致竞争力相对较弱的他们丧失不少商机,失去进入国际市场的机会,而贸易便利化可增加其进入国际市场的机会,提高其参与国际贸易竞争的能力。

最后,贸易便利化有助于提高海关效率。贸易便利化使得贸易商对通关更有预见性,能改善企业与海关的关系,海关管理将变得更加合理、公平和透明,从而提高海关边境管理的效率。

(二) 贸易转型升级

尽管我国进出口总量大,是名副其实的贸易大国;但与世界贸易强国相比,从人均贸易量、贸易结构、贸易附加值率等诸多核心指标看,我国仍存在较大差距。要从贸易大国进一步迈向贸易强国,促进贸易转型升级是关键。正因为如此,"贸易转型升级"成为上海自贸试验区贸易领域的主要发展目标之一。

1. 贸易转型升级的必要性

长期以来,我国对外贸易的基本特点是主要依靠劳动密集型产品或劳动密集型制造环节的出口拉动外贸增长,大部分出口产品以低价、量多在国际市场上获取竞争优势;此外,虽然货物贸易大量顺差,可服务贸易却是持续逆差。这种传统的贸易发展模式,尽管为我国外贸快速增长作出了贡献,但随着形势的变化,其弊端表现越来越明显,不具有长期可持续性。因此,加快贸易转型升级势在必行,其必要性和迫切性可从以下四个方面来认识。

一是提高贸易效益。由于国际分工中的地位较低等原因,中国生产的廉价出口产品在为全球消费者提供“物廉价美”商品的同时,自身获得的利益却很少。在此情况下,出口增长对增加我国国民福利的作用很有限。只有加快贸易转型升级,才能切实提高我国贸易效益。

二是减少贸易摩擦。近年来,我国低水平、同质化产品出口规模的快速扩张与国际市场容量有限的矛盾越来越突出,增加了我国同其他国家产生贸易摩擦的可能性,使我国出口面临比较严峻的外部环境。推动贸易转型升级,有利于我国减少贸易摩擦。

三是降低贸易风险。我国缺乏对重要资源的价格影响力和风险防范能力,重要战略物资(如石油等)对特定市场的依存度过高对国家经济安全造成了较大威胁。因此,贸易转型升级是降低我国贸易风险的客观要求。

四是缓解资源环境压力。我国外贸增长具有比较明显的以物质资源投入为主的特点,出口产品在生产加工中,消耗了大量的国内资源,并对生态环境造成了较多污染,加剧了资源环境方面的压力。促进贸易转型升级,对缓解我国资源环境压力意义重大。

2. 贸易转型升级的方向

一是从外延式扩张向内涵式提升转变。货物贸易规模位列全球第一,表明我国对外贸易已经具备了“量”的基础,今后的贸易发展,重点应当放在“质”的提升上。这要求外贸从主要追求规模和数量增长向主要追求结构优化和效益改善的方向转变,努力改变当前外贸粗放、低效的现状,通过内涵式发展促进贸易的提质增效。在优化贸易结构方面,重点是促进服务贸易发展,提高服务贸易比重;而在改善贸易效益方面,关键是培育外贸竞争新优势,提升我国在全球贸易价值链中的地位。

二是从劳动、资本密集型向技术、知识密集型转变。“8亿件衬衫换一架空客”的故事表明,缺少科技含量的等价交换表象下实际上隐含着一定的不平等。尽管我国出口产品已基本实现以劳动密集型为主向资本、技术密集型为主的转变，但资本、技术密集型产品大多仍处于价值链的低端且缺乏自主知识产权，附加值依然偏低。为此，我国还需要进一步提高出口产品的技术和知识密集度，尤其是提高自主知识产权产品在外贸中的比重。

三是从价格优势向品牌优势转变。低价竞争引发的贸易利润下滑、贸易摩擦较多等问题，迫使我国必须加快培育贸易竞争的新优势。当前，全球企业竞争已全面进入了品牌竞争的新阶段，品牌成为价值链上最有价值的环节，成为企业获利的主要来源。然而，据有关统计，我国出口 500 强中，名牌产品销售比例仅有 6%，远低于国际平均水平。“制造大国”、“出口大国”与“品牌小国”并存的现实，要求我国加快实施品牌战略、努力打造贸易竞争新优势。

（三）国际航运服务能级提升

之所以将提升国际航运服务能级作为贸易发展方式转变的目标之一，主要有两大原因：首先，国际航运与货物贸易密切相关，国际航运服务水平的提升，有利于促进货物贸易增长、加快货物流转效率；其次，国际航运及其衍生产业大多属于现代服务业范畴，推动国际航运服务的全面发展，还能够起到加快服务业成长、优化服务贸易结构的作用。

1. 提升国际航运服务能级的重点

尽管理论界和实务部门尚未有关于“国际航运服务能级”具体内涵的详细阐释，但我们可以结合上海国际航运中心建设的战略定位，从以下几个方面来理解“提升国际航运服务能级”这一目标的要点：第一，要建立比较完整的航运服务体系，形成门类齐全、市场规范、功能完备的现代航运服务产业链，服务规模在全球航运服务市场中占有较高比重，服务水平达到或接近国际先进水平；第二，要建立比较完善的现代国际航运集疏运体系，洋山深水港、外高桥港、浦东空港应成为富有全球竞争力的国际枢纽港；第三，形成有吸引力的国际航运服务发展软环境，并以此促进全球高端航运要素在上海集聚。

2. 提升国际航运服务能级的时机把握

国际航运中心的发展通常会经历劳动密集型、资本密集型、技术和知识密集型三个阶段(见图 5.1)。①目前,上海国际航运中心建设已经进入了以资本密集型为特征的集疏运阶段向以技术知识密集型为特征的航运服务阶段过渡的时期。在国际货物运输与集散加工配送的基础上,下一阶段应着力于集聚技术、信息、人才等要素,提升国际航运服务的水平。因此,当前提出"提升国际航运服务能级"可谓正当其时。

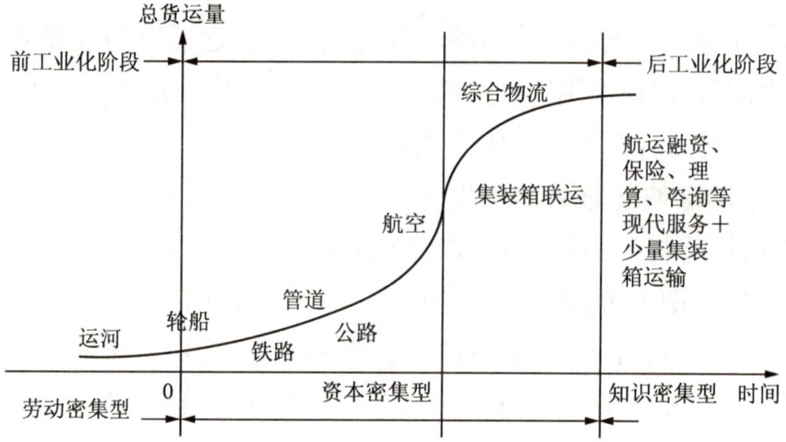

图 5.1　国际航运中心的发展阶段

二、 主要任务

上海自贸试验区在转变贸易发展方式方面的主要任务,包括做好传统基础业务的转型升级,积极培育贸易新兴业态和功能,建立健全国际贸易"单一窗口",实施贸易便利化新规则,构建有国际竞争力的航运发展制度和运作模式。

(一) 推动基础业务转型升级

原先的上海综合保税区主要有三大基础业务:一是国际贸易,包括

① 王杰:《国际航运中心形成与发展的若干理论研究》,大连海事大学博士学位论文,2007 年。

进出口贸易、转口贸易、过境贸易、会展贸易等。二是出口加工。作为享受特殊政策的开放区，出口加工是国家赋予保税区的主要功能之一。与一般出口加工区相比，保税区免税范围更广，具有临港之便，加工与物流、贸易联系密切，具有加工出口的天然优势。三是仓储物流。保税区是国际货物大进大出的通道，是国际商品的重要集散地，仓储物流业务的发展，极大地提高了贸易效率、降低了贸易成本。

在综合保税区转变为自贸试验区之后，根据自贸试验区功能提升的需要，国际贸易、出口加工、仓储物流等基础业务也应当适时转型升级。在国际贸易方面，主要任务是在保持贸易稳定增长的条件下，提高一般贸易和转口贸易比重，优化国际贸易商品结构。在出口加工方面，从未来发展趋势看，其相对地位将会有所下降，该业务转型的关键任务是由加工制造为主，向研发、采购、制造、分销、售后一体化方向发展，从而提高加工贸易的附加值率。在仓储物流方面，重点任务是逐步将原先比较单一的保税仓储和运输功能开发为集货物存储、运输、展示、集散、分拨、配送为一体的现代物流体系。

(二) 培育贸易新型业态和功能

进入21世纪后，经济全球化进程加快、产业分工和融合持续深化，信息技术获得了快速发展，在此情况下，新型贸易业态呈现出爆发式增长态势，这些超越了传统组织模式、经营模式、运作模式的新业态，已逐渐成为现代贸易竞争的重要手段。它们主要包括离岸贸易、跨境电子商务、融资租赁、国际贸易结算、国际大宗商品交易、期货保税交割等。虽然新型贸易业态的种类众多，但它们均有一些共同特点，如平台性、融合性、创新性等。

培育贸易新型业态和功能要重点解决好以下问题：首先是营造便利化的贸易环境。要以透明灵活的政策、健全规范的法制、简便优惠的税收，鼓励新型贸易业态加快发展。其次是提供高效率的政府服务。政府要通过政策扶持、信息发布、搭建平台等方式，发挥“看得见的手”的作用，引导和推动新型贸易业态发展。再次是加强物流、金融、信息等相关行业的协作支持。新型贸易业态往往是货物流、资金流、信息流分离条件下的产物,货物流、资金流和信息流是否顺畅,直接关系到新型贸易业态能否顺利开展。因此,需要探索新型贸易业态与其他相关行业有效对接的途径。最后是建立符合新型贸易业态特点的管理体制。新型贸易业态具有跨界性、综合性、混业性特征,传统的垂直型管理模式无法有效地匹配新型业态发展需要。要解决这一问题,需要打破部门之间的分割,形成适应产业融合趋势的新型管理框架。

(三) 建立健全国际贸易“单一窗口”

国际贸易“单一窗口”是指国际贸易和运输相关各方在单一登记点递交满足全部进口、出口和转口相关监管规定的标准资料和单证的一项措施。“单一窗口”通常要具备四个要素:一是一次申报,也就是说外贸企业只要一次性向外贸管理政府部门提交相应的信息和单证即可。二是通过一个设施进行申报,这种设施具有拥有统一化的平台,能够对企业所提交的各种信息数据做一次性的处理。三是使用标准化的数据元,外贸企业提交的信息数据为标准化的。四是能够满足政府部门和企业的需要。

上海自贸试验区在建设国际贸易“单一窗口”上的核心任务具体包括:一是完善国际贸易“单一窗口”的货物进出口和运输工具进出境的应用功能。对口岸的监管执法流程以及通关流程进行优化,使贸易许可、资质登记、支付结算等平台功能得以实现,将贸易监管的相关部门有序纳入“单一窗口”管理平台。二是在整个长三角区域探索建设国际贸易“单一窗口”,推动长江经济带通关一体化,使长江经济带跨区域通关业务办理变得更加方便,增强数据衔接和监管协同。三是借鉴国际经验和标准,促进贸易数据的简化、协同及标准化。纳入海港、空港和海关特殊监管区域的各种物流作业,通过银行或者非银行支付机构建立收费账单功能,使企业查询和支付更加便捷;另外,加快物流和监管等信息的交换共享,提高国际贸易货物质量安全追溯信息管理和查询的便利化程度。四是努力将国际贸易“单一窗口”拓展至服务贸易领域，逐渐纳入服务外包、技术贸易、维修服务等，在条件成熟后将服务贸易出口退（免）税申报也纳入“单一窗口”管理范围。

（四）实施贸易便利化新规则

随着上海自贸试验区贸易领域改革的深入推进，企业对贸易便利化提出了更高的要求；此外，全球贸易一体化发展和贸易规则变动，也要求自贸试验区相应的贸易制度作出及时调整。实施贸易便利化新规则主要包括以下任务：第一，优化口岸通关流程，深化改革各环节的监管方式，探索公布货物各通关环节的平均放行时间。第二，最大程度实现覆盖船舶抵离、港口作业、货物通关等口岸作业各环节的全程无纸化，加快实行贸易领域证书证明的电子化管理。第三，推动实施原产地预裁定制度。按照自由贸易协定规定，推进实施原产地自主声明制度。构建企业信用等级的跨部门共享机制，合理降低高信用等级企业查验率。第四，以高标准便利化措施促进经贸合作，积极推动亚太示范电子口岸网络的试点探索；加快对接亚太示范电子口岸网络，促进上海国际贸易“单一窗口”同“一带一路”沿线口岸的服务共享与信息互换。

（五）构建有国际竞争力的航运发展制度和运作模式

加快国际航运制度改革与模式创新是自贸试验区提升国际航运服务能级的重要途径。今后一个阶段，要丰富国际航运发展综合试验区的内涵，在持续深入改革试验的基础上，建立起有较强国际竞争力的航运发展运作模式与制度，更充分发挥创新驱动、示范带动作用，促进上海国际航运中心的升级发展。

国际航运发展制度改革的重点任务包括：放宽外商投资国际船舶运输的股比限制；允许外商设立独资企业从事船舶管理业务；探索建立航运领域的外商投资准入负面清单；创新国际船舶登记制度，使船舶登记更加便捷高效，促进符合条件的船舶在上海落户登记；支持扩大启运港退税政策试点范围；加强和完善国际海运市场监管机制。

国际航运运作模式创新的重点任务包括：创新多港区联动机制，积极发挥外高桥港区、洋山深水港区、浦东机场国际枢纽港的联动作用；

实施沿海捎带政策,推动中转集拼业务发展;加快国际航运交易发展,加快发展航运运价指数衍生品交易业务;加快建设现代航运服务功能平台;引导港口集疏运结构和功能优化。

第二节

贸易发展方式转变的主要举措

在上海自贸试验区成立之前的若干年,上海综合保税区就开始探索转变贸易发展方式的可行路径,并取得了一些初步成效。在前期试点基础上,自贸试验区进一步明确了贸易发展方式转变的方向,制定了贸易便利化与贸易转型升级的具体改革方案,并积极推动方案的实施,使贸易发展方式转变进入了一个新阶段。依据内容分类,上海自贸试验区转变贸易发展方式的主要举措包括制度创新、功能提升、平台建设、业务拓展四个方面。

一、 制度创新

制度创新在贸易发展方式转变中处于核心地位,上海自贸试验区通过制度创新,打破原先制约贸易转型升级与航运功能提升的瓶颈,为贸易发展方式转变带来了制度红利。

(一) 国际贸易“单一窗口”

1. 创新的主要内容与进程①

按照世贸组织2013年《巴厘岛一揽子协定》中《贸易便利化协定》的要求,以上海电子口岸平台为依托,上海自贸试验区于2014年在洋山保税港区进行单一窗口试点,当年年底实现了单一窗口船舶申报和自贸区一线进出境备案两项功能上线运行。

① 孙浩:《对标韩国,促进上海国际贸易单一窗口发展》,《科学发展》,2017年第3期。

2015年6月单一窗口1.0版正式上线，试点范围从洋山保税港区扩展到整个上海港区，覆盖货物进出口申报、运输工具申报、支付结算、企业资质、贸易许可和信息查询六大模块，参与单位扩大到海关、国检、海事、边检、发改委、商务委、交通委、经信委、自贸区管委会、电子口岸办、民航、外汇局、税务局、食药监局、林业局（濒管办）、机场集团、港务集团共17个口岸和贸易监管部门，初步具备了单一窗口的基本架构和主要功能。单一窗口的申报方式，由原来基于单机的客户端模式变为互联网的网页申报模式，并在国内首创货物报关报检大表录入方式，实现申报模式的改革创新。

单一窗口2.0版随后于2015年底推出，它在1.0版基本架构和主要功能的基础上进一步完善平台功能，拓展应用领域，延伸到港航物流、旅客申报、自贸区货物申报、信息公开等领域，以及向区域拓展；推动与国际贸易相关的其他政府部门应用功能纳入平台；促进各贸易环节之间、各监管部门之间信息共享，并支持企业普遍使用。2016年12月底，上海推出了国际贸易单一窗口3.0版，增加了跨区域应用、口岸联合执法深度融合功能，纳入了更多的许可证办理。

2. 创新的四大突出特点

特点之一：多部门平等共建协作机制。公安部、交通运输部、商务部、海关总署、质检总局等部门都把支持上海国际贸易“单一窗口”建设作为一项重要任务。上海海关、国检、海事、边检等23个部门平等参与，建立“政府主导、共建共管、协作运维”机制，共同推进、共同打造全国一体化的单一窗口环境。国家口岸办认为，这在国际上，是对国际贸易“单一窗口”理论和实践的重大突破和贡献。

特点之二：传统口岸通关流程“一站式”整合。实施单一窗口，企业和监管部门共同面对一个平台，将传统的“线下”和“串联式”口岸通关流程变为“线上”和“并联式”，将以往不同的、交叉的流程和手续办理优化整合成为一个流程链，覆盖通关作业各环节。通过单一窗口，一方面，实现了企业一次性提交申报，“一站式”办理，监管部门通过单一窗口反馈办理结果,简化了申报流程和手续,提高了企业申报效率,降低了制度性交易成本;另一方面,为口岸管理部门“信息互换、监管互认、执法互助”提供了支撑,实现共享数据信息,通过联网核放,共享互认前序办理结果,简化了监管流程和手续,提高了监管效率和执法透明度,是推进“放管服”的重要抓手。

特点之三:连通监管部门间信息“孤岛”。单一窗口汇集整合了口岸和贸易管理相关部门以往相互独立的、“烟囱式”的申报监管系统和窗口现场业务,在一个平台进行数据处理和交换,贯通监管部门之间的信息系统,打破信息“孤岛”,消除系统“堵点”。通过数据协调和简化,建立数据元目录,在一个平台兼容不同监管系统的“方言”,货物申报数据减少1/3,船舶申报数据减少2/3。充分体现“互联网+”和客户便利应用,提供了网页版、客户端版和企业ERP直传三种申报提交方式,令贸易商和代理之间也可以进行信息交换和共享。此外,还试点货物申报企业身份认证“一卡多证”,申报不再需要分别插卡。

特点之四:大数据实现均等化政务管理。通过单一窗口让数据跑路,压缩了通关时间,货物申报由1天到半小时,船舶申报由2天到2小时,节约了企业大量的时间和人力成本。单一窗口实行企业免费申报制度,为企业提供均等化的政务服务。通过单一窗口大数据,对企业来说,可以进行提前申报,可以全程跟踪通关手续办理的实时状态;对管理部门来说,可以跨部门共享监管信息、全面了解情况,为加强风险防控和协同监管提供数据支撑和网络通道。

(二)国际船舶登记制度

当前我国实施的是严格的船舶登记制度,只有在中国境内有住所或者主要营业所的中国公民、依据中国法律设立的主要营业所在中国境内的企业法人、中国政府的公务船和事业单位的船舶才有资格在中国进行船舶登记。船舶只有通过登记取得中华人民共和国国籍,方可悬挂五星红旗航行。在我国登记的船舶,船东中资比例至少要达到50%,同时对登记的船舶有较为严格的船龄限制。另外,按照我国现行的税收政策，对从国外建造或进口的船舶，要征收高额的进口关税与增值税。由于以上因素的制约，20世纪90年代中期以来，大量中资船舶移籍到海外悬挂“方便旗”营运，这给我国船舶运输业的发展带来了一定负面影响。

2013年5月，《天津东疆保税港区国际船舶登记制度创新试点方案》获得交通运输部批复同意。方案积极支持天津东疆保税港区推进船舶登记制度创新试点，在保障安全的条件下，有选择性地放宽船东股权结构比例、船龄限制、船员国籍等准入条件，从而吸引符合条件的中资“方便旗”船或拟在境外登记的中资船舶在我国登记，壮大五星旗国际运输商船队。上海自贸试验区总体方案提出“在试验区实行已在天津试点的国际船舶登记政策”，交水发[2013]584号文进一步明确“适当放宽登记主体、船龄范围等登记条件，完善船员配备、登记种类、登记收费、船舶航行区域等登记内容，优化船舶营运、检验与登记业务的相关流程，促进符合条件的船舶在上海登记”。2013年12月21日，国务院决定在自贸试验区暂时调整《中华人民共和国船舶登记条例》、《中华人民共和国国际海运条例》，这从法律层面为自贸试验区开展国际船舶登记制度改革铺平了道路。

目前自贸试验区所试点的国际船舶登记制度，主要有五个方面的新变化①：在登记主体方面，放宽了登记船舶所属法人注册资本中的外资比例限制，外商投资比例可以高于50%；在船龄方面，国际船舶登记制度下的船舶船龄可以在现行船龄标准基础上放宽两年；在外籍船员雇佣方面，基本放开了对外籍船员的限制，原来雇用外籍船员需要由交通运输部审批，现在只需向上海海事局报备即可；在船籍港方面，设置两个船籍港，如果船舶处于保税状态，则登记为“中国洋山港”，如船舶处于完税状态，则登记为“中国上海”，两个船籍港均享受国际船舶登记制度的各项政策便利；在登记种类方面，充分考虑社会经济发展实际需

① 王孙：《上海自贸区即将开始国际船舶登记》，《中国船舶报》，2014年1月14日。

求,在现有登记种类的基础上增加了船舶融资租赁登记,并可结合自贸试验区实际情况,适当增设必要的登记种类。同时,在登记程序和相关配套程序上也授权上海海事局进行优化、完善,切实提高国际船舶登记效率。

二、功能提升

尽管我国贸易规模很大,但贸易竞争力依然较弱,其中的主要原因之一是贸易功能相对单一而不够全面,导致我国处于全球贸易价值链的低端位置。因此,上海自贸试验区努力通过多种方式提升贸易功能,以此推动贸易转型升级。

(一) 整合贸易、物流、结算功能

一个完整的国际贸易过程,通常包括订单流、货物流、资金流。在国际贸易方式日益多元化和跨国公司全球化战略快速推进的情形下,订单流、货物流、资金流呈现出一定程度的分离。一般情况下,在中国设有分支机构的跨国公司会在全球范围内设立两到三个资金结算中心,常见的运作模式通常是下单、结算在海外,但货物的制造和运输放在中国。之所以出现这种格局,很重要的一个原因是我国现行政策过于强调订单流、货物流与资金流的一致性,使得贸易功能比较单一,达不到应有水平。这往往造成贸易交易从性质上看是合理的,但由于支付方面限制,贸易最终却无法实现的情况。上述情况在原先的上海综合保税区也普遍存在,尽管保税区的物流、出口规模较大,但对应的资金结算经常不在区内进行。为了实现贸易功能的拓展和升级,更好满足企业对贸易模式多样化的需求,就有必要整合贸易、物流、结算功能。因此,自贸试验区提出了要"跨国公司建立亚太地区总部,建立整合贸易、物流、结算等功能的营运中心"。该任务通过亚太营运商计划等方式来落实。

(二) 培育跨境电子商务服务功能

自贸试验区在贸易领域的一项重要任务是加快培育跨境电子商务

服务功能，探索构架同这项功能相适应的海关监管、跨境支付、检验检疫、退税、物流等支持系统。试验区内加快培育跨境电子商务功能，其主要目的是促进外贸稳定增长，推动海关加快改革创新步伐。通过试点工作，自贸试验区致力于总结跨境贸易电子商务所涉及的管理办法及标准规范，涵盖通关、结汇和退税等诸多方面，有效推动了国家跨境贸易电子商务的发展。

2013 年 12 月 28 日，上海自贸试验区跨境电子商务试点启动，“跨境通”电子商务平台正式上线运营——这是全国第一个跨境贸易电子商务试点平台。自此，跨境电子商务这一新兴业态在自贸试验区正式起步，成为自贸试验区在贸易功能提升领域的具有创新性意义的举措。跨境通秉承正品保证、税费透明、售后保障、价格适中、物流便捷、支付方便的经营宗旨为消费者营造良好的购物体验。跨境通的合作商户和所卖商品都经过了海关、检验检疫部门的备案，避免了消费者买到假货的风险，所有出售的商品都有相应的售后服务保障机制。跨境通网站上的每件商品都以中文进行说明，克服了海淘中遇到的语言障碍，并清楚地标明商品本身的价格、进口关税和物流费用，使消费者对支付的价格结构有清晰的了解，而且消费者只需支付人民币，省却了海淘中兑换外汇的麻烦，完成订单后跨境通网站还会提供缴纳进口关税的缴税凭证；线下，跨境通于浦东机场自贸区内搭建了跨境贸易电子商务的专业仓储设施，为合作商户各类商品的进境流程提供仓储服务和报关报检服务，并与国际、国内知名物流企业开展合作，确保快递配送服务质量。①截至 2015 年末，“跨境通”平台已吸引 400 余家商家入驻，日订单量超过 1 万单，上线的商品近 2 万种。②2016 年底，跨境通被经纬集团全资收购。

---

① 跨境通官网，http://www.kjt.com/helpcontent/196。

② 《上海跨境电子商务示范园区启动　“跨境通”吸引四百商家》，《经济日报》，2016 年 3 月 21 日。

专栏 5.1 “跨境通”与海淘代购有何不同？

海淘代购		跨境通
随着海淘近年的兴起，通过海淘全球购的方式获取物美价廉的产品已经相当流行，但没有完全普及的一个重要因素是物流成本及费用。以美国海淘为例，从购买到拿到货，一般都需要15天至30天不等的等待时间。	**物流成本 VS**	“跨境通”最大创新在于物流上采用自贸试验区的“仓储保税进口”模式，在保证货物来源是国外的基础上，可以实现物流成本的大幅降低。目前“跨境通”的商品从美国发货，到达中国买家手中的时间在3天至4天。
海淘产品的售后服务大部分只是针对本土国有效，而且退换货成本也很高。一般而言，海淘族通常是不考虑售后退换货问题的。	**售后服务 VS**	为了解决消费者对于商品质量问题的后顾之忧，电商入驻“跨境通”的一项基本必备条件是，在国内拥有承担或者负责售后服务的分支机构。

(三) 航运运价指数衍生品交易

世界贸易中约有90%的货物通过海洋运输交换。运费是影响航运市场的重要因素之一，传统的运费是货主、船东与雇船者或中间商通过协商确定的。但是，由于运费受到港口、路线、油价、货物装卸时间与船型大小等多方面因素影响，价格差异很大，对于交易双方来说在众多买家或卖家中寻找最佳价格是浪费时间且不切实际的。通过航运运价指数衍生品，可以降低航运业价格波动所带来的风险，保障航运市场的稳定健康发展。正是由于航运运价指数衍生品具有上述意义，自贸试验区将“加快发展航运运价指数衍生品交易业务”作为重点提升国际航运服务功能的一项举措。

2013年10月10日，上海航运交易所旗下的上海航运运价交易有限公司，正式上市交易“南北线煤炭运力衍生品合同”，标志着自贸试验区成立后首个“航运运价指数衍生品交易业务”上市。合约运费计价以秦皇岛至上海航线为基准，秦皇岛至宁波、张家港、南京、福州和广州航线与基准航线之间实行“升贴水”。首批上市的为2014年1月至12月的12个合约。①“南北线煤炭运力衍生品合同”交易的推出，是基于较强的市场需求。数据显示，“北煤南运”通道的年海运量超过6.5亿吨，海运对于电力、建材、冶金、化工等用煤产业具有举足轻重的影响。沿海煤炭运价衍生品不但为相关行业企业提供了保值避险和价格发现的功能，也通过电力用煤情况，反映我国东南部地区的经济发展状况，具有较强的金融属性。上市南北线煤炭运力衍生品，有利于健全南北线煤炭运输价格形成机制，为煤炭的贸易、消费和运输企业提供更贴近市场的避险工具，促进企业的稳健经营。②

随着中国产业结构的调整升级，以出口为导向的外贸市场格局也随之发生改变：中国进口集装箱量日益增长，班轮运输的双向不平衡性逐渐改善。因此，国内外航贸企业对于了解和掌握中国进口集装箱运价水平及其变化趋势的需求不断提升。为适应市场发展需要，全面反映中国进出口集装箱运输市场行情，上海航运交易所研究并开发了中国进口集装箱运价指数(CICFI)，在经历了一年的外部试运行后，于2015年11月30日正式发布。该指数包括了一个综合指数和五条分航线运价指数(欧洲、地中海、美西、美东和澳新)，综合指数表征了中国进口集装箱运输市场主要航线的供需关系和市场景气程度，分航线运价指数则反映了航线平均单箱运费收入水平的变化趋势。③

---

① 于孟林：《南北线煤炭运力衍生品合同上市交易》，《中国能源报》，2013年10月14日。

② 《我国推出全球首个煤炭航运金融衍生品》，《中国煤炭》，2013年11月11日。

③ 刘宝兴：《上海航运交易所发布中国进口集装箱运价指数》，《证券时报》，2015年11月30日。

三、 平台建设

实体性的贸易平台建设是上海自贸试验区推动贸易转型升级的另一项重要举措,通过该举措,为贸易制度创新提供了舞台,为贸易功能提升提供了载体。

(一) 做大做强专业贸易平台

1. 外高桥百亿级、千亿级专业贸易平台

为了打造国际贸易集聚区,外高桥以进口占比高、保税需求大、贸易环节瓶颈多的产品和行业为主要对象,着力建立专业贸易服务平台。外高桥还专门组建了上海市外高桥国际贸易营运中心有限公司,负责管理区内的专业贸易平台业务。通过发挥进口贸易优势,上海外高桥保税区初步形成了酒类、钟表、汽车、机床、化妆品、医疗器械、工程机械、生物制药、健康产品、文化产品等百亿级、千亿级专业贸易平台,贸易集聚效应开始增强,部分商品进口总值占到上海乃至全国较大比重。如进口手表、酒类、化妆品分别占全国的43%、37%、29%;进口医药品、医疗器械分别增长40%和29%,占全国的24%和21%。①

2. 打造专业贸易平台的升级版

随着改革试点的深入,上海自贸试验区正致力于充分利用制度创新带来的红利,打造专业贸易平台的升级版。目前已实施的重点举措为:

(1) 建设高端进口商品保税展示交易平台。外高桥在区外"森兰商都"建立了高端进口商品保税展示交易平台。自贸试验区的国际贸易产业优势,在该平台得到了充分发挥。以上海自贸试验区250万平方米保税仓库为重要依托,将"森兰·外高桥"作为载体,以加强内外联动为着力点,将区内的"库"同区外的"店"有效结合起来,在开展传统的仓

① 《上海自贸区所占区域的优势有哪些》,搜狐财经,2017-04-19,http://www.sohu.com/a/135007760_468610。

储物流业务同时，还大力向采购、零售、批发、模式化运营等更加宽广的空间进行拓展，从而促进国际贸易全产业链的延伸与发展。

（2）加快对外文化贸易基地建设。上海外高桥国家对外文化贸易基地于2011年11月建立，是我国实施文化走出去国家战略的首块“试验田”。上海自贸试验区正式成立后，借助文化产业开放的“东风”，该基地的吸引力和影响力快速提升。上海自贸试验区成立半年来，进驻各类文化企业67家，涵盖包括影视、制作、经纪、发行等在内的文化贸易的各个类型，佳士得拍卖、华谊兄弟、中国图书进出口公司、东方明珠、百视通、盛大网络等等一些国内外文化龙头企业也纷纷入驻。截至2016年底，对外文化贸易基地累计入驻文化企业300余家，文化贸易交易额超过百亿元。今后，对外文化贸易基地将继续利用自贸试验区制度创新优势，为全国文化企业在进出口代理、产品展示、设备租赁、商贸咨询、版权交易、演艺经纪、创意设计等业务上提供全方位的服务和支持。

（二）设立国际大宗商品交易平台

1. 从大宗商品定价权说起

大宗商品交易被称作为世界经济“晴雨表”。近年来，中国大宗商品消费量在全球总消费量中的占比接近两成，作为国际大宗商品市场上主要交易商的地位不断得以强化和提升，但在大宗商品定价权方面，中国却一直未能真正赢得主动，在大多数情况下只能被动接受价格。要提高中国在全球大宗商品市场上的话语权，培育和发展中国大宗商品交易市场是关键所在。在自贸试验区内设立国际大宗商品交易和资源配置平台，有助于中国实现对大宗商品价格话语权的掌控。

2. 大宗商品交易平台的构架

上海自贸试验区的国际大宗商品交易平台建设，主要围绕着能源产品、基本工业原料、大宗农产品三大板块展开（见图5.2）。其中，能源产品主要包括石油及其衍生品、煤炭等，基本工业原料主要包括钢铁、有色金属等,大宗农产品包括粳米、水产品、水果等。在自贸试验区设立的国际大宗商品交易市场,区内外、境内外的投资者都可以参与交易。

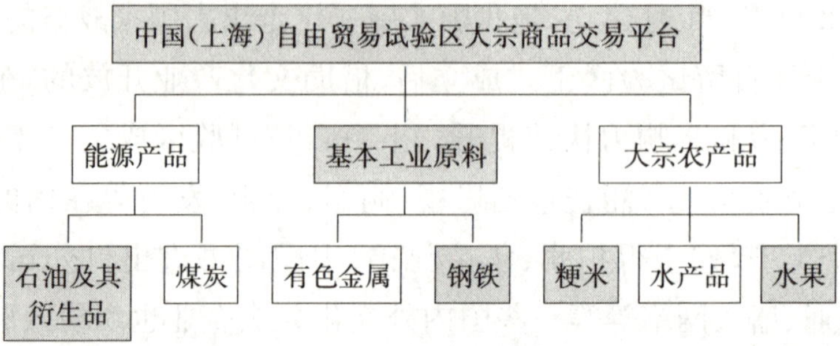

图 5.2　中国(上海)自贸试验区大宗商品交易平台构架

3. 大宗商品交易平台建设进展

2013 年 11 月 6 日,上海国际能源交易中心股份有限公司(简称"上海国际能源交易中心")经上海市工商局核准,成功落户自贸试验区,注册资本金为 50 亿元人民币。上海国际能源交易中心由上海期货交易所和上海期货信息技术有限公司共同发起成立,是继郑州商品交易所、大连商品交易所、上海期货交易所和中国金融期货交易所后,经中国证监会批准的第五家全国性期货交易所,主要从事原油、天然气、石化产品等能源类衍生品的上市交易、结算和交割业务。上海国际能源交易中心将借助自贸试验区制度创新,积极推进国际原油期货平台建设,适时全面引入境外投资者参与境内期货交易。目前,原油期货市场建设正按照"国际平台、净价交易、保税交割"的基本制度设计框架稳步推进。

2015 年 1 月,首批拿到"通行证"的国际大宗商品交易平台有 8 家,涉及有色金属、化工、棉花、矿产品等多个产品。具体名单包括:宝钢集团投资建立的铁矿石交易中心、上海有色网拟建的有色金属交易中心、迈科金融拟建的有色金融交易中心、北京全国棉花交易市场拟筹建的棉花交易中心、易贸集团投资建立的液化工品交易中心、上海石油交易所拟建的石油天然气交易中心、上海华通铂银交易市场的白银交易中心，以及上海钢联电子商务有限公司拟设的大宗商品交易中心。

四、 业务拓展

上海自贸试验区成立以来，借各项制度创新的“东风”，原先的业务范围获得了进一步的拓展，一些新兴业态和贸易模式呈现出较快发展趋势。

(一) 鼓励服务外包

服务外包是指企业将其非核心的业务外包出去，利用外部最优秀的专业化团队来承接其业务，从而使其专注核心业务，达到降低成本、提高效率、增强企业核心竞争力和对环境应变能力的一种管理模式。发展服务外包有利于提升服务业的技术水平、服务水平，推动服务业的国际化和出口。

自贸试验区鼓励服务外包的抓手是制度创新，即通过制度创新塑造有利于服务外包的营商环境，进而推动外包业务快速发展。具体而言，鼓励服务外包的制度创新措施及其作用为：一是扩大服务业开放与实施负面清单管理，壮大了承接服务外包的主体；二是探索建立与服务贸易、离岸贸易发展需求相适应的监管模式，降低了企业服务外包中的交易成本；三是加强知识产权保护，为服务外包提供了法律保障，增强了服务外包的安全性；四是拓展专用账户的服务贸易跨境收付和融资功能，提高了服务外包企业在融资、结算方面的便利度。

自贸试验区还通过各种会议论坛、商务洽谈等方式为促进服务外包提供平台。例如，2015 年 10 月 22 日，在陆家嘴召开了“中国(上海)第十一届服务外包国际论坛暨服务外包展示交易会”。论坛通过分析产业转型的大趋势、分享服务外包企业的成功经验、服务外包行业标准讨论、优秀服务外包项目展示、大型企业现场考察等形式推动制造型企业发展方式转型，聚焦核心竞争力，外包非核心业务，为服务外包特别是国内服务外包市场的发展做出贡献，成为中国制造业探讨服务外包发展和促进服务外包供需结合的重要桥梁。同时召开的服务外包展示交易会吸引了50多家企业设展,集中展示了企业在制造技术、金融、新能源汽车、人力资源、设计、物流、信息技术、节能与环保等方面的创新服务。

(二) 支持融资租赁

1. 主要措施

融资租赁是集融资与融物、贸易与技术更新于一体的新型业态。由于具有融资和融物相结合的特点,出现问题时租赁公司可以回收、处理租赁物,因而在办理融资时对企业资信和担保的要求不高。在自贸试验区的三个方案中,多处提到了融资租赁行业,凸显了自贸试验区对发展融资租赁业务的重视。

目前,自贸试验区支持融资租赁的主要举措包括:第一,允许和支持各类融资租赁公司在试验区内设立项目子公司并开展境内外租赁服务。第二,实施促进融资租赁的税收政策,将试验区内注册的融资租赁企业在试验区内设立的项目子公司纳入融资租赁出口退税试点范围;对试验区内注册的国内租赁公司或租赁公司设立的项目子公司,经国家有关部门批准从境外购买空载重量在25吨以上并租赁给国内航空公司使用的飞机,享受相关进口环节增值税优惠政策。第三,融资租赁公司在试验区内设立的单机、单船子公司不设最低注册资本限制,这有助于推动更多单机、单船项目公司成立。第四,允许融资租赁公司兼营与主营业务有关的商业保理业务,这顺应了融资租赁公司业务多元化发展的需要,拓宽了融资租赁公司可经营的业务范围。①

2014年5月28日,上海自贸试验区融资租赁产权交易平台正式启动。海航资本、远东租赁、国金租赁等10家大型融资租赁公司分别与平台签署了合作意向协议。该平台是国内首个标准化的、面向境内外

① 胡美玲、饶海琴:《上海自贸区融资租赁优势和风险分析》,《中国集体经济》,2013年第31期。

的融资租赁产权交易专业平台。该平台的建设，将为境内外融资租赁企业优化资产管理体系、拓宽投融资渠道、打破发展瓶颈、发掘新的业务增长点提供更为专业化的配套服务，同时还将推动融资租赁上下游产业链拓展延伸，促使国内融资租赁业更趋成熟。

2. 改革成效

通过一系列支持措施的推进，上海自贸试验区融资租赁业务呈现出良好的发展势头。截至 2016 年 12 月，陆家嘴区域共有融资租赁总部型企业大约 130 余家，融资租赁资产总额约占全市一半，完善的金融生态体系吸引了招银租赁、交银租赁、远东租赁、平安租赁、中航租赁等一批行业龙头企业；保税区域则充分发挥自贸试验区政策先发优势和海关特殊监管区域免税、保税等政策优势，形成了全市融资租赁企业集聚高地和创新发展高地，共有融资租赁母体公司 1 524 家，保税区域租赁资产总额达 5 014.5 亿元。

不仅是数量的增加，上海也是融资租赁业务模式创新的高地：租赁＋X 的混合型业务不断涌现——租赁与保理、ABS、供应链金融等其他金融类复合型业务不断增加；创新租赁产品不断涌现——在直接租赁、售后回租等传统租赁业务基础上，经营性租赁、联合租赁、创投租赁、杠杆租赁等业务比重不断增加，依托互联网、物联网、大数据、云计算等信息化手段，还涌现出个人消费类融资租赁、租赁＋互联网等新兴租赁业态。

(三) 开展高端维修

目前，我国的高技术、高附加值的高端维修市场主要掌握在外资与合资企业手中，其中有相当一部分还需要送到国外去维修。为了改变这种状况，使国内企业更好分享高端维修市场的丰厚利润，自贸试验区积极开展促进高端维修业务发展的试点工作。海关、商务等有关部门研究制定了完善在自贸试验区内开展全球维修业务的实施意见，进一步扩大境内外维修业务范围和品种，重点支持“高技术、高附加值、无污染”的境内外维修业务。相关的制度规定为：海关对维修货物实行有效监管,对从境外入区、经维修后出境的维修货物实行保税监管;对从境内区外入区、经维修后出区的维修货物,按照耗用的保税料件费和维修费(含检测费)征税,保证维修货物“原进原出”;对在试验区内开展境外入区维修业务的企业,实行“简易核准+入境核销+周期监管”的检验监管模式,而对从境内区外进入试验区内的维修货物,不实行检验监管;为了提高管理效率,加快检验检疫放行速度,对自贸试验区内从事维修业务企业开展相关业务所需货物的出入区信息实行备案制。

(四) 发展中转集拼

1. 发展中转集拼是建设国际航运中心的需要

国际中转集拼能力是考量国际航运中心的重要指标之一。目前,亚洲地区国际中转集拼业务发展较快的主要是釜山、中国香港和新加坡等国际集装箱枢纽港。如新加坡港国际中转箱量比重达到85%,中国香港也超过60%。而我国内地港口由于受航线航班、监管模式、运输政策等种种因素的限制,在国际中转集拼业务方面非常滞后。通过国际近洋航线运达的境外转口货物,通过沿海、沿江内支线运达的内地转关货物,通常都是在洋山保税港区码头以整箱中转的方式经国际远洋干线运送出境。而长三角地区和上海本地的货源一般是在港区周边物流仓库内拼箱后,再通过洋山保税港区的国际远洋干线运送出境,两者之间往往是互不相关的。为了更好地发挥上海港的枢纽港作用,提高上海国际航运中心竞争力,在功能和服务方面缩小与新加坡、中国香港等港口的差距,有必要大力发展国际中转集拼业务。

2. 航运国际中转集拼试点举措

早在2009年,上海洋山保税港区就开始开展面向国内口岸的水水中转集拼业务试点。在上海自贸试验区成立前,上海洋山保税港区就开始了“国际中转集拼业务”试点,希望能依托洋山保税港区的区位优势和政策优势,将箱源和货源集中在园区海关监管仓库内进行二次拆箱,再经过国际远洋干线运送出境。2014年7月,上海自贸试验区正式启动国际中转集拼创新业务。在改革的第一阶段，主要是在简化一线进境备案规范要素的基础上开展，目的是提高效率、节约国际中转集拼业务的成本。到了第二阶段，主要是采取仓单申报的模式，进一步与国际接轨。

3. 空运国际中转集拼试点举措

国际航运中心建设既包括海港，也包括空港，综合保税区时期的国际中转集拼试点，主要针对的是海港。为了提升上海空港的国际中转集拼能力，上海自贸试验区着力于在浦东机场增加国际中转货运航班，其目的在于完善浦东机场的货物枢纽功能。

2013 年 11 月下旬，上海海关在浦东机场启动了航运快件国际中转集拼业务试点。这意味着境外货物经过国际航班运抵浦东机场后，可以在指定区域内拆箱进行分拣，根据不同目的地重新装箱后，再次运送出境，从而有效提升国际货运中转效率。为了保证航运快件国际中转集拼业务的顺利开展，上海海关首次针对该项业务确立了相关的监管规范和操作标准，与企业共同搭建国际转运货物查询系统客户端，实现专用区域、专用流水线、专用视频监控“三个专用”的实货监管要求，并经海关总署批准确定德国邮政敦豪集团(DHL)北亚枢纽中心为首家试点企业。针对国际中转集拼货物大多在凌晨出运的航班特殊性，上海海关还在上海口岸实现了快件通关 24 小时全覆盖。四年来，浦东机场中转集拼快件货量的增长率保持在每年 15%—20%。

第三节

贸易发展方式转变的实践探索

转变贸易发展方式是一个长期过程，需要从实践中不断总结经验和规律，从而减少贸易改革的试错成本，提高改革的绩效。本节从点、面结合角度来分析自贸试验区转变贸易发展方式的实践经验：“点”的方面主要是剖析贸易领域的典型实践案例;"面"的方面主要是提炼贸易领域改革的基本特点与一般规律。此外,还介绍了可供我们借鉴的转变贸易发展方式的国外经验。

一、 典型案例剖析

上海自贸试验区在打造专业贸易平台、开展保税展示方面取得了比较显著的成效,其中,影响力较大、知名度较高的是国际酒类展示交易中心和外高桥森兰商都项目。此外,随着制度创新举措的实施,跨国企业的离岸贸易也实现了一些瓶颈突破,英力士贸易(上海)有限公司就是一个典型。下面对这三个案例进行剖析,以期对试验区转变贸易发展方式的改革实践进行更真实的考察。

(一) 打造国际酒类贸易的"桥头堡"①

上海外高桥国际酒类展示交易中心(以下简称酒中心)集进口酒类产品展示、交易和贸易服务为一体,是外高桥十大专业贸易平台之一,也是目前上海唯一一个集展示和贸易于一体的国际化酒类产品的贸易中心。酒中心是一个展示舞台,更是一个连贯的服务平台,为入驻酒商提供保税展示、品酒会、产品推广、专业培训、产品发布、贸易洽谈、进口代理、物流配送、商务咨询等多项服务。

1. 贸易便利化措施为酒商提供方便

建立酒中心的初衷是帮助国外的酒更快捷更便利地进入国内市场。酒中心提供进出口、仓储、物流、公司注册、咨询等一系列服务,方便没有进入中国市场的海外企业在中国开展业务。外国酒类企业进入中国市场时,需要在营销、宣传上投入大量资金、人力、物力,这对于中小型企业而言是一道门槛。入驻酒中心,可以通过依托它的平台效应,把产品展示给中国市场。为帮助入驻企业产品推广,酒中心还参加在

① 详见上海外高桥国际酒类展示交易中心官网相关介绍,http://www.ftzwine.com。

中国各地举办的酒类产品展览/展销会，与入驻企业一起进行推广活动，达到利益最大化。

酒中心自成立以来，就得到了政府的大力扶持。入驻酒商可享有上海外高桥海关和商检特别赋予中心的优惠政策，即可享有海关特殊通关的快捷通道，做到优先受理、审单和放行。

"预商检"更是酒中心在特殊政策下提供的特殊服务。外高桥检验检疫局针对进口酒类产品的监管特点，给予中心预检功能，由中心自行送样，快速检验检疫，快速出证，由于检验的流程改变，大大缩短了产品的检测周期。这项提升贸易便利化的举措，能使酒类企业的产品迅速进入流通渠道，大大降低了销售成本。

不仅如此，酒中心的专业销售团队也帮助入驻企业进行销售，通过在外高桥保税区内的独家代理，可帮助入驻酒商接受订单，配送到各地。同时，中国国内客户也可到中心看样、谈判、下单，不出国门就能采购到不同国家的进口酒。

2. 酒中心推动美酒在中国市场推广

酒中心在实现销售功能的同时，也在逐步搭建成为一个汇聚世界各国酒业精华的大平台，大量企业成为会员入驻酒中心。国外酒商想要进入中国市场，最先想到的就是上海。保税区国际贸易示范区吸引了外商，酒中心主动出击，通过与领馆、商委共享信息，在国外评酒会上结识新客商等方式，结交海内外酒商。几年来，酒中心已逐渐形成法国红酒中心，意大利、葡萄牙、智利精品区，墨西哥综合区等集各国酒类展示与酒文化推广于一体的特色展区。

当前国内的进口酒有很多是采用桶装进口，国内分装的形式。酒中心则希望国内采购商通过这个平台，买到有品质保障、性价比高的各类原瓶进口酒。酒中心现有来自 20 多个国家的进口酒，品种超过 2 000 款，其中不乏造型独特、口感醇美的品种，适合各类客户的采购需要。

现阶段，酒中心以葡萄酒为主。入驻的葡萄酒酒商有"旧世界国家"：法国、意大利、西班牙这些传统的葡萄酒生产国；也有"新世界"葡萄酒生产国:德国、美国、澳大利亚、智利、以色列、匈牙利、葡萄牙、阿根廷、加拿大、南非等。葡萄酒主要产区的酒在展厅里都有展示。将来,酒中心会引进更多种类的酒,如日本的烧酒在展厅中已有单独的展柜展示,墨西哥的烈酒龙舌兰也是如此。墨西哥等国家的领馆商务处已与酒中心合作,希望能将这种独具地方特色的美酒,借助酒中心这个平台,在中国市场推广。

同时,为进一步推广葡萄酒文化,更好地为企业和个人,包括国内、国外的客户提供全方位的专业服务,酒中心还重磅推出了倾心打造的全新力作——进口酒类国际贸易服务电子平台暨酒之源网站。电子平台服务于国内外热爱葡萄酒的厂商与葡萄酒爱好者,充分彰显红酒国际贸易服务平台对葡萄酒业界客户的国际网上贸易服务能力,致力于打造引领行业先锋的国际网上贸易服务平台,激发无限商业灵感。进口酒类国际贸易服务平台专注于B2B2C的融合型国际葡萄酒电子贸易,为大家呈现一系列国内外精选葡萄酒,它好似绝世宝藏,会为爱酒人士带来无限惊喜。

(二) 借自贸试验区东风,创新商业模式

设立保税展示交易平台是自贸试验区贸易领域改革创新的一项重要任务。目前该试点已经成功落地运作——那就是"森兰商都"。森兰商都位于张杨北路与洲海路交叉路口,毗邻轨道交通6号线洲海路站,南侧靠近五洲大道,其功能定位就是保税商品展示交易中心。森兰商都内设LGM联碧德集团经营的CASA SERENA奢侈品中心、意城意大利品牌直销店、FASHION & MORE欧洲品牌体验馆等,并有国际知名大型超市、国际影城、儿童体验馆、餐饮等一站式配套业态。和传统商业形态不同,森兰商都主打的商业模式是一种全新的尝试,主要依循自贸试验区为其量身定做的"前店后库模式"及"保税展示交易平台"。森兰商都的成功落地运作完善了国际贸易全产业链功能,实现了自贸试验区的内外联动和市场化商业模式的跨界发展,在商业模式创新与拓展过程中成功打造出了中国进口贸易经济板块的升级版。

1. 运作模式特点①

森兰商都的运作模式有四大特色：一是进口商品以保税状态进入保税展示交易平台进行展示、陈列、销售；二是海关对平台商品实施电子监管和状态管理，商检对平台商品进行预商检；三是如商品在交易平台实现销售，在消费者支付货款时，货款与税款实现即时分离，保证了国家税款及时入库；四是如商品销售不佳或未实现销售，可灵活返回区内并转口境外，商户重新进行全球分拨，创造了平台自贸功能。

2. 模式创新实质

森兰商都商业模式创新的实质在于延伸产业触角，突破对进口商品的保税仓储、贸易服务、物流配送等原有服务的局限，通过自贸试验区"区内仓库"和"区外店铺"的结合与联动，向着进口商品的采购、批发、零售、模式化运营等更广阔的商品运营空间拓展。以此为基础，森兰商都将形成：进口商品最集中的订货中心，综合服务最完善的品牌托管中心、加盟中心，运作模式最灵活的商业载体。通过上述商业模式的创新与拓展，外高桥将全面提高国际贸易综合运营能力，不断提升产业能级，扩大进口份额，加快实现"国际贸易城"的重要目标。

3. 新型模式优势

优势之一是企业成本下降。通过将进口保税商品的批发、展示、零售集中在保税展示交易平台上，实现了海关、商检的统一监管，降低了经销商的运营成本和资金成本。此外，由于进口商品的税款在销售环节缴纳而无需企业垫付，从而大幅度地降低了国际贸易运营机构的经营成本。

优势之二是商品价格便宜。过去在保税区从事国际贸易的商家以批发为主，现在的新商业模式可谓从国际贸易向商业零售的跨界，由于少了经销商的中间环节，有利于消费者获得更优惠的价格，商品价格平均是国内专卖店的 7 到 8 折左右。

① 《前店后库——森兰保税展示交易平台》，上海热线，2014-3-21，http://rich.online.sh.cn/rich/gb/content/2014-03/21/content_6758716.htm。

(三) 离岸贸易的瓶颈与突破①

作为世界领先的化工公司,总部位于瑞士的英力士集团在外高桥保税区成立了英力士贸易(上海)有限公司。英力士上海贸易有限公司在刚开展离岸贸易时,曾一度遇到贸易结算上的制度瓶颈。之后,公司通过参与自贸试验区的国际贸易结算中心试点,较好破除了体制性约束,促进了离岸贸易的快速发展。自贸试验区要支持试验区内企业发展离岸业务,那么政府如何支持企业发展离岸业务呢?英力士公司的案例能给我们一些启示。

1. 离岸贸易遭遇“水土不服”

英力士集团在亚太区的主要业务模式是典型的离岸贸易,以上海作为订单中心,资金流、订单流、货物流的控制管理中心都在上海,但所有的货物流不通过在上海以结算中心为中心的法律实体。通过离岸贸易,英力士销售集团在全球各地生产的系列石油化工产品,分为目的港为中国大陆以外的国家和地区的转口贸易以及目的港为中国大陆保税区的转卖贸易。

英力士贸易公司在成立并完成企业内部运营架构的构建后,开始以上海贸易公司为实体来实施相关国际贸易业务。然而,由于离岸贸易业务特性与当时境内相关外汇管理政策不完全匹配,上海贸易公司遭遇到一系列的付汇问题,尤其是贸易货款不能及时汇至公司总部。经过内部业务调整,英力士在亚洲的业务由英力士在亚洲其他国家注册的公司名下运营,上海团队仅负责实际操作。这样一来,所有贸易量和税收等都被归于注册在国外的公司,尽管相关业务及营运都是由上海团队具体操作的。也就是说,英力士上海虽然是英力士集团在亚太区的地区总部,但由于受现行政策的影响,并未真正发挥亚太区总部的作用。

---

① 孙玉敏:《离岸贸易的上海实践——专访英力士管理(上海)有限公司总经理》,《上海国资》,2013 年第 7 期。

2. 通过创新打造真正地区总部

英力士贸易公司把遇到的难题反映到了企业所属的外高桥保税区，结果发现，实际上许多跨国公司都碰到类似的问题。目前，上海的一些地区总部只是跨国公司的中国地区投资总部，主要为其在中国的业务服务，并不具有区域性市场（如亚太区）的特点。最明显的表现，就是物流中心、投资中心设在上海，而结算中心设在海外。不能在上海结算，这是许多跨国公司亚太区总部设在上海，但并未完全发挥亚太地区总部作用的主要原因之一。

针对上述问题，上海外高桥保税区和上海外汇管理局迅速反应。在上海外高桥保税区启动国际贸易结算中心试点之时，英力士成为首批 8 家试点企业之一。成为试点企业后，贸易结算中的瓶颈问题得到了有效的化解，为做转口贸易、保税贸易提供了很大便利，亚太区的离岸贸易业务也逐步由英力士上海贸易公司直接运作，并在上海直接开设贸易结算账户。明显的数据例证是，参与试点后，英力士上海贸易公司销售额增长了 45%。通过制度创新，公司的贸易成本大幅节约，资金运用效率明显提高，目前英力士上海贸易公司已经成为亚太区的结算中心、物流中心、财务中心和区域采购中心。

二、 试点经验总结

上海自贸试验区在贸易发展方式转变领域的试点经验，可以概括为完善贸易便利化的制度环境、顺应贸易发展形势的新变化、探索贸易创新的多种路径、聚焦贸易价值链地位的提升、注意坚守贸易安全的底线。这五条经验，可以尝试在其他地区进行复制、推广。

（一）完善贸易便利化的制度环境

贸易便利化是打造自由贸易园区和国际贸易中心城市的前提条件，而要促进贸易便利化，首先需要拥有支持贸易便利化的制度环境。贸易便利化的制度环境至少有以下四个构成要素：一是快速便捷的进出口商品通关条件；二是具备与各种贸易结算方式对接的金融服务体系;三是具有国际竞争力的贸易税收体制;四是能为货物贸易提供高效支撑的物流与航运体系。上述四大要素,是可以通过深化制度改革、简化行政程序、创新监管方式来加以完善的。

综观自贸试验区在贸易发展方式转变上的各项制度创新举措,正是以贸易便利化为主要目标,围绕着货物通关、贸易结算、贸易税收、物流航运四大要素而展开的。首先,全面营造便利化的通关环境。“一线放开”监管模式,使境外货物可以自由、方便地进入自贸试验区,而自贸试验区的货物也可以自由、便捷地运送出境,大幅度减少了国际贸易中的行政壁垒与障碍。其次,为国际贸易结算便利化提供配套金融服务。通过国际贸易结算中心外汇管理试点,使参与试点的企业可以通过专用账户进行国际贸易结算,较好解决了以往跨境资金结算支付中存在的问题。再次,实施一揽子促进贸易便利化的税收支持政策。目前自贸试验区所实行的与贸易相关的税收政策,具有降低关税壁垒、减轻贸易税负的作用,对提高贸易便利化水平有积极意义。最后,按贸易便利化要求推进物流、航运领域改革。简化国际中转集拼进出境手续、简化国际船舶运输经营许可流程、试点国际船舶登记政策,均有利于降低贸易成本、减少交易费用、提升航运能力。

(二) 顺应贸易发展形势的新变化

一是加快引导服务贸易的发展。伴随着经济全球化和产业服务化,全球服务贸易发展迅速,在国际贸易中的地位不断上升。各国自由贸易园区在进出口贸易、转口贸易的基础上,也开始向服务贸易领域延伸拓展。上海自贸试验区选择了六大服务领域扩大开放,对文化贸易、电子商务、全球维修、融资租赁均出台了支持性政策,这表明自贸试验区正努力打造服务贸易的创新区、引导区、聚集区,这有利于提高服务贸易比重、优化贸易结构、提升贸易竞争力。

二是积极培育新型贸易业态和功能。在传统贸易模式发展空间日益缩小的背景下,新型贸易业态逐步成为贸易领域的新增长点。上海自贸试验区较为敏锐地抓住了贸易业态转变带来的契机,大力培育新型贸易业态和功能，在跨境电子商务、保税展示交易、保税维修、融资租赁、期货保税交割、国际快件中转集拼等方面取得了初步成效，大幅度拓宽了贸易发展的空间。

三是探索适应新型贸易的监管体制。随着各种新型贸易业态的涌现和发展，原先的贸易监管模式开始暴露出不适应性。为此，上海自贸试验区在积极培育新型贸易业态的同时，还在同步探索适应新型贸易的监管体制。例如，通过加工贸易工单式核销改革，对符合一定条件的企业取消单耗管理核销模式，实行以每日工单数据为基础的核销模式，为区内维修、研发等新型业务类型提供了与之相适应的核销方式。

(三) 探索贸易创新的多种路径

创新是转变贸易发展方式的根本途径，上海自贸试验区通过探索贸易创新的多种路径，为贸易发展方式转变注入内在驱动力。

从贸易创新手段看，实现制度创新、技术创新、管理创新的融合。贸易领域的制度创新旨在破除束缚贸易发展方式转变的体制性约束，技术创新旨在利用新技术工具推动贸易转型升级，管理创新旨在运用新的管理方式促进贸易便利化和贸易功能提升。三种创新手段是相互融合而非彼此孤立的：制度创新有利于塑造激励技术、管理创新的制度环境；技术创新能够在面临较大改革阻力时打开突破口，为后续的制度、管理创新铺路搭桥；管理创新具有融合制度、技术两大要素的“黏合剂”作用，为制度、技术创新搭建平台。以货物通关便利化为例，“一线放开、二线管住”制度创新是基础，但制度的实际运行需要以信息化系统、电子围网等高新技术工具为依托，而要保证制度创新有效落实、高新技术高效利用，又离不开海关、质检等相关部门的监管协作创新。

从贸易创新主体看，实现政府创新和企业创新的协同。贸易创新是政府与企业“上下协同”、“上下互动”的过程，政府在创新中的角色定位是提供制度支持、优化外部环境、打造服务平台；而企业在创新中的角色定位是充分利用制度红利和公共平台，加快企业贸易模式转变与功能升级。亚太营运商计划、专业贸易平台建设、大宗商品交易中心建设，均较好表现出“政府引路搭平台、市场与企业唱主角”的协同创新特点。这实际上也是“市场在资源配置中起决定性作用和更好发挥政府作用”在贸易领域的体现。

从贸易创新源泉看，实现引进创新与自主创新的结合。自贸试验区建设要对接国际贸易规则体系，这就要求我们学习、参考国外自由贸易园区在贸易便利化、贸易转型升级方面的制度经验。在上海自贸试验区改革试点中，不少举措是借鉴了国外或国内其他地区的做法，如国际中转集拼业务、国际船舶登记制度、融资租赁税收政策等。但是，引进创新并非全盘照搬，在具体实施方案、路径与细则的设计上，充分考虑了自贸试验区发展定位、上海“四个中心”建设要求、中国特殊国情等因素，使得改革试点更具针对性、实效性。比如，外高桥重点打造的十大专业贸易平台，就是与外高桥比较优势、上海产业功能定位相契合的。

(四) 聚焦贸易价值链地位的提升

自贸试验区贸易发展方式转变的最重要意义在于提升我国在全球贸易价值链中的地位。在目前的国际产业分工格局下，我国处在全球价值链的中低端，承担的市场风险较大而获得的经济利益较少。中国要实现从贸易大国向贸易强国的转变，就必须从“微笑曲线”的中间环节向两端延伸，在增强研发能力、塑造自主品牌的基础上，实现全球价值链的再分配。

当前自贸试验区在贸易领域推进的各项改革试点工作，致力于从不同切入点推动我国贸易价值链地位的提升：第一，通过大力发展服务经济和服务贸易，实现“中国制造”与“中国服务”的双轮驱动，从服务贸易中获得更多出口利益；第二，以培育新型贸易业态为抓手，在全球贸易竞争中抢占新的增长点；第三，整合贸易、物流、结算三项功能，从贸易多环节获得增值收益，并在此基础上提升跨国公司的贸易能级与贸易竞争力；第四，利用大宗商品交易平台，增强我国在国际贸易体系中的定价权；第五，积极发展航运金融、国际船舶管理、国际航运经纪等产业，完善航运产业链，提高航运产业附加值水平。

(五) 注意坚守贸易安全的底线

贸易安全是国家经济安全的重要组成部分，在转变贸易发展方式过程中，既要努力促进贸易便利化，又要防范国际贸易对国家安全带来的不稳定因素。安全是实现便利的保证，没有安全的保证，贸易便利也无法真正实现。因此，自贸试验区在贸易领域的改革试点，始终注意守住贸易安全的底线。例如，实行"一线放开"的同时坚决抵制"黄赌毒"，在二线完善卡口管理防止走私；加强对进出口产品质量安全的预警和防控体系建设等。通过上述举措，实现贸易便利与贸易安全的平衡与协调。

三、 国际经验借鉴

除了总结实践做法外，借鉴国际经验也是上海自贸试验区加快贸易发展方式转变所不可缺少的环节。在贸易转型升级方面，东亚国家(地区)的经验值得学习；而在国际航运能级提升方面，英国伦敦为我们树立了一个很好的标杆。

(一) 加工贸易转型升级的东亚经验

在亚洲范围内，韩国、新加坡、中国台湾是最早承接国际分工的国家或地区，这些国家或地区在产业起步阶段，也是主要做来料加工、进料加工、装配，之后通过调整产业规划，逐步实现了传统加工贸易的转型升级，其经验值得我们学习借鉴。

经验一：遵循一定的转型升级路径。加工贸易的转型升级有其内在的规律性，东亚国家(地区)加工贸易转型升级的基本路径，可以归纳为以下几条：第一条路径是价值链内的横向拓展。在同一产业链内，在组装和加工制造达到一定水平后，加工贸易逐步从"微笑曲线"的中间环节向两端发展。以中国台湾为例说明，台湾电脑产业从 20 世纪 70 年代末期开始发展，最起先主要是发挥廉价劳动力的优势，为 IBM 等国外知名的电脑品牌企业组装或代工生产电脑外设部件，但这些部件的附加值普遍较低。但到了 20 世纪 90 年代以后，台湾代工企业开始转向进入电脑、台式机、笔记本电脑整机代工阶段，并积极开展交货、存货等物流配送服务。除了继续做好代工外，一批本土企业如宏基、明基、华硕等积极开展自主设计和研发，通过十几年努力成长为电脑品牌生产商。第二条路径价值链间的纵向跃进。也就是说不同产业链之间，加工贸易逐渐从资源、劳动密集型产业向资本、技术密集型产业转型升级。比如，韩国的三星公司原先只是一家纺织品代工企业，在资金技术积累到一定程度后，通过转型升级进入电子产业，之后又从电子产业的整机代工企业转型为拥有自主品牌的知名企业。第三条路径是价值链"切片"外移的转型升级。在要素成本不断上涨的趋势下，加工贸易比较优势趋于减弱，于是，很多加工贸易企业把价值链中间部分、附加值相对较低的加工制造环节，转移到了其他劳动力成本更低、资源更便宜、政策更优惠的国家和地区，与此同时将研发、设计、销售、品牌服务等高附加值环节继续留在本国或本地区。

经验二：准确把握转型升级的时机。东亚经验表明，加工贸易转型升级需要把握好几个重要的时间节点：一是产品成本大幅度增加，加工贸易逐渐失去竞争优势；二是本国货币趋于升值；三是国际贸易形势比较严峻，贸易摩擦较多；四是资金和技术已经积累到了一定程度，有条件推动加工贸易产品向高附加值产品发展。

经验三：政府要发挥积极的导向性作用。政府的政策对加工贸易每一个转型升级发展阶段，均具有很显著的导向作用。比如，新加坡先曾经先后实施过"自动化、机械化、电脑化"发展战略和"双引擎"（服务业和制造业）发展战略，大力建设高新科技园区，鼓励企业加快技术升级，引导本土企业同国外技职院校和跨国公司合作举办技术学院，同时通过专项政策积极培植扶助本土企业。随着这些战略和政策的实施，有效地推动了加工贸易产业转型升级。

（二）国际航运能级提升的伦敦经验

世界主要国际航运中心有三种模式：一是以市场交易和提供航运服务为主，即服务型国际航运中心，最典型的是伦敦；二是以腹地货物集散服务为主，即腹地型国际航运中心，如鹿特丹；三是以中转为主，即中转型国际航运中心，有代表性的是香港、新加坡。①结合上海的实际情况，上海国际航运中心建设应走腹地型与服务型相结合的模式。但从目前来看，上海的航运服务水平相对较低，是一个薄弱环节。上海自贸试验区总体方案提出“提升国际航运服务能级”，这要求我们学习借鉴伦敦发展国际航运服务的相关经验。

航运产业链覆盖广。伦敦航运产业高度发达，门类齐全，能提供包括船舶贸易、海运融资、海事保险、船舶经纪、船舶检验、航运信息咨询、海事诉讼在内的全方位的现代航运服务，且在国际航运服务市场占有相当份额。例如，作为国际海运保险中心之一，伦敦占据了国际海运保险市场17%的份额。

航运服务集群发展。在伦敦及其周围地区有超过4 000家公司为国际航运界单独提供各种专业性的航运服务，大量航运服务企业在空间上集中所产生的集群效应，大大提升了伦敦航运服务中心的国际竞争力。目前，伦敦航运服务集群作为英国整体航运业中的一个关键组成部分，已成为该国出口的第五大贡献者。

特色吨位税收制度。2000年7月英国引进了吨位税制度，即法人税的征收是以固定名义利润为基础，参照船舶的净吨位计算，而不是以航运活动的实际利润为基础。这将为选择该制度的航运企业创造更加确定和稳定的税收环境。

航运交易平台影响力大。伦敦的波罗的海航运交易所是世界上最重要的航运交易所之一，更是全球唯一实行自我监管的航运交易所。目前，世界上超过一半的新船或二手船，通过波罗的海航运交易所进行买卖，年交易额超过340亿英镑。在该交易所登记的船舶运力为1 560万载重吨，所管理的船舶吨位高达3 750万载重吨。②

---

① 上海财经大学自由贸易区研究院：《赢在自贸区：寻找改革红利时代的财富与机遇》，北京大学出版社2014年版，第205页。

② 《国际航运中心的发展历史与启示》，《世界海运》，2010年第3期。

第四节

需要进一步探索的问题

进一步推进贸易发展方式转变，需要加强“顶层设计”，突出改革创新的系统性、整体性，加强与国际贸易中心建设的联动；应朝着建设自由贸易港的方向，进一步提升贸易领域的“一线放开”程度；在国际航运建设方面，迫切需要着力提升全球航运资源配置能力；此外，还需要努力为贸易发展方式转变创造良好的外部软环境并提供政策配套，如改善新型贸易业态发展环境等。

一、 加强与国际贸易中心建设的联动

跨入21世纪后，上海国际贸易中心建设进展明显、成绩斐然。但以国家发展战略目标来衡量，与世界公认的国际贸易中心城市相比较，上海依然存在不少差距。其中，最主要的差距集中表现在贸易中心功能的能级与高端化程度上。上海自贸试验区试点，为上海国际贸易中心建设带来了新一轮发展机遇期，更为国际贸易中心功能高端化增添了新的动力。一方面，自贸试验区要求推动贸易转型升级，这实际上为促进贸易中心功能高端化指明了方向。另一方面，自贸试验区各项改革创新举措的推进，将有助于破解制约贸易中心功能高端化的体制约束。

加强自贸试验区贸易改革试点与国际贸易中心建设的联动，可从以下几方面入手：第一，大力发展货物贸易的追加服务，提升上海在全球贸易价值链中的地位。在继续保持货物贸易稳定增长的基础上，要更加注重完善对商品的追加服务，努力扩大服务贸易，重点发展物流分拨、国际运输、运输保险、高端售后维修、法律咨询等伴随货物贸易的追加服务。第二，积极培育新型贸易业态，使上海加快形成参与全

球贸易竞争的新优势。上海应利用好自贸试验区这一平台，着力培育和扶持电子商务、服务外包、离岸贸易、供应链管理等新型贸易业态。第三，促进跨国公司总部集聚发展，将上海打造成全球贸易网络的重要节点。与跨国公司有关的贸易占到国际贸易总量的2/3以上，而跨国公司总部作为跨国公司的核心中枢，更是对全球贸易资源配置发挥决定性影响。因此，促进跨国公司总部集聚发展，是增强上海国际贸易中心影响力、提升上海在全球贸易网络中地位的重要途径。上海要利用好自贸试验区投资贸易便利化改革带来的制度红利，加快跨国公司总部经济发展，推动其在更大范围、更高水平上配置亚太乃至全球资源。

二、继续提高贸易"一线放开"程度

从建设自由贸易港的方向来看，为了进一步提高贸易便利化程度，上海自贸试验区仍有必要继续扩大贸易的"一线放开"程度，特别是要按照主体功能的培育要求，大力发展并不断增强贸易便利化功能。参照国际最高标准，贸易"一线"高度开放的核心特点是货物进出自由，具体表现为：第一，只要是根据所在国或地区规定允许进出口的商品，均自由地流动到自由贸易区，同时，在数量、途径、关税、原产地、起运国或指运国等条件上尽可能减少乃至取消限制。区内货物也可自由地运出境外。第二，对进入自由贸易区的各种商品，免于缴纳关税和其他进出口环节税收，同时免予办理海关手续，如情况特殊确实有必要向海关提交单证，也应仅限于出示载明货物主要项目的官方或商业单证。第三，对运入自由贸易区的各种货物，海关通常不应向企业提出出具担保的要求。

下一步提高贸易"一线放开"程度的改革重点为：一方面，继续提高"一线"通关效率。可选择洋山保税港区、浦东机场综合保税区等海关特殊监管区域，试行凭仓单核销等国际通行做法，取消进出境备案清单管理;同时,在做好口岸风险防控的前提下,充分运用各种信息化监管手段,重新梳理入区货物的贸易管制措施,尽最大限度取消或简化,继续精简一线申报手续,使“一线”通关效率得到进一步提升。另一方面,要推动“一线”功能的集成。抓住内外贸一体化试点带来的机遇,深化货物状态分类监管改革,进一步扩大仓储型物流配送企业试点规模,积极探索符合条件的加工类、贸易类企业参与试点,对贸易多元化运作给予必要的政策扶持。

三、提升全球航运资源配置能力

全球航运资源配置能力是衡量上海国际航运中心建设的核心评价标准之一,尽管近年来上海自贸试验区通过航运制度改革创新,在提升航运资源配置能力上取得了一些成绩,但对照全球最高标准与要求,依然任重道远。目前,在港口发展方面,上海港的国际中转枢纽地位不高,与新加坡、中国香港、釜山等传统国际中转枢纽港相比,在数量上依然存在不小差距;港口经营管理水平有待加强,在高效化运营、信息化管理、智慧化操作方面与国际大港相比显得滞后。在航运主体发展方面,国内大型航运企业受制于体制机制束缚,面对激烈的市场竞争显现出创新能力不足、缺乏核心竞争力的尴尬局面;与新加坡、中国香港相比,上海的总体航运营商环境仍存在一定差距,对内外资航运企业的吸引力相对较小。在航运服务业发展方面,不受地域限制的国际流动性业务占比偏小,服务能级仍然偏弱,特别是在国际航运规则和标准制定等信息服务领域的能力和水平上有显著短板。

为了进一步提升上海的全球航运资源配置能力,可以从如下几方面入手:第一,持续深化航运制度创新。对标国际贸易便利化最高标准,改善口岸综合管理和航运营商环境。第二,加强与国际贸易/航运中心建设的联动。要通过自贸试验区制度创新化解国际贸易、航运中心建设所面临的体制机制瓶颈;要充分发挥自贸试验区贸易、航运平台的辐射与外溢效应。第三,积极发挥港区联动作用。明确各个港区的功能定位，通过一定程度的错位发展，实现功能互补；尽可能统一港区间的制度资源、监管方式；加快建立健全统一的公共服务信息平台，打造“智能港”，实现信息共享；完善腹地交通支持网络体系，提高交通便捷度、降低物流成本。第四，加快培育高端航运服务业，重点发展培育船舶交易、船舶管理、海事仲裁、航运金融和航运咨询服务，逐步打造完善的高端航运服务产业链。

四、改善新型贸易业态发展环境

良好的外部软环境是促进新型贸易业态发展的重要条件，尤其是在其孕育和成长的初期阶段。当前，从外部环境来看，新型贸易业态发展正面临如下问题与瓶颈：首先，制度建设相对滞后，税收、市场准入、法律法规等相关制度亟待健全。境内外税收差异不利于新型贸易业态的集聚发展。在市场准入方面，部分新业态准入退出缺乏依据。另外，部分业态的法律地位还不够明确，如中远期交易等。其次，新型贸易业态的监管、服务尚未到位，政策支持度有待提高。分割化的、多龙治水的监管方式不适应新型贸易业态发展需要，且存在不少监管空白点与不明朗的地方。社会信用体系发育程度偏低，难以充分满足新型贸易业态的高层次需求。公共服务技术平台、共性技术平台等服务也有待改善。再次，以垂直型为特征的管理体制需要加以改革。其主要原因在于新型贸易业态具有跨行业、跨区域的要求，它要求一种“水平型”的管理模式，以减少对行业的直接管制，赋予企业足够的创新空间。

针对上述问题，主要的解决思路为：完善制度环境，推进与贸易便利化相关的税收、市场准入、监管、法律法规等制度建设；以加强信用服务体系建设、共性技术平台建设为抓手，提供有利于新型贸易业态发展的优质服务；健全管理体制，按照新型贸易业态发展的趋势，打破部门分割，形成适应时代要求的管理框架。

参考文献

《中国(上海)自由贸易试验区总体方案》。

《国务院关于印发进一步深化中国(上海)自由贸易试验区改革开放方案的通知》。

《国务院关于印发全面深化中国(上海)自由贸易试验区改革开放方案的通知》。

上海财经大学自由贸易区研究院：《赢在自贸区：寻找改革红利时代的财富与机遇》，北京大学出版社 2014 年版。

中国(上海)自由贸易试验区门户网站，http://www.china-shftz.gov.cn/Homepage.aspx。

第六章

自贸试验区深化金融领域开放创新

本章提要

上海自贸试验区深化金融开放创新的主要目标是金融支持实体经济发展、深化改革和扩大开放。围绕此目标，上海自贸试验区深化金融开放创新的主要任务是推动资本项目可兑换、人民币跨境使用、金融服务业开放和建设面向国际的金融市场，不断完善金融监管，大力促进自贸试验区金融开放创新与上海国际金融中心建设的联动。

上海自贸试验区挂牌后，国家有关部门和上海市政府先后发布了“金改 51 条”和“金改 40 条”，并陆续出台一系列实施细则，形成了以自由贸易账户系统为基础，以资本项目可兑换、利率市场化、人民币国际化等领域为核心的金融改革制度安排；截至 2017 年末，上海自贸试验区已先后发布了八批共 95 个金融创新案例，有效地宣传了自贸试验区的金融开放创新政策，有力地推动了自贸试验区的金融创新实践试点，取得了良好的社会反响。

上海自贸试验区的金融开放创新，将始终坚持服务国家战略、服务全国金融发展大局，加强自贸试验区建设和国际金融中心建设联动，聚焦服务实体经济、防控金融风险、深化金融改革等重点任务，着力引导金融回归本源，更好地服务经济社会发展。

上海自贸试验区金融开放创新，紧紧围绕服务全国、面向世界的战略要求和上海国际金融中心建设的战略任务，以服务实体经济、促进贸易和投资便利化为出发点，遵循积极稳妥、把握节奏、宏观审慎、风险可控的基本原则，成熟一项、推进一项，大力促进自贸试验区金融开放创新试点与上海国际金融中心建设的联动,为全国深化金融改革和扩大金融开放探索新途径、积累新经验。①

第一节

上海方案的基本要求

2017年3月30日国务院印发的《全面深化中国(上海)自由贸易试验区改革开放方案》,要求上海自贸试验区的金融开放创新试点立足于服务实体经济、促进贸易和投资便利化。同时,自贸试验区也是推进资本项目可兑换、人民币跨境使用、金融服务业开放的试验田,要求"大力促进自贸试验区金融开放创新试点与上海国际金融中心建设的联动"。

一、目标定位

自贸试验区深化金融开放创新的主要目标是金融支持实体经济发展、深化改革和扩大开放。

(一)支持实体经济发展

有效服务实体经济,是上海自贸试验区金融领域开放创新的出发点。这意味着自贸试验区的金融开放创新绝不搞虚假的金融繁荣,试点的所有金融开放创新举措都应本着为实体经济发展营造良好环境的初衷。

金融支持实体经济发展,主要体现在:一是促进贸易和投资便利化。自贸试验区实体经济的最大需要就是贸易和投资的便利化,所以金融开放创新首先要满足贸易和投资便利化的需要。二是促进总部经

① 《进一步推进中国(上海)自由贸易试验区金融开放创新试点 加快上海国际金融中心建设方案》,上海市人民政府网站,2018-10-07,http://www.shanghai.gov.cn/nw2/nw2314/nw39309/nw39342/nw39346/u21aw1100123.html。

济和新型贸易业态的发展。三是要为经济活动的开展提供投融资与汇兑便利。

(二) 深化金融开放创新

深化金融开放创新，主要体现在：一是加强与上海国际金融中心建设的联动，积极有序实施《进一步推进中国（上海）自由贸易试验区金融开放创新试点　加快上海国际金融中心建设方案》（以下简称《建设方案》或“金改 40 条”）。二是加快构建面向国际的金融市场体系，建设人民币全球服务体系，有序推进资本项目可兑换试点。三是加快建立金融监管协调机制，提升金融监管能力，防范金融风险。①

总之，上海自贸试验区紧紧围绕服务全国、面向世界的战略要求和上海国际金融中心建设的战略任务，坚持以服务实体经济、促进贸易和投资便利化为出发点，根据积极稳妥、把握节奏、宏观审慎、风险可控原则，成熟一项、推进一项，加快推进资本项目可兑换、人民币跨境使用、金融服务业开放和建设面向国际的金融市场，不断完善金融监管，大力促进自贸试验区金融开放创新试点与上海国际金融中心建设的联动，探索新途径、积累新经验，及时总结评估、适时复制推广，更好地为全国深化金融改革和扩大金融开放服务。②

二、 主要任务

《全面深化方案》要求上海自贸试验区加强与上海国际金融中心建设的联动，加快构建面向国际的金融市场体系，建设人民币全球服务体系，有序推进资本项目可兑换试点，并加快建立金融监管协调机制，提升金融监管能力（见专栏 6.1）。

---

① 《全面深化中国（上海）自由贸易试验区改革开放方案》。

② 《进一步推进中国（上海）自由贸易试验区金融开放创新试点　加快上海国际金融中心建设方案》，上海市人民政府网站，2018-10-07，http://www.shanghai.gov.cn/nw2/nw2314/nw39309/nw39342/nw39346/u21aw1100123.html。

专栏6.1　进一步深化金融开放创新

加强与上海国际金融中心建设的联动,积极有序实施《进一步推进中国(上海)自由贸易试验区金融开放创新试点　加快上海国际金融中心建设方案》。加快构建面向国际的金融市场体系,建设人民币全球服务体系,有序推进资本项目可兑换试点。加快建立金融监管协调机制,提升金融监管能力,防范金融风险。

——摘自《全面深化中国(上海)自由贸易试验区改革开放方案》

(一) 率先实现人民币资本项目可兑换

按照统筹规划、服务实体、风险可控、分步推进原则,在上海自贸试验区内进行人民币资本项目可兑换的先行先试,逐步提高资本项下各项目可兑换程度。①主要任务如下:

一是认真总结自由贸易账户经验。自由贸易(FT)账户是上海自贸试验区金融开放创新的基础工程。《建设方案》要求抓紧启动自由贸易账户本外币一体化各项业务,进一步拓展自由贸易账户功能。FT账户内本外币资金按宏观审慎的可兑换原则管理。

二是规范FT账户开立和使用条件,严格落实银行账户实名制。支持经济主体可通过FT账户开展涉外贸易投资活动,鼓励和支持银行、证券、保险类金融机构利用FT账户等开展金融创新业务,允许证券、期货交易所和结算机构围绕FT账户体系,充分利用FT账户间的电子信息流和资金流,研究改革创新举措。

三是研究启动合格境内个人投资者境外投资(QDII2)试点,适时出台相关实施细则,允许符合条件的个人开展境外实业投资、不动产投资和金融类投资。这是资本项下开放的具体举措,符合条件的个人可以

① 《进一步推进中国(上海)自由贸易试验区金融开放创新试点　加快上海国际金融中心建设方案》上海市人民政府网站,2018-10-07,http://www.shanghai.gov.cn/nw2/nw2314/nw39309/nw39342/nw39346/u21aw1100123.html。

开设 FT 账户，直接投资境外资本市场，使得个人投资通过自贸试验区平台更加便捷。

四是抓紧制定有关办法，允许或扩大符合条件的机构和个人在境内外证券期货市场投资，尽快明确在境内证券期货市场投资的跨境资金流动管理方式，研究探索通过 FT 账户等支持资本市场开放，适时启动试点。

五是建立健全自贸试验区内宏观审慎管理框架下的境外融资和资本流动管理体系，综合考虑资产负债币种、期限等匹配情况以及外债管理和货币政策调控需要，合理调控境外融资规模和投向，优化境外融资结构，防范境外融资风险。

六是创新外汇管理体制，探索在自贸试验区内开展限额内可兑换试点。围绕自贸试验区和上海国际金融中心建设目标，进一步创新外汇管理体制。放宽跨境资本流动限制，健全外汇资金均衡管理体制。统筹研究进一步扩大个人可兑换限额。根据主体监管原则，在自贸试验区内实现非金融企业限额内可兑换。逐步扩大本外币兑换限额，率先实现可兑换。

(二) 进一步扩大人民币跨境使用

要求扩大人民币境外使用范围，推进贸易、实业投资与金融投资三者并重，推动资本和人民币“走出去”。①主要有以下三方面任务：

一是完善相关制度规则，支持自贸试验区内企业的境外母公司或子公司在境内发行人民币债券，募集资金根据需要在境内外使用。

二是在建立健全相关管理制度的基础上，根据市场需要启动自贸试验区个体工商户向其在境外经营主体提供跨境人民币资金支持。

三是拓宽境外人民币投资回流渠道。目前，经常项目下的人民币跨境流动主要通过跨境贸易人民币结算实现；资本项目下的人民币回

① 《进一步推进中国(上海)自由贸易试验区金融开放创新试点　加快上海国际金融中心建设方案》，上海市人民政府网站，2018-10-07，http://www.shanghai.gov.cn/nw2/nw2314/nw39309/nw39342/nw39346/u21aw1100123.html。

流机制已涵盖了多种途径。从品种来看,离岸人民币可通过投资境内股票、债券、贷款实现回流;从交易市场来看,回流机制覆盖了一级市场、二级市场。《建设方案》要求创新面向国际的人民币金融产品,扩大境外人民币境内投资金融产品的范围,促进人民币资金跨境双向流动。

(三) 不断扩大金融服务业对内对外开放

《建设方案》要求自贸试验区探索市场准入负面清单制度,开展相关改革试点工作;对接国际高标准经贸规则,探索金融服务业对外资实行准入前国民待遇加负面清单管理模式;推动金融服务业对符合条件的民营资本和外资机构扩大开放①。

支持民营资本进入金融业,支持符合条件的民营资本依法设立民营银行、金融租赁公司、财务公司、汽车金融公司和消费金融公司等金融机构。

支持各类符合条件的银行业金融机构通过新设法人机构、分支机构、专营机构、专业子公司等方式进入自贸试验区经营。

支持具有离岸业务资格的商业银行在自贸试验区内扩大相关离岸业务。在对现行试点进行风险评估基础上,适时扩大试点银行和业务范围。

支持在自贸试验区内按照国家规定设立面向机构投资者的非标资产交易平台。这是指没有在交易所上市交易的债券品种,可以在自贸试验区进行投资。

允许自贸试验区内证券期货经营机构开展证券期货业务交叉持牌试点。这意味着自贸试验区将允许证券经营机构做期货、期货经营机构做证券,促进金融机构混业经营。

允许公募基金管理公司在自贸试验区设立专门从事指数基金管理业务的专业子公司。设立专门从事指数基金管理业务的专业子公司,将有助于资金出海交易未来在境外上市的人民币金融产品。例如,由

---

① 《进一步推进中国(上海)自由贸易试验区金融开放创新试点　加快上海国际金融中心建设方案》,上海市人民政府网站,2018-10-07,http://www.shanghai.gov.cn/nw2/nw2314/nw39309/nw39342/nw39346/u21aw1100123.html。

上海证券交易所、中国金融期货交易所、德意志交易所集团合资成立的设立在德国法兰克福的中欧国际交易所，主要职能是研发和上市交易以离岸人民币计价的证券和衍生产品，按照国际化交易所的标准开展上市、交易和清算服务。此外，保险资金的投资途径也进一步得以拓宽，支持保险资金等长期资金在符合规定前提下委托证券期货经营机构在自贸试验区内开展跨境投资。

拓宽自贸试验区金融机构业务范围。支持证券期货经营机构在自贸试验区率先开展跨境经纪和跨境资产管理业务，开展证券期货经营机构参与境外证券期货和衍生品交易试点。允许基金管理公司子公司开展跨境资产管理、境外投资顾问等业务。支持上海证券期货经营机构进入银行间外汇市场，开展人民币对外汇即期业务和衍生品交易。

支持在自贸试验区设立专业从事境外股权投资的项目公司，支持符合条件的投资者设立境外股权投资基金。

允许外资金融机构在自贸试验区内设立合资证券公司，外资持股比例不超过49%，内资股东不要求为证券公司，扩大合资证券公司业务范围。允许符合条件的外资机构在自贸试验区内设立合资证券投资咨询公司。

支持在自贸试验区设立保险资产管理公司及子公司、保险资金运用中心。《建设方案》要求支持保险资产管理机构设立夹层基金、并购基金、不动产基金、养老产业基金、健康产业基金等私募基金。支持保险资产管理公司发起、保险公司投资资产证券化产品。依托金融要素市场研究巨灾债券试点。

完善再保险产业链。支持在自贸试验区设立中外资再保险机构，设立自保公司、相互制保险公司等新型保险组织，以及设立为保险业发展提供配套服务的保险经纪、保险代理、风险评估、损失理算、法律咨询等专业性保险服务机构。支持自贸试验区内保险机

名词解释　巨灾债券

所谓巨灾债券，是指通过发行收益与指定的承保损失相连接的债券，将保险公司部分承保风险转移给债券投资者。

构大力开展跨境人民币再保险和全球保单分入业务。鼓励各类保险机构为我国海外企业提供风险保障,在自贸试验区创新特殊风险分散机制,开展能源、航空航天等特殊风险保险业务,推动国际资本为国内巨灾保险、特殊风险保险提供再保险支持。

在现行法律框架下,支持设立外资健康保险机构。探索建立航运保险产品注册制度。研究推出航运保险指数。2016 年 9 月 26 日,上海航运保险协会发布上海航运保险指数(SMII),在全球航运保险专业指数领域进行了首次探索,也是上海自贸试验区保险制度创新的重大成果。编制上海航运保险指数是我国保险业在航运领域的一项制度创新,充分体现了我国保险业的创新能力,有助于提高我国航运保险企业的风险管理和定价能力,引导航运保险行业理性科学经营,更好地满足服务实体经济和国家战略的需要(见专栏 6.2)。

专栏 6.2　上海航运保险指数①

上海航运保险指数,是综合反映中国航运保险业经营情况和风险状况的多层次指数体系,由“一数、三线、一表”构成。

“一数”是指航运保险综合指数,即航运保险综合费率与纯风险损失率差值的季度移动平均时间序列,通过几何加权平均方法综合了船舶险、货运险和船建险等业务。该指数可以整体反映航运保险单位保额的经济增加值变化趋势。

“三线”是指行业曲线、国际市场参照曲线及国民经济参照曲线。其中行业曲线区分船舶险、货运险和船建险,反映单一险类及其细分领域的价格变化趋势。船舶险按照航区、船型、船龄、吨位进行细分,货运险按照国内、进出口、海陆联运运输方式进行细分。国际市场参照曲线主要反映国内、国际两个市场航运保险规模的比较关系。国民经济参照曲线主要反映航运保险服务实体经济提供风险保障的贡献,分为进出口覆盖比例和“一带一路”建设支持力度两个方面。

① 高嵩:《全球首个航运保险指数在上海发布》,《中国保险报》,2016 年 9 月 26 日。

> “一表”是指风险损失表，具体由纯风险损失表和风险损失指数两个部分组成，通过航运保险主要险种的保额、保费、赔款等数据综合反映行业纯风险损失率情况。风险损失指数按照赔付率随时间推移的情况产生，其中船舶险根据航区、船型、船龄、出险原因进行细分，货运险根据运输方式进行细分。
>
> 上海航运保险指数共区分运输方式、船型等共24个不同维度，统计各维度下各个分类的保费、保额等共计214个细项，结合38个统计时点，汇总条目达8 560条。

在风险可控前提下支持互联网金融在自贸试验区创新发展。

支持科技金融发展，探索投贷联动试点，促进创业创新。在风险可控和依法合规前提下，允许浦发硅谷银行等以科技金融服务为特点的银行与创业投资企业、股权投资企业战略合作，探索投贷联动，地方人民政府给予必要扶持。这不仅在政策指引的层面肯定了科技专业银行模式，更为其业务发展提供了广阔的空间。同时，这一政策也将更好地利用硅谷银行的成功业务模式，使银行与创业投资机构合作更紧密，以更好地服务于创新创业企业。

在防范风险前提下，研究探索开展金融业综合经营，探索设立金融控股公司。

在自贸试验区内金融开放领域试点开展涉及外资的国家安全审查。支持与我国签署自由贸易协定的国家或地区金融机构率先在自贸试验区内设立合资金融机构，逐步提高持股比例。在内地与港澳、大陆与台湾有关经贸合作协议框架下，提高港澳台地区服务提供者在自贸试验区内参股金融机构的持股比例。

集聚和发展银行、证券、保险等行业的各类功能性金融机构。支持大型金融机构在上海设立业务总部。支持境外中央银行和国际金融组织在沪设立代表处或分支机构，吸引符合条件的国际知名银行、证券、保险公司等金融机构在沪设立分支机构、功能型机构以及成立合资机构。支持中国保险信息技术管理有限责任公司在上海设立创新型子公司。

支持在自贸试验区按国家有关规定设立法人金融机构,实施"走出去"战略,加快海外网点布局,拓展海外市场。

(四) 加快建设面向国际的金融市场

依托上海自贸试验区金融制度创新和对外开放优势,充分发挥中国人民银行上海总部统筹协调功能,推进面向国际的金融市场平台建设,拓宽境外投资者参与境内金融市场的渠道,提升金融市场配置境内外资源的功能。①

支持中国外汇交易中心建设国际金融资产交易平台,增强平台服务功能。中国外汇交易中心于2015年10月29日宣布,与德意志交易所集团签署合作协议,推动双方市场互联互通和产品创新。

加快上海黄金交易所国际业务板块后续建设,便利投资者交易。黄金国际板未来交易量还有很大的增长空间,黄金、外汇、证券交易都在自贸试验区设点,全面开放,提高资本市场对外开放程度,使得投资者交易更加多元化和便利。

支持上海证券交易所在自贸试验区设立国际金融资产交易平台,有序引入境外长期资金逐步参与境内股票、债券、基金等市场,探索引入境外机构投资者参与境内新股发行询价配售。支持上海证券交易所在总结沪港通经验基础上,适应境内外投资者需求,完善交易规则和交易机制。

支持上海期货交易所加快国际能源交易中心建设,2018年3月26日原油期货已正式上市。《建设方案》要求积极推进天然气、船用燃料油、成品油等期货产品研究工作。允许符合条件的境外机构在自贸试验区试点设立独资或者合资的期货市场服务机构,接受境外交易者委

---

① 《进一步推进中国(上海)自由贸易试验区金融开放创新试点　加快上海国际金融中心建设方案》,上海市人民政府网站,2018-10-07, http://www.shanghai.gov.cn/nw2/nw2314/nw39309/nw39342/nw39346/u21aw1100123.html。

托参与境内特定品种期货交易。

支持设立上海保险交易所，推动形成再保险交易、定价中心。设立上海保险交易所，填补了国内保险要素市场的空白，也是争夺国际保险定价权的一个基本要素。

支持上海清算所向自贸试验区内和境外投资者提供航运金融和大宗商品场外衍生品的清算等服务。清算是国际金融交易的一项重要环节，通过自贸试验区，可推动上海清算所业务更加国际化。

支持股权托管交易机构依法为自贸试验区内的科技型中小企业等提供综合金融服务，吸引境外投资者参与。上海股权托管交易中心为中小微科创企业，已经推出不少新的金融服务，包括设立科技创新股份转让系统（N 板）等。

（五）不断加强金融监管，切实防范风险

建立适应上海自贸试验区发展和上海国际金融中心建设联动的金融监管机制，加强金融风险防范，营造良好金融发展环境。①

完善金融监管体制。探索建立符合国际规则、适应中国国情的金融监管框架。精简行政审批项目，简化事前准入事项，加强事中事后分析评估和事后备案管理。加强金融信用信息基础设施建设，推动信用信息共建共享，构建与国际接轨的统计、监测体系。加大对金融失信行为和市场违规行为惩戒力度。符合国际规则适应国情的监管框架就是之前常提的宏观审慎原则。要求加强金融信用信息基础设施建设，推动信用信息共建共享

支持中国人民银行和外汇管理局加强自贸试验区金融监管服务能力建设，探索本外币一体化监管体系。创新外汇账户管理体系。整合外汇账户种类，优化监管方式，提升监管效率。

加强自贸试验区金融监管协调，探索功能监管。进一步发挥自贸

---

① 《进一步推进中国（上海）自由贸易试验区金融开放创新试点　加快上海国际金融中心建设方案》，上海市人民政府网站，2018-10-07，http://www.shanghai.gov.cn/nw2/nw2314/nw39309/nw39342/nw39346/u21aw1100123.html。

试验区金融协调机制作用,加强跨部门、跨行业、跨市场金融业务监管协调和信息共享。研究探索中央和地方金融监管协调新机制。支持国家金融管理部门研究探索将部分贴近市场、便利产品创新的监管职能下放至在沪金融监管机构和金融市场组织机构。

加强金融风险防范。自贸试验区金融风险管理的一个重点就是"反洗钱、反恐怖融资、反逃税"。《建设方案》要求完善跨境资金流动的监测分析机制,加强反洗钱、反恐怖融资和反逃税工作机制。针对金融机构跨行业、跨市场、跨境发展特点,掌握金融开放主动权,建立和完善系统性风险预警、防范和化解体系,守住不发生系统性、区域性金融风险底线。

积极完善金融发展环境。上海市人民政府会同有关部门研究制定进一步完善金融信用制度建设等方案。

试点措施与行政法规、国务院文件、国务院批准的部门规章等规定不一致的,依照程序提请国务院作出调整实施决定。这意味着,在具体金融创新政策制定实施细则后,可能会有一个法规、文件、规章等的调整过程。

第二节

金融开放创新的主要举措

金融开放创新试点是上海自贸试验区建设的重要组成部分。上海自贸试验区挂牌五年来,在坚持风险可控的前提下,以金融制度创新为核心,以服务实体经济和投资贸易便利化为目标,大力推进自贸试验区金融开放创新,取得了明显成效。

一、 基本形成推动开放创新和风险防范的金融创新制度

上海自贸试验区挂牌后,国家有关部门和上海市政府先后发布了

“金改 51 条”和“金改 40 条”，陆续出台了一系列实施细则，形成了以自由贸易账户系统为基础，以资本项目可兑换、利率市场化、人民币国际化等领域为核心的金融改革制度安排。

(一) “金改 51 条”

上海自贸试验区挂牌成立后，中国人民银行等金融管理部门先后研究出台了支持自贸试验区建设的 51 条措施(以下简称“金改 51 条”)，从国家层面明确了自贸区金融改革的整体构架。

2013 年 12 月，中国人民银行发布《关于金融支持中国(上海)自由贸易试验区建设的意见》，确立了自贸区金融改革的总体政策框架。原银监会、证监会、原保监会也分别出台了支持自贸区金融改革的政策文件，包括《中国银监会关于中国(上海)自由贸易试验区银行业监管有关问题的通知》《中国证监会关于资本市场支持促进中国(上海)自由贸易试验区若干政策措施》《中国保监会支持中国(上海)自由贸易试验区建设》。其中，中国人民银行的 30 条意见涉及自由贸易账户体系、资本账户可兑换、利率市场化、人民币跨境使用、外汇管理体制改革、风险管理六个方面内容；原银监会的 8 条措施主要是支持中外资银行入区经营发展，支持民间资本进入区内银行业；证监会的 5 条措施旨在深化资本市场改革、提升我国资本市场对外开放度；原保监会的 8 项措施侧重于完善保险市场体系，促进功能型保险机构的聚集。

按照“成熟一项，推动一项”的原则，中国人民银行上海总部会同银监会、证监会、保监会出台了十余项实施细则，分步推进金融开放创新政策落地。这些意见和细则，构建了自贸试验区金融支持实体经济发展的总体政策框架。

(二) “金改 40 条”

2015 年 10 月 30 日，经国务院批准，中国人民银行会同商务部、原银监会、证监会、原保监会、国家外汇管理局和上海市人民政府正式联合印发《进一步推进中国(上海)自由贸易试验区金融开放创新试点加快上海国际金融中心建设方案》，即“金改 40 条”，共部署了 40 项金融开放创新措施，从资本项目可兑换、人民币跨境使用、金融服务业开放、建设面向国际的金融市场、不断完善金融监管等五个方面，进一步明确了自贸试验区金融开放创新试点的目标和任务。

“金改40条”，是党中央、国务院在新形势下，要求自贸试验区更好地为全国深化金融改革和扩大金融开放服务探索新途径、积累新经验的重要举措，是对上一阶段上海自贸试验区金融开放创新的继续和深化，也是进一步推进上海自贸试验区发展和上海国际金融中心建设的纲领性文件。

根据“金改51条”和“金改40条”，国家金融管理部门陆续出台了自由贸易账户、跨境投融资汇兑便利、人民币跨境使用、外汇管理改革等一系列金融制度安排，推出了简化金融机构和高管准入、业务创新与监管互动机制、航运保险产品注册制等系列措施。为了更好地推动自贸试验区建设与上海国际金融中心建设联动，将上海自贸试验区打造为我国扩大金融开放的新高地，上海自贸试验区管委会于2018年6月出台了《关于扩大金融服务业对外开放　进一步形成开发开放新优势的意见》。该《意见》分六大部分，共25条举措，涵盖了吸引外资金融机构集聚、便利外资金融机构落户、全面深化金融改革创新、金融服务科创中心建设、集聚发展高层次金融人才、构建与国际规则接轨的金融法治环境等方面。①

（三）上海自贸试验区金融开放创新的制度基础：自由贸易账户体系

上海自贸试验区自2013年9月挂牌运行以来，金融开放创新的试验始终成为国内外高度关注的内容，自由贸易账户（FT账户）体系是自

---

① 《中国（上海）自由贸易试验区关于扩大金融服务业对外开放　进一步形成开发开放新优势的意见》，中国（上海）自由贸易试验区网站，2018-10-07，http://www.china-shftz.gov.cn/NewsDetail.aspx?NID=3973e046-a27a-43c5-b860-bab50a591259&CID=16a79677-7b73-4570-a610-761ad7cf52c3&MenuType=[object%20Object]&navType=0。

贸试验区金融开放创新推进中一项重要的试点实践和创新探索。上海自贸试验区于 2014 年 6 月正式启动自由贸易账户业务，在自贸账户内实现了包括分账核算业务在内的各项功能，并逐步建立起有利于风险管理和功能丰富的自由贸易账户体系。

1. 建立了适用不同主体的自由贸易账户类型

根据商业银行和其他金融机构分账核算单元建立相关规定，按照“标识分设、分账核算、独立出表、专项报告、自求平衡”的管理要求，针对不同主体，设立不同的 FT 账户类型。区内机构可以开立 FTE 账户，境外机构可以开立 FTN 账户，非银金融企业可在设立分账核算单元商业银行开立 FTU 账户。区内个人可以开立 FTI 账户，区内境外个人可以开立 FTF 账户。

2. 丰富和扩展了自由贸易账户功能和适用范围

2014 年 5 月，中国人民银行上海总部印发《中国（上海）自由贸易试验区分账核算业务实施细则（试行）》和《中国（上海）自由贸易试验区分账核算与风险审慎管理细则》，启动自由贸易账户业务；2015 年 4 月，中国人民银行上海总部发布《关于启动自由贸易账户外币服务功能的通知》，启动外币服务功能；2015 年 8 月，中国人民银行上海总部发布《关于上海市金融机构开展自由贸易账户服务有关问题的通知》，提供“直参”和“间参”两种模式；2016 年 11 月，中国人民银行上海总部发布《关于进一步拓展自贸试验区跨境金融服务功能支持科技创新和实体经济的通知》，将账户的适用范围首次从自贸试验区扩展到上海服务科创中心建设的科创企业和海外引进人才；2018 年上半年，中国人民银行上海总部将账户的适用范围进一步拓展至全市有实际需求的企业，包括服务“一带一路”建设和“走出去”的有国际贸易结算和融资需求的实体企业等。

经过多年实践探索，自由贸易账户目前已可以提供包括跨境结算、跨境融资、跨境担保、跨境并购、跨境理财、跨境债券等在内的经常项目和资本项目下的本外币一体化的金融服务，支持“黄金国际版”、国际再保险平台、自贸试验区市政债及自贸试验区航运指数及大宗商品衍生品中央对手清算业务等。

3. 自由贸易账户风险防控体系得到进一步完善

重点围绕建立适应自贸试验区发展和上海国际金融中心建设联动的金融监管机制的目标,在适应上海自贸试验区金融简政放权和负面清单管理新形势的基础上,创设了自由贸易账户监测管理信息系统。在自贸试验区进一步先行先试和扩大开放的同时,更加强调事中事后监管的制度安排,为自由贸易账户提供了“一线审慎监管、二线有限渗透”的“电子围网式”的管理环境,对跨境资金流动进行逐企业、逐笔、全口径、7×24 小时的实时大数据监测,提高了反洗钱和反恐怖融资工作有效性。在做好金融风险防范的前提下,为自贸试验区下一步改革创新营造良好金融发展环境。

二、 基本形成更加开放的金融市场体系和金融机构体系

“金改 40 条”中第五部分提出加快建设面向国际的金融市场。为此,中国人民银行上海总部与上海市金融办、上海市商务委和上海银监局、证监局、保监局联合出台了《关于促进面向国际的金融市场平台建设的意见》,明确了建设面向国际的金融市场平台建设的具体任务与推进市场平台发展的相关政策。上海自贸试验区在金融市场体系建设和金融机构发展方面取得明显成效。

(一) 金融市场体系建设

在金融市场体系建设方面,设立了上海国际能源交易中心、上海保险交易所、上海票据交易所、中国信托登记公司等新型金融市场,推出了黄金“国际板”、原油期货交易、证券“沪港通”、“债券通”等新型金融产品。

一是新面貌市场体系呈现。上海证券交易所、中国金融期货交易所与德意志交易所合资成立中欧国际交易所。中国金融期货交易所与中央国债登记结算公司(以下简称“中央结算公司”)实现了国债期货市

场交割机制和期货、现货市场互联互通。中央结算公司与明讯银行签署合作备忘录。中国外汇交易中心与香港交易及结算所有限公司在香港成立了债券通有限公司，提供“债券通”中“北向通”的相关交易服务等。

二是新型金融市场建立。上海国际能源交易中心、上海保险交易所、上海票据交易所、中国信托登记公司与中国债券估值中心等落户上海。

三是新功能基础设施系统建成。中国外汇交易中心建立了国际金融资产交易平台，面向自贸试验区和国际投资者提供债券交易服务，及同业存单、利率衍生品等业务。中央结算公司依托自身登记托管系统开发了专门的债券业务系统，服务于自贸试验区投资者。上海清算所推出自贸试验区大宗商品现货清算业务。上海黄金交易所面向自贸试验区和国际投资者推出国际板，提供交易服务。上海保险交易所建立了“立足上海、面向全国、辐射全球”的保险综合服务平台。

四是市场开放取得新进展。债券市场方面，2016 年，上海市政府在自贸试验区顺利发行了 30 亿元 3 年期市政债，金砖国家新开发银行成功发行首单 30 亿元人民币计价的绿色金融债，世界银行发行首个以人民币结算的特别提款权（SDR）债券。2016 年 9 月，自贸试验区推出债券柜台业务。大宗商品清算方面，自 2015 年起，上海清算所陆续在自贸试验区推出了以跨境人民币计价、清算、结算的铜溢价掉期中央对手清算业务、乙二醇进口掉期中央对手清算业务与大宗商品现货清算业务。在黄金市场方面，黄金国际板启动了“黄金沪港通”项目；推出“上海金”黄金集中定价业务，上海作为黄金定价中心的影响从自贸试验区辐射全球；推出有价资产充抵保证金业务。

（二）金融机构发展

自贸试验区的金融开放创新，主要是以各类金融机构为主体得以体现。

上海自贸试验区成立 5 年，已经集聚了金砖国家新开发银行、人民币跨境支付系统(CIPS)、全球中央对手方协会(CCP12)、中国保险投资公司、中国互联网金融协会等一批国际性、功能性金融机构和组织。

上海自贸试验区推动了华瑞银行、申港证券、华菁证券等一批民营金融机构和合资金融机构的设立。

2017年2月,全国首家航运保险类自保公司——中远海运财产保险自保公司开业。同年6月,发布了全国首张金融服务业对外开放负面清单指引,为外资进入金融业提供指导和服务。

三、基本形成加强监管合作、有效防范风险的协调机制

自贸试验区的金融开放创新试点,必须以风险可控为前提,否则,如果在试点的过程出现区域性、系统性金融风险,不仅会影响整个金融开放创新的进程,也会影响整个自贸试验区的建设,因此,在任何时候,任何情况下自贸试验区的金融开放创新都要以风险防范为底线。

(一)建立“三反”制度

依托自由贸易账户系统,建立了“三反”,即“反洗钱、反恐怖融资、反逃税”的监测分析和管理体系。“三反”制度是自贸试验区防控金融风险的主要手段。上海自贸试验区坚持底线思维,并积极对标国际通行规则和做法,制定了以拒绝客户机制、创新业务洗钱风险评估、跨境业务审查和名单监控等为核心的“三反”制度。中国人民银行上海总部成立了跨境资金流动实时监测室,建立了自贸试验区“三反”资金监测系统和可疑交易报告机制,系统对接海关、税务等部门信息,充分运用大数据信息,重点监测涉及洗钱的高风险行业、高风险产品和过度利用避税天堂的异常跨境交易等可疑行为,以有效拦截高风险主体的非法交易行为。同时,服务中央反腐败的大局,积极配合做好打击腐败分子跨境洗钱的工作。①

① 张新:《上海自贸区:以自由贸易账户系统为基础　推进八大核心金融改革取得突破性进展》,《金融时报》,2016年9月29日。

(二) 加强信息共享

研究构建自由贸易账户监测管理信息系统、金融综合监管监测分析系统与房地产金融宏观审慎管理系统“三位一体”的金融风险监测与管理系统，以加强自贸试验区信息共享。

一是构建自由贸易账户监测管理信息系统。该系统的着重点是对上海地区的跨境金融活动进行 7×24 小时、逐笔、逐企业的实时监测，同时对上海自贸试验区金融开放创新进行动态实时监测。

二是中国人民银行上海总部会同金融监管部门、市政府相关部门，研究建立跨行业、跨市场的金融综合监管监测分析系统。该系统监测与管理的着重点是覆盖上海各行业、各市场的日常金融业务活动。

三是中国人民银行上海总部探索建立房地产金融宏观审慎管理系统。该系统的着重点是对约占上海信贷总量三分之一的房地产金融活动实施全方位监测与管理。①

(三) 探索金融综合监管

上海自贸试验区探索实施金融综合监管，以提升金融风险防控能力。

通过成立自贸试验区金融工作协调推进小组和综合监管联席会议制度，上海自贸试验区探索形成了以市场全覆盖为目标、以信息互联共享为基础、以监管合作为保障、以综合监管联席会为平台、以业界自律共治为补充的金融综合监管新方案。

上海自贸试验区大力推进事中事后监管制度创新，努力完善跨部门协作机制，加强对跨境金融活动和跨行业、跨市场等复杂金融活动的监测能力。②

在自贸试验区不断进行金融开放创新试点的同时，上海金融体系和跨境资金流动经受住了国际金融市场波动带来的考验，始终保持稳

---

①② 张新:《上海自贸区:以自由贸易账户系统为基础　推进八大核心金融改革取得突破性进展》,《金融时报》,2016 年 9 月 29 日。

健运行的态势,显示出了稳健成熟的抗风险能力,而这又为进一步推进金融开放创新提供了坚实基础。

四、充分发挥金融服务“一带一路”建设“桥头堡”作用

资金融通是“一带一路”倡议的重要内容。作为金融创新承载地的上海自贸试验区,正持续增强“一带一路”金融服务功能,力争打造“一带一路”投融资中心(见专栏6.3)。

专栏6.3　增强“一带一路”金融服务功能

推动上海国际金融中心与“一带一路”沿线国家和地区金融市场的深度合作、互联互通。加强与境外人民币离岸市场战略合作,稳妥推进境外机构和企业发行人民币债券和资产证券化产品,支持优质境外企业利用上海资本市场发展壮大,吸引沿线国家央行、主权财富基金和投资者投资境内人民币资产,为“一带一路”重大项目提供融资服务。大力发展海外投资保险、出口信用保险、货物运输保险、工程建设保险等业务,为企业海外投资、产品技术输出、承接“一带一路”重大工程提供综合保险服务。支持金砖国家新开发银行的发展。

——摘自《全面深化中国(上海)自由贸易试验区改革开放方案》

截至2017年9月末,“一带一路”沿线有15个国家(地区)的5家法人银行、13家外资银行分行和11个代表处来沪设立了金融机构,“熊猫债”累计发行超过2 000亿元,迪拜黄金与多种商品交易所挂牌以“上海金”计价的期货合约。2018年上半年,菲律宾、阿联酋、新加坡等“一带一路”沿线国家和地区在银行间债券市场发行共计44.6亿元人民币债券,占同期银行间债券市场“熊猫债”发行量11.8%。研究推出交易所“一带一路”债券试点,吸引沿线主权机构、国际组织、相关企业等来沪发行熊猫债,截至2018年6月末,发行“一带一路”债券127.5亿元、“一带一路”资产支持专项计划84.5亿元。

2018年5月，位于上海自贸试验区的上海证券交易所与深交所组成的中方联合体与孟加拉国达卡证券交易所签署股权收购协议，中方联合体收购达卡交易所4.5亿股，约占总股本的25%，交易金额达1.2亿美元。[①]这是继收购巴基斯坦证券交易所、参与建设阿斯塔纳国际交易所等之后，上海证券交易所推动的资本市场助力"一带一路"资金融通的又一案例。此前，通过签署备忘录和战略合作协议、合资入股、业务合作等方式，上海证券交易所已与德国、巴基斯坦、哈萨克斯坦、俄罗斯、瑞士、卢森堡等多家沿线重点交易所开展了双边合作。

中国金融基础设施——中国银联，积极参与和支持国家"一带一路"倡议实施，加快境外发卡与业务本地化发展，加速银联创新支付产品的跨境应用，推动我国的支付标准、技术、系统向其他国家延伸。截至2018年4月末，"一带一路"沿线已有近60个市场开展银联卡业务，累计发行超过2 500万张银联卡，覆盖超过400万家商户和40万台ATM，比倡议提出前分别增长了超过14倍、2倍、1倍，部分地区已实现或即将实现银联卡受理无障碍。

上海自贸试验区的金融创新基础工程——自由贸易账户，同样在服务"一带一路"建设。根据上海市金融办2018年3月12日发布的《关于推动拓展自由贸易账户适用范围的通知》，服务"一带一路"建设和"走出去"的有国际贸易结算和融资需求的全市范围内的实体企业已获准开立自由贸易账户，享受自贸试验区金融创新政策。截至2017年末，通过自由贸易账户累计与"一带一路"沿线国家和地区发生的跨境收支已达2 886亿元。[②]

五、探索形成一批可复制可推广的金融开放创新成果

中国人民银行和国家外汇管理局已将简化经常和直接投资项下跨

---

① 肖立伟:《上海金融动态》,《上海金融》,2018年6月15日。

② 《新民周刊》:《跨境人民币支付　第一个外资金融机构经营人民币业务》,《新民周刊》,2018年4月22日。

境人民币结算业务流程、跨境双向人民币资金池、经常项下跨境人民币集中收付汇业务等15项措施在全国复制推广,并于2016年11月、2018年上半年两次拓展自由贸易账户主体资格。原中国银监会已将离岸业务经营授权、区内银行业金融机构和高管准入简化等4项改革措施复制推广到其他几个自贸试验区。原中国保监会也已将保险业简政放权等改革措施复制推广至国内其他的自贸试验区。

上海自贸试验区充分发挥了金融开放创新"试验田"作用,支持和鼓励广大金融机构探索了一大批具有典型性与可借鉴性的金融创新案例,目前已发布8批95个自贸试验区金融创新案例。这些案例在推动我国金融创新发展方面发挥了重要的示范引领作用。

此外,2016年11月,中国人民银行上海总部将自由贸易账户主体资格拓展到上海自贸试验区外有关科创相关企业和海外引进人才。2018年3月12日,上海市金融办发布《关于推动拓展自由贸易账户适用范围的通知》(以下简称《拓展通知》)。《拓展通知》指出,为更好地服务实体经济发展,有效推动自贸区金融创新制度的复制推广,拟将自由贸易账户的适用范围进一步拓展至上海市符合条件的相关企业和市场主体。根据《拓展通知》,符合条件的企业和市场主体共有四类:一是"上海科技创新职业清单"内的机构,有跨境筹资、增资扩股、收购兼并、上市、资金集中管理等实际跨境需求的科创类企业,以及在其发展周期中起推动作用的市场主体,如科技创新初期引入的境外种子基金、天使基金、境外风投资本、融资提供主体等;二是服务"一带一路"建设和"走出去"的有国际贸易结算和融资需求的实体企业;三是总部经济相关的实体企业,有设立全功能型跨境双向人民币资金池需求,在岸集中管理全球人民币资金的跨国企业等;四是遵循绿色投资、科创投资等理念,且重点投向上海科创中心建设、绿色环保、"一带一路"建设相关领域,支持实体经济增强资本实力的跨境股权投资企业。自由贸易账户适用范围的拓展体现了上海自贸试验区的示范和溢出效应。

第三节

金融开放创新的实践探索

截至2017年末，上海自贸试验区已先后发布了8批、95个金融创新案例。这些案例有效地宣传了上海自贸试验区金融开放创新政策，有力地促进了自贸试验区金融开放创新试点。

一、第一批金融开放创新案例①

第一批9个有特色的自贸试验区金融创新案例，以自贸试验区实体经济需求为导向，围绕“存、贷、汇、投”等服务，主要集中在以下六个方面：

（一）存款利率市场化创新

从2014年3月份开始，中国人民银行放开了自贸试验区内300万美元以下的小额外币存款利率上限，自贸试验区率先实现了外币存款利率完全市场化。当年3月1日，中国银行为在自贸试验区内就业的人员办理了首笔个人小额外币存款业务，客户获得了一张“议息”存单。目前已有多家银行开展了此项业务。

经中国人民银行总行批准，中国人民银行上海总部从2014年6月27日起，放开小额外币存款利率上限的改革试点由上海自贸试验区扩大到上海市。这是第一项走出自贸试验区、推广复制到区外的金融改革政策。上海自贸试验区成立后，中国人民银行在区内先行先试放开小额外币存款利率上限。

（二）自贸试验区企业融资创新

自贸试验区内多家金融机构如建设银行、交通银行、招商银行等，

① 《市金融办负责人就中国（上海）自由贸易试验区金融创新案例发布答记者问》，上海市金融办网站，2018-10-07，http://sjr.sh.gov.cn/interactiveplatform/Detail?categoryid=38&informationid=104652。

根据中国人民银行上海总部有关支持自贸试验区扩大人民币跨境使用的相关政策举措，与自贸试验区内多家企业和非银行金融机构办理了从境外借入人民币资金业务，从而进一步拓宽了区内企业和非银行金融机构的境外融资渠道，降低了企业的融资成本。

(三) 自贸试验区支付结算创新

银联电子支付、快钱公司等第三方支付机构，根据中国人民银行有关支付机构开展跨境人民币支付业务的政策，与商业银行合作开展了跨境电子商务人民币支付结算业务；花旗银行、汇丰银行、上海银行等金融机构根据有关扩大自贸试验区内人民币跨境使用的政策，为区内跨国公司办理了经常项下跨境人民币集中收付业务，简化了区内企业支付结算流程，提高了支付结算效率；中国银行上海市分行等金融机构根据自贸试验区外汇管理的有关规定，为区内企业提供了大宗商品衍生品交易的结售汇服务，为大宗商品企业利用国际市场开展风险管理提供了新的渠道。

(四) 自贸试验区企业资金管理创新

2012 年 12 月 1 日之后，国家外汇管理局在全国 12 个省市开展了三批跨国公司外汇资金集中运营管理试点，参与试点企业 73 家(包括 2 247 个境内外成员单位)，12 家中外资银行成为试点合作银行。根据试点情况，跨国公司外汇资金集中运营管理比较成熟有效，得到了企业、银行和地方政府广泛欢迎和支持，具备了进一步深化改革试点的条件。

自贸试验区在外汇管理细则发布后，工商银行上海市分行、中国银行上海市分行等金融机构为自贸试验区内企业开展了跨国公司外汇资金集中运营管理试点业务；农业银行上海市分行、浦发银行等为区内企业开展了跨境人民币双向资金池业务。这些业务推出后，符合条件的企业可以根据自身的需要自主调配境内外资金，提高了跨国公司资金使用的效率。

在自贸试验区试点的基础上，国家外汇管理局在 2014 年 4 月 25 日发布通知，决定自 2014 年 6 月 1 日起实施《跨国公司外汇资金集中运营管理规定(试行)》,也就是外汇资金池政策,在前期试点基础上,深化跨国公司外汇资金集中运营管理改革试点。

(五) 自贸试验区对外直接投资创新

在上海自贸试验区管委会、上海市金融办及有关部门的推动下,自贸试验区内股权投资企业跨境投资流程得到大幅度简化,以备案代替审批,弘毅投资公司等股权投资企业开展跨境股权投资项目较以往极大地缩短了流程时间,提高了股权投资企业境外投资的效率。

(六) 自贸试验区内金融机构集聚创新

在上海市金融办和金融管理部门的共同推动下,自贸试验区内新型金融机构不断集聚发展。小额贷款公司不仅可以入区经营业务,同时监管部门对在自贸试验区内设立小额贷款公司,还给予股比和业务范围方面支持鼓励政策。中外资银行在自贸试验区内设立了分支机构;交银金融租赁公司开展了自贸试验区首单飞机和首单船舶租赁业务,在自贸试验区内设立子公司已获批筹建。金融租赁公司可以利用自贸试验区平台和政策优势,为其开展境外融资租赁业务提供便利。此外,国泰君安等在区内设立了分公司,华安基金在区内设立了资产管理子公司,申银万国期货在区内设立了风险管理子公司,太保、中国人寿等 4 家保险公司在区内设立了分支机构。

二、 第二批金融开放创新案例①

2014 年 7 月 4 日发布的第二批金融创新案例共 9 个,集中在以下四个方面:

(一) 自由贸易账户开立和相关业务创新

这方面包括自由贸易账户开立和资金划转、自由贸易账户贸易融资 2 个开放创新案例。

① 《上海自贸区发布第二批金融创新案例》,上海市金融办网站,2018-10-07, http://sjr.sh.gov.cn/Category/Detail? informationid=100310。

随着上海自贸试验区分账核算业务实施细则和审慎管理细则的发布实施,工商银行上海市分行、中国银行上海市分行等金融机构开始为符合条件的机构和个人开立自由贸易账户,并依托自由贸易账户开展资金划拨和贸易融资业务。

例如,中国银行上海市分行利用自贸试验区企业对外直接投资审批改为备案的政策优势,将人民币资金从客户的非自由贸易账户划转至自由贸易账户,并兑换成美元后汇往境外用于直接投资项目启动资金。看起来这个案例似乎是个"基本款",只不过是用上了自由贸易账户,但问题的核心在于:当资金划转至自由贸易账户后,资金汇兑过程是在自贸试验区内完成的,用的是自贸试验区内的汇率——一个更接近离岸汇率(比境内汇率便宜)的汇率。此外,审批手续上也更方便。

(二) 进一步拓展人民币跨境使用范围

主要包括境外银团人民币借款、人民币跨境集中收付和轧差净额结算、个人经常项下跨境人民币结算业务3个案例。

例如,花旗银行通过某外资公司在自贸试验区内的企业,为其实施经常项下人民币跨境集中收付和轧差净额结算,提高了企业集团内资金的利用效率,降低了跨境收付成本。以前有的公司母公司钱一堆,但境内公司缺钱还得贷款,成本不菲,现在有了这个结算支付功能,很多在上海的企业总部才得以成为真正的企业总部。

名词解释　跨境集中收付

跨境集中收付,就是企业可以以自贸试验区内的企业为中心(就像这个企业在内地的"核心银行"一样),把其他内地子公司的钱全部都归集到自贸试验区内的企业账上,并且可以通过这个自贸试验区内的企业账户,方便地和境外母公司收款或汇款。

又如,上海银行等金融机构借助"沪、港、台"合作平台,通过组成境外银团,为区内企业提供信用贷款方式下的境外人民币借款;中国银行上海市分行等金融机构为区内个人办理了区内个人跨境人民币结算业务，协助客户将其工资收入汇至海外，从而扩大了人民币跨境使用的主体范围，这是第二批9个案例中唯一一个和个人有关系的，此案例的突破点在于区内就业或执业的个人可直接办理经常项下和直接投资项下的跨境人民币结算业务。此前，区内个人只能通过人民币工资购汇，以外币形式进行跨境资金划转。花旗银行等金融机构为区内企业开展了经常项下人民币跨境集中收付和轧差净额结算业务。

(三) 进一步落实外汇管理改革措施

这方面，主要包括自贸试验区外汇资本金意愿结汇业务、自贸试验区直接投资外汇登记2个开放创新案例。

例如，建设银行上海市分行为某外资融资租赁公司办理外汇资本金意愿结汇，为其开立结汇待支付人民币专用存款账户，结汇金额2 600万港元。自贸试验区“意愿结汇”制度是对外汇管理政策的一项重大突破，外商投资企业可以在公司已办理入账登记的外汇资本金范围内自由选择是否结汇，并根据汇率波动情况，自由选择结汇时点，而此前，外商投资企业资本金一直实行“按需结汇”制度，只有当“实际需求”发生时，才能向外汇管理局申请办理结汇。

例如，交通银行上海市分行办理了自贸试验区内首单新设外商投资企业外汇登记业务，企业只需要向银行提交相关资料，便可一次性完成外汇登记与账户开立手续。

(四) 进一步创新融资方式

这方面，主要包括上海自贸试验区跨境并购融资业务、三方联动跨境银租保业务2个金融开放创新案例。

例如，工商银行上海市分行与浦发银行上海分行等金融机构，在认真研究企业“走出去”融资需求和融资租赁企业境外融资需求的基础上，分别为自贸试验区内企业开展跨境并购和融资租赁业务提供新的融资渠道。

例如，浦发银行上海分行通过与自贸试验区内融资租赁公司合作，以自贸试验区分行相对低成本的美元贷款资金，满足了某外资融资租赁公司的融资需求。此案例的突破点在于在融资租赁保理业务的基础上整合创新银租保产品,优化跨境联动模式,通过产品组合进一步降低企业融资成本。

三、 第三批金融开放创新案例①

2014 年 12 月 9 日,上海自贸试验区金融工作协调推进小组办公室、市金融办、自贸试验区管委会等部门发布了第三批金融开放创新案例,共 9 个。这 9 个案例,涵盖了金融市场平台的开放创新、扩大人民币跨境使用的业务创新、企业跨境并购融资的业务创新,以及保险机构集聚和保险业务创新四个方面的内容。

(一) 金融市场平台的开放创新

上海黄金交易所设立国际板是这方面的创新案例。上海黄金交易所国际板于 2014 年 9 月 18 日正式开市。黄金国际板依托自贸试验区金融制度创新和对外开放优势,以人民币计价交易,进行黄金保税交割,并推出了“上海金”品牌,有利于促进人民币国际化和我国黄金市场发展。

“上海金”的突破在于会员国际化,自贸试验区内及境外国际和知名商业银行、专业投资机构及黄金精炼企业均可参与;交易资金国际化,在自由贸易账户框架下参与人民币报价的黄金等贵金属交易,实现离岸资金与在岸资金的融合;定价国际化,形成有国际影响力的“上海金”人民币黄金定价机制和实物交割标准;储运和交割国际化。

(二) 扩大人民币跨境使用的业务创新

这方面开放创新案例有 3 个,分别是农业银行上海市分行的自由贸易账户项下中小企业跨境人民币综合金融服务、中国银行上海市分行的居家费用跨境人民币支付、浦发银行上海分行的互联网企业经常项下跨境人民币集中收付。

---

① 谈樱:《上海自贸区第三批金融创新案例发布》,《新民晚报》,2014 年 12 月 10 日。

其中，农行上海市分行依托自由贸易账户，拓展和完善账户金融服务功能，发挥跨境人民币综合创新优势，帮助自贸试验区中小企业降低融资成本，提高防范汇兑风险管理的能力，支持中小企业发展；中国银行上海市分行与中银香港、上海付费通信息服务公司联合推出沪港两地居家费用电子账单跨境支付平台，可方便异地置业的上海和香港两地居民在线跨境缴纳物业费；浦发银行上海分行利用自贸试验区贸易便利化政策，为一家互联网旅行企业提供跨境人民币经常项下集中收付服务，对于促进互联网企业在自贸试验区集聚和发展具有积极作用。这 3 个案例，进一步扩大了跨境人民币使用范围，丰富了自由贸易账户服务功能。

(三) 企业跨境并购融资的业务创新

这方面，主要有股权质押跨境并购融资、境外上市公司股权收购融资 2 个创新案例。

近年来，随着企业“走出去”的步伐不断加快，跨境并购融资需求日益旺盛。金融机构紧紧抓住自贸试验区投融资汇兑便利化的优势，加强业务联动和合作，较好地满足了企业跨境并购融资需求。例如，招行上海自贸试验区分行充分发挥离岸、在岸、自贸试验区“三位一体”业务优势，利用自贸试验区跨境交易的便利，帮助跨境客户盘活非居民持有的境内资产，拓展企业跨境并购融资渠道，高效地完成并购；东方证券直投子公司依托自贸试验区政策和制度优势，在上海自贸试验区募集并设立了人民币跨境并购基金，探索中资企业境外并购新模式，支持优秀的境外上市企业回归 A 股市场。

(四) 保险机构集聚和保险业务创新

这方面，包括太保寿险公司设立养老产业投资管理机构、航运保险协会条款会员直接使用与太平人寿自贸试验区分公司开展跨境再保险业务 3 个创新案例。

注册成立了太平洋保险养老产业投资管理公司。该公司是全国首家由保险机构投资设立的专业养老投资公司，也是保险机构在自贸试验区通过设立专业子公司拓宽保险资金运用范围的探索，对我国养老产业发展具有积极作用。

上海航运保险协会开发了首个上海航运保险协会条款，即无船承运经营者保证金责任保险条款，并完成原保监会备案，会员可以直接使用的保险条款，突破了以往每项保险产品均由各家保险公司分别报送保险监管部门审批的做法，有助于提升上海全球航运险市场聚集地和产品定价中心地位。

太平人寿自贸试验区分公司搭建了境内外公司合作平台，实现人民币保单境外销售，并通过自由贸易账户，以再保分出分入业务和投资运作形式，实现了本外币保费资金的双向跨境流通，构建了“直保、再保、投资”三位一体的跨境保险业务创新模式，提升了保险业国际化水平。

四、 第四批金融开放创新案例①

2015 年 8 月 14 日，上海自贸试验区金融工作协调推进小组办公室、上海市金融办等部门发布了上海自贸试验区第四批的八大类共 11 个金融创新案例。这一批创新案例在分账核算单元建设、自由贸易账户服务功能创新、外汇管理改革创新、金融交易平台建设、金融监管创新等方面均有创新突破。

(一) 分账核算单元建设

在分账核算单元建设方面，包括自贸试验区财务公司分账核算单元建设、境外发行大额同业存单补充分账核算单元流动性、商业银行分账核算业务境外融资 3 个开放创新案例。

例如，申能财务公司和电气财务公司作为全国首批入驻自贸试验区的非银行金融机构，率先形成了财务公司分账核算单元的建设模式，并通过境外融资达到降低集团资金成本的目的。2015 年 2 月，中国人

① 《中国(上海)自由贸易试验区第四批金融创新案例发布会召开》，上海市金融办网站，2018-10-07，http://sjr.sh.gov.cn/Category/Detail?informationid=106720。

民银行上海总部发布了《中国(上海)自由贸易试验区分账核算业务境外融资与跨境资金流动宏观审慎管理实施细则》。根据该政策,中国银行上海市分行通过中行香港分行发行大额同业存单(CD),募集离岸人民币资金超过 40 亿元,拓宽了金融机构补充分账核算单元流动性的渠道;建设银行上海市分行则通过分账核算单元(FTU)业务从建设银行海外分行融入 7 500 万英镑,为某企业集团下属自贸试验区企业发放 FTE 账户外币贷款,支持企业海外业务发展。

这 3 个案例丰富了分账核算单元建设模式,拓宽了分账核算单元融资渠道,有利于降低金融机构和自贸试验区内企业的融资成本。

(二) 自由贸易账户服务功能创新

自 2015 年 4 月启动自由贸易账户外币服务功能后,上海自贸试验区分账核算业务的金融机构可按相关要求向区内及境外主体提供本外币一体化的自由贸易账户融资服务。例如,交通银行上海市分行为自贸试验区企业提供本外币跨境融资服务,简化融资手续,企业可自行选择负债币种,降低融资成本,并成为自由贸易账户功能拓展创新的成功案例。

(三) 金融衍生品交易创新

在这方面有一个案例。农业银行上海市分行在分账核算单元下通过美元兑人民币自营掉期交易,积极探索以金融衍生交易降低资金成本,有利于规避利率汇率风险。

(四) 外汇管理改革创新

在这方面有一个案例。上海银行依托自身的现金管理平台和托管框架,满足区内投资型跨国公司外汇资金集中管理需求,有利于吸引资产管理、投资银行、股权投资等国际资本集聚,促进上海财富和资产管理中心建设。

(五) 金融交易平台建设

在金融交易平台建设方面,有 2 个开放创新案例。一是上海黄金交易所首次引入境外交易所作为特别会员,与香港金银业贸易场合作推出的“黄金沪港通”业务,拓展了国际投资者参与我国境内黄金市场的渠道。二是浦发银行上海市分行通过开发自贸试验区电子商务服务系统,利用自由贸易账户体系,为自贸试验区大宗商品交易市场及其全球会员单位提供一站式、全方位的金融服务。上述2个案例体现了面向国际的金融市场服务功能不断提升。

(六) 商业银行投贷联动模式创新

在商业银行投贷联动模式创新方面,设立在上海自贸试验区的上海首家民营银行——上海华瑞银行充分利用自贸试验区与张江国家自主创新示范区“双自联动”的制度创新优势,积极探索投贷联动业务模式,对一家研发基地设在张江的创业型互联网企业发放了5 000万元贷款。

(七) 保险产品监管创新

在保险产品监管创新方面,经原中国保监会同意授权,在上海率先推出航运保险产品注册制,由上海航运保险协会在会员范围内进行航运保险产品的注册管理,会员可直接使用已注册的航运保险产品。这一创新案例体现了简政放权的监管思路,有助于加快上海国际航运中心和国际保险中心建设的进程。

(八) “走出去”企业融资服务

上海自贸试验区金融开放创新还积极探索为“走出去”企业提供融资服务。例如,工商银行上海市分行以某企业自由贸易账户存款为质押担保,为其境外非居民并购实体的FTN账户发放并购贷款,用于境外收购;中国银行上海市分行、中国银行法兰克福分行为某自贸试验区企业安排了总金额2亿欧元的银团贷款,用于其向境外支付港口使用费;浦发银行自贸试验区分行为某企业的境外子公司FTN账户发放6亿元人民币并购贷款,支持其收购一家加拿大上市公司;交通银行自贸试验区分行为一家知名互联网企业设立在自贸试验区内的投资管理公司的境外子公司发放了一笔1亿美元的离岸贷款,支持其境外并购项目的股权转让款。这些案例中,商业银行根据上海自贸试验区相关便利政策，通过自由贸易账户或离岸业务，为"走出去"企业提供融资服务，支持其海外业务发展。

五、 第五批金融开放创新案例①

2015 年 12 月 7 日，上海自贸试验区发布了第五批金融创新案例，共有 12 个。这些案例在科技金融创新、金融服务、金融监管等方面有创新。

(一) 科技金融创新

在第五批金融创新案例中，首次公布了 4 个具有相当高"含金量"的科技金融创新案例。

案例一：2013 年，一家专注于高精度手机摄像头传感器芯片研发制造的创新企业，获得了风投的 A 轮融资，但由于半导体企业初期资本投入需求大，公司在 2014 年继续寻求资金支持。最终，浦发硅谷银行给予其总共 300 万美元额度的贷款，贷款利率大幅低于市场上其他机构债权融资成本，同时该贷款配套了认股权安排，银行获得与贷款总额一定比例的认股权。这是浦发硅谷银行推出的针对初创期科技企业的投贷联动金融服务创新案例。这一创新方案既贴合早期企业需求，又降低融资成本，帮助初创企业成功生产出首批样品，打通优质下游合作渠道，成功实现 B 轮融资。

案例二：上海银行积极探索符合科技企业特征的可变利率定价模式，着眼科技企业的全生命周期，拉长风险与收益匹配时间，推出"远期共赢利息"业务，服务科技创新。这一业务创新改变了"一价合同"的传统定价模式，在贷款发放时先收取相对较低的前期利息，待企业成长后，再根据条件，收取延期支付的远期利息，实现了银企共赢。

案例三：太平洋财产保险公司推出"'科创 E 保'科技企业创业保障保险"。这是国内首款创业保障保险，对科创企业创始人，因意外事故

① 马翠莲：《上海自贸区第五批金融创新案例暨首批科技金融创新案例发布》，《上海金融报》，2015 年 12 月 8 日。

或企业经营不善终止经营时，可获得一定的费用损失补偿，使创业者避免因创业失败可能带来的生活困难，也为其二次创业提供物质基础。

案例四：工商银行上海市分行推出"'海王星'科创企业金融服务云方案"。该方案是为科技创新活动及科创企业量身定制的专属金融产品，在服务中引入大数据支持，在专业化信贷服务的基础上，针对处于初创期、成长期、成熟期等不同成长阶段的科创企业，提供股权融资、债权融资、顾问服务等综合化金融服务。

(二) 金融服务创新

上海自贸试验区在跨境金融服务方面也进行大胆创新，主要包括自贸试验区内证券公司跨境借款、自贸试验区多品种混合银团贷款、FT跨境理财业务3个金融开放创新案例。

在自贸试验区内证券公司跨境借款方面，海通证券以自贸试验区分公司为借款主体，利用自贸试验区平台借入海外低成本资金，用于其购买中资企业在香港市场发行的债券。这一创新案例为证券公司首次根据上海自贸试验区分账核算业务境外融资政策，探索自贸试验区跨境融资业务和以债务融资工具为基础，为中资企业海外融资提供服务。

在自贸试验区多品种混合银团贷款方面，交通银行上海分行牵头为中电投融和融资租赁有限公司组建了国内首个多品种混合银团贷款，该贷款横跨自由贸易账户和普通账户两个账户平台，涵盖三类融资品种，具有差异化提款条件和融资用途的特点。

在FT跨境理财业务方面，浦发银行成功发行首单FT跨境理财产品，规模为5 000万元，收益率3.6%，募集资金主要投向自贸试验区内企业的信托贷款收益权。

这3个案例拓展了自由贸易账户功能，拓宽了区内企业跨境融资渠道和人民币境外投资范围，也有利于境外人民币资金的保值增值。

(三) 金融监管创新

在金融监管领域，有5个创新案例。

上海银监局在全国首创银行业务创新监管互动机制，针对法规未覆及、法规不明晰、政策无操作细则的领域，设立绿色通道，允许自贸试验区银行业金融机构就拟先行先试的非行政许可类新产品、新业务，通过“自主申请、监管指导、个案突破、持续评价”的方式，有条件率先试点。

上海保监局开展保险专业中介机构股权信息监管改革试点。这方面有两个案例，一个是采用“互联网＋保险中介监管”方式，以创新保险专业中介机构股权信息登记机制为切入口，加强对保险中介机构法人治理的监管；另一个是建立电子化股权信息平台，实现保险监管部门与市场主体之间信息传递互联网化、与工商管理部门信息共享电子化。

此外，上海证券交易所、中国金融期货交易所与德意志银行共同设立的中欧国际交易所在德国法兰克福开业，中国银行上海市分行打造自贸试验区全球金融服务直通车等也入选此批开放创新案例。

六、 第六批金融开放创新案例①

2016 年 5 月，上海自贸试验区第六批金融创新案例发布，分为五大类，共有 15 个案例。第六批金融开放创新案例，重点聚焦“金改 40 条”发布之后，金融管理部门、金融机构和金融要素市场通过深化运用自贸试验区金融创新政策，积极开展金融创新试点所取得的成果。

(一) 金融监管创新及行业自律

在金融监管创新及行业自律方面，第六批发布的有 4 个案例。

2015 年 12 月，国家外汇管理局上海市分局出台了支持自贸试验区“金改 40 条”发布后的首个实施细则，主要内容包括区内企业(不含金融机构)实施外债资金意愿结汇、简化经常项目外汇收支流程等改革创新举措，体现了外汇管理的简政放权，由行为监管转为主体监管。

2016 年 2 月，上海保监局出台了《上海市保险机构和高级管理人员备案管理办法》，将原先已在自贸试验区实施的航运保险营运中心分支

① 《中国(上海)自由贸易试验区第六批金融创新案例发布》，上海市金融办网站，2018-10-07，http://sjr.sh.gov.cn/Category/Detail?informationid=147075。

机构设立备案制管理、保险支公司高管人员任职资格备案制管理的成功经验复制推广至上海市全市范围，并进一步简化其他事项备案材料，为保险市场主体营造了便利的制度环境。

2016年4月，上海银监局出台了《进一步完善自贸试验区银行业市场准入相关报告清单》，对自贸试验区内中外资银行机构准入报告事项进行系统梳理，调整部分事前报告事项为事后报告事项，提高了监管服务效率。同时，上海银监局深化创新监管互动机制，支持商业银行探索业务创新，助力实体经济发展。

2016年4月，中国银行上海市分行等9家上海地区银行联合制定了《跨境金融服务展业三原则同业规范实施机制》，就银行开展跨境金融业务审慎管理要求等建立同业协调与自律机制，促进了上海市跨境金融服务合规开展与公平竞争。

以上4个案例均为在沪金融管理部门出台贯彻落实“金改40条”的相关细则，以及上海地区银行建立跨境金融服务“展业三原则”的同业规范机制。

(二) 自由贸易账户功能拓展

在自由贸易账户功能拓展方面，发布了首单自由贸易账户代理间参合作、首笔自由贸易账户项下利率互换交易、大宗商品现货交易市场跨境电子商业汇票与资产管理公司依托自由贸易账户开展应收账款收购业务4个案例。

一是交通银行上海市分行与杭州银行上海分行合作开展首单自由贸易账户间参合作，扩大了自由贸易账户的适用范围和市场影响力，对希望开展自由贸易账户业务，但尚未设置分账核算单元的金融机构提供了业务合作机会。

二是兴业银行资金营运中心通过中国外汇交易中心自贸试验区交易系统达成了首笔利率互换交易，拓展了自由贸易账户使用功能及范围，在利率市场化背景下，实现了自贸试验区内市场主体自由竞争和自主定价。

三是浦发银行上海分行为落户上海自贸试验区的上海有色金属网金属交易中心办理首单自贸试验区大宗商品自由贸易账户电子商业汇票，拓展了自贸试验区“国际板”大宗商品现货交易市场人民币结算方式。

四是华融资产管理公司上海自贸试验区分公司通过自由贸易账户从境外融入资金用于境内资产管理业务，拓宽了资产管理公司资金来源渠道。

(三) 金融业务创新

在金融业务创新方面，此次发布了3个案例，包括自贸试验区跨境电子商务服务、“走出去”企业跨境融资服务与首单保险公司保单质押贷款资产证券化业务。

在自贸试验区跨境电子商务服务方面，工商银行上海市分行支持自贸试验区跨境电商平台运营，提供涵盖本外币支付结算、贸易融资等综合金融服务。

在为“走出去”企业提供跨境融资服务方面，农业银行上海市分行、中国银行上海市分行、建设银行上海市分行等根据自贸试验区相关便利政策和监管部门创新互动机制，创新并购贷款、银团贷款等服务，为支持企业“走出去”创新跨境金融服务。

在首单保险公司保单质押贷款资产证券化业务方面，太平人寿保险公司发行了国内首单保单质押贷款资产证券化业务，通过引入资产证券化运作模式，盘活存量保险资产，提高了保险投资收益率。

(四) 金融市场创新

在金融市场创新方面，此次发布了“上海金”定价交易模式推出、中国信用债指数发布与“科技创新板”推出等3个案例。

上海黄金交易所推出的“上海金”人民币集中定价交易，首次实现了以人民币作为黄金基准定价货币，有助于完善国际黄金市场价格体系，提升人民币作为黄金计价结算货币的地位，并有利于促进构建多层次、更开放的中国黄金市场。

上海清算所发布的中国信用债指数,作为反映信用债市场价格水平的指标,可为投资者提供市场价格和利率变化信息,促进市场更为合理的投资交易,为监管机构分析市场发展态势提供了量化参考。

上海股权托管交易中心2015年12月推出了“科技创新板”,在案例发布时,已挂牌企业42家,较好地发挥了服务科技型、创新型中小微企业,为相关多层次资本市场孵化培育企业资源的重要功能,也是金融服务科技创新中心建设的一项重要举措。

(五) 金融机构创新

在金融机构创新方面的案例是,国内首家中外合资再保险经纪公司——江泰再保险经纪公司在上海成立。作为完善再保险产业链的一项重要举措,公司在获得原保监会颁发经营许可后,于2015年12月正式开业,旨在服务国家“一带一路”倡议,为“走出去”企业海外项目提供风险管理和保险安排服务,同时将引入国际先进的再保险技术,吸引和培养专业化再保险人才,提供专业化的再保险经纪服务。

七、 第七批金融开放创新案例①

2017年1月10日,上海自贸试验区金融工作协调推进小组办公室、上海市金融办、中国人民银行上海总部、上海银监局、上海证监局、上海保监局、上海市发展改革委、上海市财政局和浦东新区政府(上海自贸试验区管委会),共同举办了上海自贸试验区第七批金融创新案例发布会。此次发布的金融创新案例分为四大类,共有15个,重点聚焦“金改40条”发布之后,金融要素市场和金融机构通过深化运用自贸试验区金融制度创新,积极开展金融创新试点所取得的成果。

(一) 金融市场创新

此次发布的金融市场创新案例有8个,包括上海证券交易所成功发行首批300亿元地方政府债券;上海市财政局通过中央结算公司在

---

① 唐玮婕:《上海自贸区第七批金融创新案例发布》,《文汇报》,2017年1月11日。

自贸试验区面向境内外投资者首次发行30亿元人民币地方债，星展银行（中国）、汇丰银行（中国）和渣打银行（中国）等外资法人银行首次参与我国地方政府债券承销，境内外投资者踊跃认购；金砖国家新开发银行成功发行30亿元人民币绿色金融债券，成为首只由总部设在中国的国际金融机构发行的绿色金融债券；上海清算所推出自贸试验区债券柜台业务平台，中国银行上海市分行通过该平台与其非金融企业客户完成首笔自贸试验区柜台债券交易；上海保险交易所作为全国唯一的国家级、创新型保险要素交易平台，填补了国内保险要素市场的空白；2016年12月8日，上海票据交易所开业，这是中国人民银行推动筹建的全国性票据报价交易、托管登记、清算结算、信息查询和票据风险监测平台，也是中国人民银行实施货币政策和公开市场操作的重要金融基础设施；中国信托登记公司于2016年12月26日挂牌成立，这是原中国银监会批准设立并直接监管的全国唯一信托登记机构，将为完善规范信托产品交易市场，提高信托资产流动性发挥重要平台支撑作用；上海黄金交易所自主研发“易金通”移动互联网黄金交易系统。

（二）金融机构创新

在金融机构创新方面发布了1个案例，即首批“CEPA补充协议十”框架下合资券商申港证券与华菁证券成立。两家合资证券公司的设立有助于借鉴港资等公司股东在成熟资本市场流程管理、风险控制与股权激励等方面经验，更好地服务资本市场双向开放。

（三）自由贸易账户创新

自由贸易账户创新方面共有2个案例，包括建设银行上海市分行等金融机构为区外科技创新企业和海外引进人才开立自由贸易账户并办理相关业务，进一步拓展了自由贸易账户服务功能；浦发银行基于自由贸易账户本外币一体化功能，成功发行首单自由贸易账户外币理财产品。

（四）金融服务模式创新

在金融服务模式创新方面，此次发布了4个案例，分别是华夏银行上海自贸试验区分行为自贸试验区进口平行汽车，推出基于自由贸易账户的跨境金融及供应链融资综合配套金融服务方案，充分发挥金融支持自贸试验区商事制度改革的重要作用；上海航运保险协会在全国首推海事诉讼保全责任保险，该保险产品的推出有助于降低海事保全申请人的诉讼成本，提升海事司法执行效率；上海航运保险协会发布了上海航运保险指数(SMII)，帮助保险机构全面认识航运保险经营风险，为制定承保条件和科学厘定保险费率提供重要决策支持；上海在全国率先推出建筑工程质量潜在缺陷保险，并在浦东新区商品住宅和全市保障性住宅工程中进行实施，探索保险机制全面融入工程质量风险管理体系的新模式。

八、 第八批金融开放创新案例①

2017 年 10 月 12 日，上海自贸试验区金融工作协调推进小组办公室、上海市金融办、中国人民银行上海总部、上海银监局、上海证监局、上海保监局、上海市发展改革委和浦东新区政府(上海自贸试验区管委会)，共同举办了上海自贸试验区第八批金融创新案例发布会。本次金融创新案例，聚焦服务实体经济需求，选取了在促进“一带一路”的资金融通、支持上海科创中心建设、落实国家“精准扶贫”政策、深入推进上海国际金融中心建设等方面具有一定典型性与可借鉴性的金融创新案例，共发布四类 15 个。

(一) 自由贸易账户功能创新

在自由贸易账户功能创新方面，本次发布了 3 个案例。

首批全功能型跨境双向人民币资金池落地上海自贸试验区，工商银行上海市分行率先开展此项业务，为大润发集团成功搭建了全功能型跨境双向人民币资金池；花旗银行成功为香港艾兰得集团搭建全功

---

① 《中国(上海)自由贸易试验区第八批金融创新案例发布会召开》，上海市金融办网站，2018-10-07，http://sjr.sh.gov.cn/Category/Detail?informationid=150357。

能型跨境双向人民币资金池，这是首家境外跨国公司通过开设自由贸易非居民账户，实现了全球资金的统一调配和融通管理。

建设银行上海市分行、浦发银行上海分行等机构运用自由贸易账户跨境联动优势开展跨境飞机租赁融资服务，实现境内外资金的统筹管理。

中国银行上海市分行作为唯一中资联合牵头行和簿记行，与巴克莱、JP 摩根等 7 家外资银行组建国际银团，助力凯雷集团收购道达尔集团下属安美特集团股权，运用自由贸易账户为客户量身定制的双币种和币种转换选择权融资方案独具创新。

(二) 金融市场创新

在金融市场创新方面，发布了中国信托登记公司的信托登记系统上线运行、上海保险交易所创新模式开展普惠金融服务、上海期货交易所开展天然橡胶品种“保险＋期货”精准扶贫试点项目、上海清算所为首批“债券通”债券提供发行分销和登记托管服务、首家“一带一路”沿线国家(地区)及上合组织成员国企业在上海证券交易所成功发行熊猫债券，以及兴业银行上海分行主承销国内债券市场首单融资租赁绿色债 6 个案例。

中国信托登记公司的信托登记系统于《信托登记管理办法》生效当日上线运行，全面提供信托登记服务，提高了信托业市场透明度和规范化程度。

上海保险交易所开展普惠金融服务，创新“保交所＋公益＋保险”模式，变“孤立”扶贫为合作扶贫、精准扶贫，积极打造特殊风险分散平台，创新“保交所＋共同体”模式，成功开发地震巨灾保险运营系统，助力地震巨灾保险制度落地推广。

上海期货交易所开展天然橡胶品种“保险＋期货”精准扶贫试点项目，针对国家级贫困县的胶农，通过期货市场和金融衍生品工具，将天然橡胶价格波动风险转移给保险、期货等金融市场，规避了农产品价格风险，保障胶农经济收入，实现精准扶贫。

上海清算所为首批6只“债券通”债券提供发行、分销、登记、托管、结算、付息兑付、估值、信息披露等一体化服务,为境外投资人直接参与境内债券市场发行提供便利高效的服务,同时也促进了债务融资工具注册发行机制流程、信息披露制度以及基础设施建设等逐步与国际接轨,更好服务实体经济。

俄罗斯铝业于2017年初获得在上海证券交易所出具可发行100亿元熊猫债券的无异议函,成功首发2期共计15亿元熊猫债券,为首家“一带一路”沿线国家(地区)及上合组织成员国企业获准发行熊猫债券。

由兴业银行上海分行主承销的10亿元中电投融和融资租赁2017年度第一期非公开定向绿色债务融资工具成功发行,是国内债券市场首单融资租赁绿色债券,所募资金全部用于风力、水力、太阳能光伏发电等清洁能源类租赁项目。

(三) 金融机构创新

在金融机构创新方面,此次发布了2个案例。

上海科创中心股权投资基金管理公司正式揭牌成立。上海科创基金是根据上海市委、市政府的部署,由上海国际集团、上海国盛集团、上海信托、上海港务集团、张江高科等国有基石投资人共同发起设立的市场化母基金平台,目标管理规模为300亿元人民币,首期募资规模为65.2亿元人民币。聚焦处于初创期及成长期的子基金或科创企业,对科创重点产业进行广覆盖、深挖掘,产融结合。

中债金融估值中心成立。作为中央国债登记结算公司向全球金融市场提供人民币基准定价服务的重要平台,该平台承载着编制发布最权威的人民币利率基准曲线、债券估值和债券指数等人民币债券市场基准价格指标的职能,为利率市场化和人民币国际化等重大国家战略实施,为宏观财政政策和货币政策实施提供有力抓手。

(四) 保险业务创新

在保险业务创新方面,发布了4个案例。

上海创新医保个人账户资金购买商业健康保险产品和服务，为全国首创以行业统一的专属产品对接地方基本医保政策，上海保监局组织业内机构联合开发了两款“低保费、高保障”的商业保险专属产品，也是全国首创以网络平台对接医保系统，目前可通过国寿、太保、平安养老、新华、人保健康购买相关产品。

人保财险、平安产险、太平洋产险、太平财险、信达财险等12家保险公司积极与中国商用飞机公司合作，创新保险条款和服务机制，共同为C919大型客机提供试飞保险，为我国民用航空领域跨越发展保驾护航。

中国太保集团首创保险业内面向家庭人工智能保险顾问“阿尔法保险”数字化产品上线，为客户量身定制专业化的家庭保险规划建议，系内首款面向家庭的人工智能保险顾问。

中国出口信用保险上海分公司为我国在俄罗斯最大的非能源类投资项目提供海外投资保险，并配套出具见索即付、不可撤销的融资性保函，项目所在国为俄罗斯，通过承保项目所在国的政治风险，助推“一带一路”建设。

第四节

需要进一步探索的问题

上海自贸试验区紧紧围绕服务全国、面向世界的战略要求和上海国际金融中心建设的战略任务，积极当好金融改革创新的“破冰船”，金融开放创新取得了突破性成绩。这些成绩包括搭建了一个以简政放权、负面清单管理为核心的金融改革新框架，建立了一套适应新金融制度的事中事后管理系统——自由贸易账户系统，推进了资本项目可兑换、人民币资产市场开放、国际金融交易平台建设、外汇管理体制改革等核心金融改革，形成了一系列可复制、可推广的金融创新成果，上海自贸试验区有效发挥了全国金融改革“试验田”的作用,助力上海国际金融中心建设。当前上海自贸试验区建设进入了全面深化的新阶段。2017 年 7 月召开的全国金融工作会议进一步提出,要深化上海自贸试验区金融开放创新,增强证券、外汇市场功能,推动上海建成以人民币产品为主导、具有较强辐射能力的国际金融中心。这些都对上海自贸试验区的金融开放创新工作提出了新的更高要求。下一步,上海自贸试验区将认真贯彻落实中央决策部署和全国金融工作会议精神,始终坚持服务国家战略、服务全国金融发展大局,加强自贸试验区建设和国际金融中心建设联动,聚焦服务实体经济、防控金融风险、深化金融改革等重点任务,着力引导金融回归本源,更好地服务经济社会发展。

一、 进一步深化金融开放创新的方向

进一步深化上海自贸试验区金融领域开放创新,要努力做到“三个对标”。

(一) 对标国际最高标准最好水平

上海自贸试验区要对标建设开放度最高的自由贸易试验区和国际高标准经贸规则,进一步深化自贸试验区金融开放创新试点,不断提升金融服务投资贸易便利化水平。①

上海自贸试验区金融开放创新需借鉴国际上其他自由贸易区(港)的经验。香港、新加坡和迪拜是国际公认较为成功的自由贸易港,金融服务投资便利化水平较高。香港自由贸易港很特殊,整个香港特别行政区都是自由港。香港作为自由港要素齐全,商品、服务、资金、信息、人员流动相对自由。在金融方面,政府完全不干预外汇自由兑换,开办、经营金融企业相对自由,没有对外资银行施加的特殊限制,因此,吸引了大量金融机构进入香港。新加坡是亚洲最大的企业银行中心。拥有 500 多家提供商业和企业银行服务的金融机构。因新加坡的金融成

① 郑杨:《上海自贸区金融改革的维度》,《中国金融》,2017 年第 12 期。

本较低，许多贸易公司都将其金融与资产保管中心设在新加坡，以便为其全球子公司提供融资与借贷服务。风险管理是贸易公司不可或缺的职能，而新加坡是亚洲排名前三的外汇交易中心，因此商品贸易公司选择在新加坡开展业务能更有效地降低外汇风险。新加坡还拥有200多家各种类型的保险企业，它们提供了先进的风险管理解决方案，使新加坡成为亚洲主要的保险枢纽。①而迪拜自由贸易港的资本与利润可自由汇出，且不受任何限制，这充分保障了境外投资者在资金方面的安全性与便利性。

可见，上海自贸试验区作为我国先行先试高水平对外开放的一个重要突破口，目前距离香港、新加坡、迪拜等成功的自由贸易区（港）还有不小的差距，未来仍有很大的探索空间。

（二）对标上海国际金融中心建设目标

对标2020年基本建成国际金融中心的目标，上海自贸试验区需加快形成更为开放高效的金融市场体系，不断增强金融市场配置境内外资源的功能。

对于上海国际金融中心建设来说，上海自贸试验区建设是一个难得的、先行先试的重要机遇，即一些目前在面上推广有困难的金融开放创新事项，可以结合自贸试验区的制度创新任务先行试点。上海自贸试验区要着眼于促进投资贸易便利化进一步深化金融开放创新，加快形成更加开放高效的金融市场体系，加快推进面向国际的金融交易平台建设，重点集聚一批功能型、国际性金融机构及组织，提升上海金融市场的能级，增强上海资金、资产和资源价格在国际上的影响力。

（三）对标国家战略和金融开放创新总体部署

上海自贸试验区要对标国家战略和金融开放创新总体部署，更好地服务“一带一路”建设、长江经济带发展，大力推进人民币国际化，加

---

① 李晓渝：《新加坡：优质软硬环境带来活力》，《参考消息》，2018年4月16日第11版。

强自贸试验区与科技创新中心建设的联动，不断提升金融服务实体经济功能。

资金融通是“一带一路”建设的重要领域。上海自贸试验区金融开放创新要充分发挥自贸试验区的平台优势，主动服务“一带一路”建设，要在风险可控的前提下，积极推动金融领域开放创新，努力成为“一带一路”投融资中心。

上海自贸试验区金融开放创新支持长江经济带发展的着力点主要是金融制度创新的复制推广。比如，依托自由贸易账户，提供金融便利，使长江经济带企业降低融资成本，控制资本市场的风险，即长江经济带的企业能将上海自贸试验区作为跨境资金进出的一个工具，充分利用自由贸易账户所带来的便利。

进一步扩大跨境人民币使用，建设人民币国际化的全球服务中心。

在与科创中心建设战略联动方面，要大力支持科技金融在自贸试验区创新试点，着力完善科技金融服务体系。

专栏 6.4　开创金融服务科创中心建设的新格局

深化陆家嘴金融城和张江科学城双城联动。发挥小微增信基金政策效应，引导信贷资金重点向科创企业倾斜。加快建设企业上市培育基地，优化从股改到上市的服务链，鼓励企业在本市上市挂牌，扩大直接融资规模。引导金融服务资源聚焦张江科学城，构建全生命周期的科创企业金融服务体系。

推动浦东新区产业创新中心建设，设立产业创新中心发展专项资金，充分运用市场化手段，加强与园区开发主体、创投平台联动，促进科技成果按照“项目法人化”模式在新区范围落地转化。增强资本纽带功能，培育引领产业跨越发展的新动能。

优化科技金融产业布局，支持外资金融机构参与张江科学城建设，推动境外天使投资、创投等机构投资人利用合格境外有限合伙人

> 试点(QFLP)等政策投资科创企业。引导科技支行、科技保险等各类金融机构入驻张江科学城。鼓励金融机构通过信用等方式为科创企业提供各类创新产品和服务。
>
> ——摘自《中国(上海)自由贸易试验区关于扩大金融服务业对外开放进一步形成开发开放新优势的意见》

二、进一步深化金融开放创新的突破口

面对新的目标要求,上海自贸试验区将围绕以下三个方面,进一步深化金融开放创新,力争取得新的突破。

(一)进一步拓展人民币产品市场的广度和深度,加快人民币国际化步伐

充分利用自贸试验区平台,进一步拓展人民币产品市场的广度和深度,丰富人民币产品和工具,加快建设人民币全球支付清算体系和全球金融市场基础设施体系。

以资本项目可兑换为重点任务,进一步推进人民币国际化进程。例如,继续推进资本项目可兑换,完善外汇管理体制,使境内外企业与个人可以更加灵活地使用人民币,不断增强人民币作为计价、支付、交易、储备货币的功能,加快推进人民币国际化进程。

(二)进一步扩大金融市场对外开放

以金融服务业负面清单为抓手,进一步扩大对内对外开放水平。上海自贸试验区在国家有关部门的指导支持下,将更好地对接国际高标准经贸规则,探索金融服务业对外资实行准入前国民待遇加负面清单管理的模式,并进一步推动金融服务业对符合条件的民营资本和外资机构扩大开放。

支持在沪金融市场在自贸试验区内设立国际金融交易平台,或者开展国际金融交易业务,以提升上海金融市场的辐射力和国际影响力。

通过吸引一批具有国际竞争力与行业影响力的金融机构,吸引外

资金融机构将区域性乃至全球性总部设在上海,促进形成门类齐全、功能完善的金融机构体系,助力上海建设成为人民币全球业务中心和“一带一路”的投融资服务中心。

在风险可控的前提下,进一步开放高端服务业,发展离岸贸易、离岸金融等相关业务。支持外资企业在上海证券交易所主板上市,在债券市场融资;统筹交易所和银行间债券市场的发展,丰富债券市场的产品;保持“沪港通”、“债券通”、“北向通”的平稳运行,研究推进海外新经济企业回归A股、“沪伦通”等金融创新,进一步推进人民币区域化、国际化;发展以人民币计价的大宗商品市场,积极促进金融市场发展,提升融资便利性等。

(三) 进一步加强金融风险防范,完善金融安全网

以综合监管平台为载体,进一步加强金融风险防范。信息共享是监管协调的前提。目前,上海自贸试验区金融监管的信息沟通方面存在着信息技术特别是大数据运用不足,已有的可以借助的信息化监管平台还存在“信息孤岛”现象,市场监管局与中国人民银行、海关、检验检疫、税务、公安、司法等监管部门之间信息对接与数据共享还存在障碍,不同部门的信息平台存在着不同监管机构的“信息孤岛”现象。因此,有必要加强以系统集成方式推进自贸试验区金融综合监管信息化发展①。顺应金融业发展新趋势,在国家金融管理部门的指导下,基于现有金融监管框架,建立健全金融综合监管联席会议制度,更好地加强信息沟通和监管协调,并积极探索金融综合监管和功能监管。

上海自贸试验区进一步推进金融开放创新,还需精简行政审批项目,简化事前准入事项,加强事中事后分析评估和事后备案管理。

加强金融风险处置协作,守住不发生系统性、区域性金融风险底线,这始终是上海自贸试验区金融开放创新的前提。因此,需进一步完

① 全面深化上海自贸试验区制度创新研究系列课题组:《自贸试验区服务全面开放新格局》,《社会科学报》,2018年2月22日。

善金融安全网，对标国家经济金融战略原则，更好地形成金融风险防控与金融开放创新的良性互动。

参考文献

《中国（上海）自由贸易试验区总体方案》。

《进一步深化中国（上海）自由贸易试验区改革开放方案》。

《全面深化中国（上海）自由贸易试验区改革开放方案》。

《进一步推进中国（上海）自由贸易试验区金融开放创新试点　加快上海国际金融中心建设方案》。

中国（上海）自由贸易试验区门户网站，http://www.china-shftz.gov.cn/Homepage.aspx。

上海金融门户网站，http://sjr.sh.gov.cn/index.html。

第七章 自贸试验区建设的法治保障

本章提要

依法推进上海自贸试验区建设,是全面推进依法治国的生动实践,是改革创新、复制、推广的根本保证。《总体方案》的核心要义,是要求以完善立法为自贸试验区的建立和运作,以及改革措施的试验提供合法性支持。一是暂时调整和停止实施有关法律、行政法规和国务院文件等,解决法律冲突问题;二是及时出台试点措施,解决试点过程中的制度保障问题;三是出台地方性法规,建立试验区管理制度,确保试验区依法管理。从全国人大常委会和国务院出台决定、到上海市人大常委会出台决定,到《中国(上海)自由贸易试验区条例》的出台,一路走来,成果丰硕。同时,在自贸试验区运作的过程中,法律实施是另一个关键的法治问题。其中,行政执法和争议解决是两个重要的环节。一方面是政府监管改革和司法体制改革的需要,另一方面是企业国际化、法治化的营商环境诉求、权益保障诉求,共同构成了促进自贸试验区行政执法改进和争议解决机制升级的强大动力。上海自贸试验区建设中的行政执法创新和司法保障措施,立足长远,可圈可点。

上海自贸试验区的法治保障,既是试验成功的保证,同样也是试验的一部分。其核心是要解决两个问题:驱除法律障碍和助力制度创新。上海自贸试验区在投资、贸易、金融、政府职能转变等领域提出、试验、推广系列改革举措,是在社会主义法律体系已经基本形成的背景下进行的。在这个过程当中,相关法律制度缺失、滞后、不足等问题均可能引发改革与法治之间的“冲突”。而法治是改革成功与否的关键。只有在法治的轨道上推进改革，改革的各项目标才能得以实现。更为重要的是，制度创新是自贸试验区建设的核心，需要相应的立法支撑与保障。因此，在法治框架下进行改革创新，是自贸试验区建设的前提和路径。即依法推进自贸试验区建设，确保自贸试验区建设的合法性，最大限度凝聚改革共识，实现自贸试验区改革措施可复制、可推广的目标，并以此促进法治领域的各项改革。上海自贸试验区建立五年来，围绕制度创新、复制和推广的试验任务，在法治保障方面，从立法、执法到司法进行了很多探索，取得了卓越成效。这些探索与创新，对于如何在法治国家背景下依法有序推进改革，具有示范意义。

第一节

上海方案的基本要求

以法治引领、促进、规范、保障全面深化改革，是党的十八届三中全会和四中全会《决定》的要求。上海自贸试验区的建立，是党中央、国务院的重大改革决策，必须在法治框架内进行。以完善立法为自贸试验区的建立和运作提供保障，为改革措施的试验提供立法支持，并确保各项规则得到依循和执行，从而实现自贸试验区的总体目标，这正是《总体方案》的核心要义。

一、 目标定位

法治化是自贸试验区建设的重要目标、基本途径和手段。法治化意味着在自贸试验区创设新规则，率先建立符合国际化和法治化要求的跨境投资和贸易规则体系；形成规则治理模式，着力培育国际化和法治化的营商环境，让上海自贸试验区成为规则执行的典范。

(一) 创设新规则：率先建立同国际投资和贸易通行规则相衔接的制度体系

自贸试验区建设法治保障的首要任务，是创设新规则，即在全国范围内率先建立符合国际化和法治化要求的跨境投资和贸易规则体系。当前，在TPP、TTIP和TISA等自由贸易谈判的推动下，国际贸易投资规则体系面临重塑，推行更高标准贸易自由化，更加强调服务贸易自由化，积极推进投资自由化。建设上海自贸试验区，就是要放弃已经习惯的旧做法，主动探索尚不熟悉、尚不习惯甚至有风险的举措，对接国际经贸新规则新标准，按照先行先试、风险可控、分步推进、逐步完善的要求，形成一整套与国际通行规则相衔接，在全国可复制、可推广的基本制度框架，积累新形势下参与双边、多边、区域合作经验，实现从适应、接轨国际规则到参与国际规则制定的目标。

创设新规则，意味着对旧规则的扬弃。全球规则谈判已经从贸易谈判为主转向贸易与投资并重、更加注重投资规则的谈判，WTO的多边贸易体制在很大程度上已经不适应经济全球化发展的新趋势。在投资规则越来越重要之际，关注的重点将不只是贸易自由，还有投资的国民待遇。过去惯用的以优惠政策来招商引资的这套做法，现在已经被视为不公平竞争；过去的营商标准是我们单方面的标准，现在要求接轨国际高标准；过去政府为了自身工作的便利，创设出许多法律法规，从而使人们无法在相关的维度空间开展分工合作，提升自身和社会的福利。而修改完善相关法律法规则可以形成新的制度竞争力，带来新的制度红利。

(二) 以规则治理：着力培育法治化和国际化的营商环境

市场经济条件下，企业的生产经营活动的基本要求，是经营的合规性。即企业应当遵守经营地的法律法规和政策。这些法规政策及其执行，是企业营商环境的重要部分。国际化和法治化的营商环境，意味着企业经营相关政策法规及其执行的国际化和法治化，具体表现为：各类投资者平等准入平等保护；企业经营规则公正、透明、开放、宽松；政府与市场关系、政府与企业关系规范，市场公平竞争等诸多方面。世界银行的《营商环境报告》，比较了全球 185 个经济体为中小企业提供的监管环境，其中包含开办企业、获得贷款、支付税收，以及保护投资者等十大主题，中国在开办企业方面，2013 年的排名在第 151 位，①经过四年的努力，在世界银行 2017 年的报告中排名是 93 位，上升了 58 位。②

从法治保障的角度来看，上海自贸试验区培育国际化和法治化的营商环境，首先是形成规则治理模式。所谓规则治理，强调的是运用制度规则处理政府市场关系、政府企业关系、企业与企业之间的关系。在经济领域，政策治理作为一种传统管理方式发挥着惯性作用。政策治理的特征是靠会议、靠文件、靠领导讲话、靠行政动员进行市场调节和监管，其主要问题是不稳定、难持续，临时性和短视性。外国投资者经常抱怨我国规则易变，每年驻沪总领事馆出版的商务报告都要批评政策多变，而且变了没有及时公开。③而规则治理的优势，是公开、稳定、广泛适用和可预期。发达国家在对外投资管理方面多以制定法规为主，很少涉及行政审批，完善的法律制度成为企业对外投资安全、有序的必要保证。比如美国的自贸区是根据《对外贸易区法案》(《Foreign Trade Zones Act of 1934》)建立的，对自贸区内企业的设立、生产和经营做了规定，而优惠的税收也以立法的形式确定④，以制度化优惠代替政策性优惠。

其次，治理规则的制定及其执行，应当符合国际化和法治化的要求。我国过去长期采用“除非法律允许的否则就是禁止的”模式，实际上将法律上“沉默”的部分也纳入到禁止部分或地位不确定部分。⑤而自

① 孙玉敏:《自由贸易试验区试什么？——专访上海国际贸易战略研究院副院长沈玉良》,《上海国资》,2013 年第 9 期。

② 数据参阅 http://chinese.doingbusiness.org,《世界银行 2018 全球营商环境报告》,该报告数据收集截止于 2017 年 6 月 1 日。

③ 刘华:《从法治思维角度谈创新社会管理》,《上海法学研究》,2012 年第 5 期。

④ 晏玲菊:《上海自贸区建设的国际经验借鉴》,《时代金融》,2014 年第 2 期。

⑤ 《中国自贸区释放新型制度红利》,《经济参考报》,2013 年 12 月 17 日。

贸试验区采用的负面清单管理模式，则从市场主体“法无禁止即可为”的法理出发，要求政府必须事先周密考虑好哪些属于“禁止(或例外)”之列，并且必须事先公开告知。这在一定程度上制约了政府滥用“自由裁量权”的空间，在客观上可以限制权力寻租，提高企业的办事效率和获得市场的机会。①另外，既要“放得开”，还要“管得住”，有效防范风险。各项改革措施的推出和落实，在风险可控的前提下予以推进。

(三) 规则执行典范：力争建设成为法制环境规范的自由贸易试验区

从国际经验来看，发展良好的自由贸易区，都得益于其背后良好的法制环境，上海自贸试验区建设，先把制度给建立起来，然后还需强调执法、司法、守法和法律监督，这是形成良好法制环境的五个重要方面。

各级政府依法行政，成为规则遵守和执行的典范，是上海自贸试验区有效运行的基础。依法行政，要求行政机关必须根据法律的规定设立，并依法取得和行使其行政权力，对其行政行为的后果承担相应的责任。上海自贸试验区管理委员会以及其他驻区机构依法设立，依法取得和行使行政权力，并对其行政行为的后果承担相应的法律责任。国务院及其部委、上海市政府依法、有序推动自贸试验区改革措施的出台和落实。

政府治理公开透明。上海市制定有关自贸试验区的地方性法规、政府规章、规范性文件，建立起草过程的公众参与制度。主动公开草案内容，公开接受公众评论，征求社会意见，通过后及时公开、规定实施准备期、负责解读和说明。自贸试验区有关政策措施、制度规范在制定和调整过程中，主动征求自贸试验区内企业意见。建立自贸试验区信息发布机制，通过新闻发布会、信息通报例会或者书面发布等形式，及时发布自贸试验区相关信息。上海自贸试验区管委会和有关部门在履职过程中制作或者获取的政策内容、管理规定、办事程序及规则等信息公

---

① 《中国自贸区释放新型制度红利》,《经济参考报》,2013 年 12 月 17 日。

开透明、方便企业查询。上海自贸试验区管委会收集国家和上海市关于自贸试验区的法律、法规、规章、政策、办事程序等信息，在上海自贸试验区门户网站上公布。

政府依法监管市场，企业依照完整的法律法规自律约束。这是国际上自贸区的重要经验。比如，中国香港、新加坡等自由港城市将高效的监管程序与保护财产及投资者权益的强有力法律制度结合起来，对本土和外资企业注册后的运营监管“一视同仁”，通过制定并不断修订完善公司法、知识产权、劳工就业、环境监管、外汇管理、银行监管、审计会计、税务管理等方面的法律法规，从而实现企业营运的有效监管；美国、德国等发达市场经济体并没有专门机构统一对外国直接投资行为进行限制、禁止等行政性指导，主要通过外资并购法、反垄断法、贸易法、行业性法规等立法手段，对外资进行监管。

各类市场主体合法权益得到行政和司法的保护。自贸试验区内各类市场主体的平等地位和发展权利，受法律保护。区内各类市场主体在监管、税收和政府采购等方面享有公平待遇。自贸试验区内投资者合法拥有的企业、股权、知识产权、利润以及其他财产和商业利益，受法律保护。创新知识产权快速维权工作机制，完善知识产权行政保护与司法保护衔接，降低维权成本，提高侵权代价，充分保护知识产权权利人的合法权益。自贸试验区内劳动者平等就业、选择职业、取得劳动报酬、休息休假、获得劳动安全卫生保护、接受职业技能培训、享受社会保险和福利等权利，受法律保护。各主体之间的争议和纠纷得到及时有效的解决。

二、 主要任务和基本思路

完善法制领域的制度保障，是自贸试验区建设的主要任务之一。其直接目标，是加快形成符合法治化、国际化、便利化的高标准投资和贸易规则体系。着重解决四个问题，第一，涉及法律法规调整的改革事项，暂时调整和停止实施有关法律、行政法规和国务院文件等，做好与相关法律立改废释的衔接,解决法律冲突问题;第二,及时出台实施细则或办法等试点措施,解决试点过程中的制度保障问题,加强指导和服务;第三,出台地方性法规,建立试验区管理制度,确保试验区依法管理。第四,共同推进相关体制机制创新,加强监管、防控风险。

专栏 7.1　完善法制领域的制度保障

完善法制保障。加快形成符合试验区发展需要的高标准投资和贸易规则体系。针对试点内容,需要停止实施有关行政法规和国务院文件的部分规定的,按规定程序办理。其中,经全国人民代表大会常务委员会授权,暂时调整《中华人民共和国外资企业法》、《中华人民共和国中外合资经营企业法》和《中华人民共和国中外合作经营企业法》规定的有关行政审批,自 2013 年 10 月 1 日起在三年内试行。各部门要支持试验区在服务业扩大开放、实施准入前国民待遇和负面清单管理模式等方面深化改革试点,及时解决试点过程中的制度保障问题。上海市要通过地方立法,建立与试点要求相适应的试验区管理制度。

——《中国(上海)自由贸易试验区总体方案》

(一) 以立法保障自贸试验区各项改革有序推进

法律制度对自贸试验区的发展,能够发挥其特有的引导、规范、促进、保障等作用。依法设立自由贸易区并赋予一定的立法权也是国际通行做法。

立法的支持有助于营建法治化的营商环境,引导自贸试验区发展的走向。公平竞争是市场经济的本质所在,是市场赖以发挥作用的基础。因而,必须用法律维护公平竞争,反对和禁止不正当竞争。①通过立法的引导,自贸试验区内外的社会关系主体将会知道自身和其他主体可以从事哪些行为、不可以从事哪些行为,知道法律将会鼓励在自贸试验区从事哪些活动,进而形成稳定的行为预期。

---

① 陈俊:《我国自贸区发展中的立法保障探讨》,《甘肃政法学院学报》,2016 年第 2 期。

同时，立法的支持可以规范自贸试验区发展面临的各种社会关系，有序推动自贸试验区的发展。上海自贸试验区从起步开始，就遇到了我国其他区域尚未遇到的新型社会关系和经济新业态。例如，在服务贸易、金融领域的扩大开放中，将会面临一些新问题，对政府管理提出了很高的要求。立法对自贸试验区运作中诸多社会关系和新型经济活动的调整，主要通过权利义务的设定和运行来实现，能够比较容易地规范自贸试验区发展中的一系列社会关系和各种行为。这是其他调整手段所难以做到的。

立法保障措施的基本思路，是在坚持社会主义法制统一原则的基础上，充分运用现有的立法体制，建立中央、地方两个层面的立法平台，通过授权、暂时调整或停止实施、修改法律法规等方法，为自贸试验区建设提供合法性支持。

1. 坚持社会主义法制统一

社会主义法制统一是我国《宪法》的一项重要原则。我国《宪法》规定，"国家维护社会主义法制的统一和尊严"。按照社会主义法制统一的原则，维护了国家法制的统一，又赋予了地方充分的空间，激发了地方的立法活力，鼓励地方通过"先试先行"不断深化改革，并在适当的时候将成熟的地方经验上升为国家法律。

自贸试验区先行先试对于遵循法制统一原则的运用有特殊要求。纵览国务院印发的《总体方案》，自贸试验区先行先试的内容涉及税收、海关、金融、外资、外贸等国家事权。从立法角度来看，这些试点事项涉及国家经济制度，属于《中华人民共和国立法法》第 8 条列举的中央专属立法权限，而国家现行法律、行政法规对上述领域也均有规定。自贸试验区要实现制度创新、先行先试，为全国的新一轮改革开放探索新路，就必须依法暂时调整在自贸试验区实施现有的法律和行政法规，以符合法制统一原则的要求。

2. 中央、地方立法平台联动

目前，经过中央和上海的努力，上海自贸试验区的运行，初步具备了有法可依的平台保障。配合上海自贸试验区“国家行为、地方实施”的建设模式，建立了中央、地方两个层面的立法平台保障。即中央层面全国人大常委会暂时调整三部法律中关于外商投资相关行政审批的实施，国务院暂时调整行政法规、国务院文件、部门规章的实施；国务院及其各部委出台规章性文件、规范性文件等支持自贸试验区各项改革；地方层面上海市人大暂时调整、停止实施相关地方性法规，上海市政府暂时调整、停止实施相关规章，并在地方层面出台地方性法规、规章、规范性文件等支持自贸试验区各项改革。

(二) 以政府权力运行法治化助力自贸试验区制度创新

所谓政府权力运行的法治化，是指政府的权力运行的规范有序。其核心，是以行政组织规范和行政程序规范，实现机构、职能、权限、程序、责任的法定化，实现政府职能的依法全面履行。“注重规则”一直是上海这个超大型城市一个显著的特质，也是这座城市发展最重要的软实力。①随着全面推进依法治国方略的确立，全面深化改革进程的推进，政府法治化运作既是经济社会发展的保障，更是改革和发展的重点。上海以政府权力运行法治化为自贸试验区的制度创新奠定了制度基础，提供了良好的制度环境。

1. 行政权力标准化建设

以标准化建设推进行政权力的规范化，上海已经取得了一些经验。2013年起，上海市开始推行行政审批标准化建设②，发布行政审批目录，到2014年基本完成市政府部门行政审批业务手册和办事指南编制工作。2015年，提出以标准化规范行政服务全过程。通过采取实施目录管理、编制业务手册、公开办事指南、推进行政权力运行电子化、信息化、共享行政权力数据、开展实时监督检查等措施，确保行政权力标准

---

① 陈保中、王维达：《上海法治政府建设的实践探索》，国家行政学院出版社2014年版，序言。

② 《沪行政审批年内标准化　事业性收费取消一半以上》，中国网，2013年7月28日，http://finance.china.com.cn/news/dfjj/20130728/1676631.shtml。

化管理真正落到实处。

2. 行政决策权的运行机制建设

2017 年《上海市重大行政决策程序暂行规定》的正式施行，使得行政决策权的运行机制建设有了制度支撑，进入了新的发展阶段。上海市注重完善公众参与行政决策的制度安排，落实行政机关重大决策合法性审查机制，重视发挥各类智库的作用，探索建立重大决策终身责任追究制度及责任倒查机制，提高重大行政决策的科学化、民主化和法治化水平。

3. 行政执法权的运行机制建设

行政执法权运行机制建设的重点，一是有助于提升行政执法的规范度，二是有助于提升行政执法的执行力，三是实现从控制到管理与服务相结合的理念转变，四是实现工作重心从注重事先审批到注重事中事后的转变。上海市完善行政执法权的运行机制，强化事中事后监管，优化行政处罚、行政强制等行政执法权力配置，探索多元执法方式，引入社会参与式治理以弥补行政执法力量的不足，各项制度与机制的创新与自贸试验区执法体制机制创新携手同行。

4. 实现行政复议和行政诉讼监督与维权的双重功能

上海深化法院和复议机构改革，完善复议和诉讼的程序设计，规制相对人权利滥用，不断提升保障权利、监督行政和化解与预防纠纷的能力。近年来，上海在司法改革中对行政诉讼的案件受理、审理、执行等机制已做了大幅的改革，将维护人民法院依法独立行使审判权，确保其裁判的终局性、权威性，定位为当前法院改革和发展面临的重要任务。上海探索复议委员会与复议机关的关系、复议委员会的构成、复议委员会的审理机制、复议委员会决定的法律效力以及组织保障、经费保障和法律保障等方面，取得了较好成效。

5. 建立完善制约和协调机制

实现决策权、执行权、监督权相互制约又相互协调，必须建立相应的制约机制和协调机制。制约机制的基础是部门间职权的分离，并在此基础上相互制约。协调机制的基础是部门间基于分工的职能分离，并在此基础上进行跨部门的合作与协同，预防各自为政和部门主义倾向，提升政府效能。上海建立行政协助制度，健全行政争议协调制度，为政府间以及政府机构间的合作提供了制度支持。

(三) 以司法保障服务自贸试验区建设

立法的调整与制度的创新，必将对司法领域带来重大影响。上海自贸试验区设立后，自贸试验区内企业的经营形态、交易方式丰富各异，各种新型的金融、贸易纠纷也不断出现。随着自贸试验区建设的深入推进，进入司法领域的涉外案件将持续增长，审理难度也将会进一步增大。资本和市场的创新冲动以及司法实践，倒逼着司法促进和维护制度创新。

法院既要依法积极行使国际司法管辖权，准确适用法律、国际公约、条约和国际商事交易惯例，平等保护中外当事人权益，又要通过依法、公正、高效的审判促进自贸试验区法治化水平提升，推进国家治理体系和国家治理能力现代化，努力为自贸试验区建设实现国际化和法治化的目标提供有力的司法服务和保障。

上海市高级人民法院研究制订了《上海法院服务保障中国(上海)自由贸易试验区建设的意见》(以下简称《意见》)，加强服务保障自贸试验区建设的系统统筹指导。《意见》的主要内容包括三个层面，即在宏观层面上，回应自贸试验区改革任务目标实现的司法需求，在中观层面上结合司法体制改革任务积累司法保障改革开放的经验，在微观层面上充分发挥法院的审判职能，维权解纷，为自贸试验区建设提供司法服务。

2016年，最高人民法院在历时3年专题调研的基础上，经过多次实地考察、征求专家意见和各地法院意见后，适时总结审判经验，于上海自贸试验区运行3周年之际颁布了《关于为自由贸易区建设提供司法保障的意见》(以下简称《最高法意见》)，深刻诠释了人民法院为自贸试验区建设提供司法保障的重大职责。其对审判工作提出了以下意见：

1. 依法保障自贸试验区建设的制度创新

《最高法意见》要求各级人民法院应探索为自贸试验区提供司法保障的改革举措，同时，要确保这些改革举措的探索在法律框架内进行。在准确适用法律的基础上，注重及时调整裁判尺度，积极支持政府职能转变，尊重合同当事人的意思自治，维护交易安全。在自贸试验区进行的政府职能转变、投资领域开放、贸易发展方式转变、金融领域开放创新、完善法治保障等各项工作中，各级人民法院要结合自身的司法实践，积极配合各项改革措施的实施，主动完善工作机制，创新工作方法，为营造公正、公开、透明的法治环境和法治化、国际化、便利化的营商环境作出积极贡献。

2. 充分发挥审判职能作用

《最高法意见》要求各级法院积极行使刑事、民事、知识产权、海事、行政等全方位审判职能，维护自贸试验区社会稳定及市场秩序，依法保护当事人民事权益，保护生态环境。鼓励自主创新，提高侵权成本。鼓励以知识产权为标的的投资行为，推动商业模式创新，简化维权程序，提升维权质效。支持自贸试验区航运服务业开放、提升国际航运服务能级和增强国际航运服务功能。支持和监督政府在自贸试验区依法行政。同时，对在案件审理过程中发现的与自贸试验区市场规则有关的制度缺陷及行政行为不规范等问题，人民法院应及时向行政管理部门反馈意见，或者提出司法建议，促进自贸试验区法治建设的完善。

3. 依法支持自贸试验区企业探索新的经营模式

《最高法意见》要求各级法院鼓励自贸试验区内融资租赁业的创新发展，积极支持自贸试验区内的融资租赁企业在核准的经营范围内依法开展融资业务。支持自贸试验区发展跨境电子商务服务。比如，合理认定消费者与跨境电商企业之间的合同性质。合同约定消费者个人承担关税和邮寄风险的，可认定消费者和跨境电商企业之间成立委托合同关系。电商企业批量进口、分批销售，消费者主张其与电商企业之间成立买卖合同关系的，人民法院应予支持。

4. 探索审判程序的改革与创新

《最高法意见》要求各级法院注重研究自贸试验区特点，支持自贸试验区运用仲裁、调解等多元化纠纷解决机制，进一步探索和完善诉讼与非诉讼相衔接的矛盾纠纷解决机制，探索审判程序的改革创新。建立合理的外国法查明机制。在审理涉自贸试验区案件中，加强前瞻性研究工作，及时总结可复制经验。

第二节

法治保障的主要措施

上海自贸试验区建设五年来，全国人大及其常委会、国务院及其部委，上海市人大及其常委会、上海市政府及其委办局，上海各级人民法院等，陆续出台了涉及立法、执法、司法等各领域的法治保障措施，依法建立、运作自贸试验区，审慎、有序出台各项具体改革措施，关注区内法律实施的统一和有效，建立纠纷解决机制以平等保护各方当事人合法权益。

一、依法确立自贸试验区管理的组织基础和权责边界

依法设立和运作自由贸易试验区，明确规定自贸试验区的区域性质和法律地位，为政府职能转变提供组织机构基础和法定权责边界，以法律保障自贸试验区的有序运转，是上海自贸试验区建设的核心制度安排之一。

(一) 依法设立自贸试验区

上海自贸试验区由国务院批准设立，其建立的法律依据是《国务院关于印发中国(上海)自由贸易试验区总体方案的通知》(国发〔2013〕38号)，该《通知》附有《中国(上海)自由贸易试验区总体方案》。《总体方

案》由国家商务部和上海市成立联合工作小组，会同国家发改委、财政部、中国人民银行、海关总署、国家质检总局、中国银监会等 20 多个部门，经过深入研究、充分论证拟定，并经国务院常务会议讨论通过，以国务院名义颁发，明确了上海自贸试验区建设的目标、任务和措施等，是自贸试验区建设的基本法律文件。

2015 年 4 月，国务院作出决策，批准设立广东、天津、福建 3 个自由贸易试验区并同意上海自贸试验区扩容，2017 年又批准新设了 7 个自贸试验区，其设立和扩容也仍然遵循了上述的程序和方式。

（二）依法建立自贸试验区管理制度

《总体方案》明确提出，上海市要通过地方立法，建立与试点要求相适应的自贸试验区管理制度。中央赋予了上海市在自贸试验区先行先试方面的主体责任，自贸试验区的管理办法等一系列制度规范由上海市制定。在全国人大常委会、国务院未明确授权的情况下，既要解放思想、大胆探索，又要严格遵循法制统一原则，不僭越立法权限，这对地方立法者来说，不啻是一场严峻的考验。①由于制定地方性法规的周期较长，上海确定了“先制定规章作为过渡，后制定地方性法规”的工作方案。

在上海自贸试验区挂牌的当天，上海市政府公布了《中国（上海）自由贸易试验区管理办法》（2013 市政府令第 7 号）②，为确保自贸试验区的顺利运行提供了必要的法制保障，并为制定相关的地方性法规奠定基础。

随后，相关部门就开始着手起草《中国（上海）自由贸易试验区条例》（以下简称《条例》）。《条例》制定目的：一是根据上海自贸试验区的定位和特点，建立一个涵盖管理体制、投资贸易、金融税收、综合监管等方面总体的制度，可以说是自贸试验区的“基本法”；二是按照国家要求

---

① 丁伟：《中国（上海）自由贸易试验区法制保障的探索与实践》，《法学》，2013 年第 11 期。

② 2015 年 3 月上海市政府发布 27 号令废止《管理办法》，自 2015 年 4 月 1 日起生效。

以制度创新为核心,尽快形成一批可复制、可推广的新制度,通过立法进一步予以确认和完善。

2014 年 7 月 25 日,《条例》经上海市十四届人大常委会十四次会议表决通过。这是除《总体方案》等国务院文件以外,自贸试验区建设和改革推进的最重要和最基本的法律文件。2018 年上海市人大常委会将《条例》修订列入了年度立法计划。《条例》修改将充分借鉴世行营商环境评估的指标体系,对自贸区营商环境建设的相关环节进行流程再造,进一步提升本市营商环境综合竞争力。《条例》修改将对标国际经贸新规则,继续推动对外开放压力测试,进一步形成试点经验。

(三) 依法建立自贸试验区行政管理体制

上海自贸试验区是经过国务院同意建立的特别区域,建立相应的行政管理体制,既是实现自贸试验区主要功能的需要,也是打造提升政府治理能力先行区的需要。

1. 上海市政府的管理职责

《总体方案》由上海市政府负责组织实施,国务院主要负责统筹领导和协调试验区推进工作,国务院各部门要做好协调配合、指导评估等工作。因此,上海市政府承担自贸试验区的具体管理工作,完善工作机制,落实工作责任,先行先试,创新机制,积累经验。涉及重大问题,及时向国务院请示报告。

《条例》第 7 条对上海市人民政府的组织实施职责作了具体说明:上海市人民政府在国务院领导和国家有关部门指导、支持下,根据《总体方案》明确的目标定位和先行先试任务,组织实施改革试点工作,依法制定与自贸试验区建设、管理有关的规章和政策措施。上海市建立自贸试验区建设协调机制,推进改革试点工作,组织有关部门制定、落实阶段性目标和各项措施。

2. 自贸试验区管委会的法律地位

根据《条例》规定,中国(上海)自由贸易试验区管理委员会(以下简称"管委会")是市政府的派出机构。自贸试验区设置目的是为了探索出一套与改革开放进程相适应的、以市场为主导的发展模式。①为了提高经济运行的效率，管委会保持相当程度的独立性。

2015 年上海自贸试验区扩容以后，管委会与浦东新区人民政府合署办公，承担统一管理自贸试验区各功能区域，推进浦东新区落实自贸试验区改革试点任务的主体责任。在片区层面，设置 5 个区域管理局，分别为保税区管理局、陆家嘴管理局、金桥管理局、张江管理局、世博管理局。保税区管理局负责管理保税区域(28.78 平方公里)的行政事务，作为市政府派出机构，委托浦东新区政府管理。

3. 自贸试验区管理机构及其职责分工

《条例》第 8 条规定，管委会具体落实自贸试验区改革试点任务，统筹管理和协调自贸试验区有关行政事务，依照《条例》规定履行七项职责，包括负责、领导、协调、实施、发布、服务等多个方面，比如，负责自贸试验区内投资、贸易、金融服务、规划国土、建设、交通、绿化市容、环境保护、人力资源、知识产权、统计、房屋、民防、水务、市政等有关行政管理工作，领导工商、质监、税务、公安等部门在区内的行政管理工作；协调金融、海关、检验检疫、海事、边检等部门在区内的行政管理工作。

另外，《条例》第 9 条规定，海关、检验检疫、海事、工商、质检、税务、公安等部门设立自贸试验区工作机构，依法履行有关行政管理职责。自贸试验区的其他行政事务，根据第 9 条的规定，市人民政府其他有关部门和浦东新区人民政府按照各自职责，支持管委会的各项工作，承担自贸试验区其他行政事务。

总体来说，自贸试验区在行政管理体制方面还是延续了“特殊区域”行政管理体制的原有思路，秉持“小政府、高效率”的原则，设立行政性的派出机构，负责改革措施的执行与协调等工作。其主要的创新，是根据职能和权责对内设机构进行了精简与调整，并将一些内设处室改

① 王丽英：《论中国(上海)自由贸易试验区管委会的法律地位》，《海关与经贸研究》，2015 年第 12 期。

革为可以独立对外开展业务的“局”。在扩区以后,也以合署办公的形式,最大程度避免职能交叉、多头管理,制度创新的设计、协调和执行融为一体,改革协同性大幅提升。

二、以立法保障自贸试验区各项改革有序推进

以立法保障上海自贸试验区各项改革任务,为改革措施的细化、实施、总结、复制、推广提供了充分的合法性支持,让“重大改革依法有序进行”。

(一) 现行法律、法规、规章的暂时调整实施

根据《总体方案》规定,针对试点内容,涉及相关法律、行政法规、国务院文件、地方性法规、部门规章和地方规章等部分法律条文的暂时调整实施。全国人大、国务院等机关及时完成了相关工作,有力推进了自贸试验区的建设进程。这类似于法律规范的“负面清单”,明确列举所有的不在上海自贸试验区适用的法律法规,而未明确列举的,则应当在上海自贸试验区内适用。

1. 法律的暂时调整

《总体方案》规定,经全国人民代表大会常务委员会授权,暂时调整《外资企业法》、《中外合资经营企业法》、《中外合作经营企业法》规定的有关行政审批,自 2013 年 10 月 1 日起在三年内试行。该项立法授权决定在第十二届全国人民代表大会常务委员会第四次会议上获得通过。根据决定,自贸试验区对外商投资准入特别管理措施列表(负面清单)之外的领域,将外商投资企业合同审批改为备案管理。企业设立审批等 11 项行政审批,改为备案管理。2015 年 4 月 20 日国务院印发的《进一步深化中国(上海)自贸试验区改革开放方案》(以下简称《深化方案》)在这三部法律的基础上增加了《中华人民共和国台湾同胞投资保护法》。

全国人大常委会使用“暂时调整”这个表述,实质上是法律适用的授权,不是法律制定的授权。这体现了全国人大常委会在维护法制统

一原则的前提下，在上海自贸试验区尚处于刚刚启动的阶段，对于法律制度调整、修改的审慎态度。同时，这也是成本最低、共识度高、迅速有效的做法。这一做法在2015年全国两会时，正式写入了《立法法》。

2. 行政法规以及国务院文件的暂时调整实施

《总体方案》要求，针对试点内容，需要停止实施有关行政法规和国务院文件的部分规定的，按照规定程序办理。

2013年12月21日，国务院发布《国务院关于在中国（上海）自由贸易试验区内暂时调整有关行政法规和国务院文件规定的行政审批或者准入特别管理措施的决定》（国发〔2013〕51号），要求在中国（上海）自由贸易试验区内暂时调整部分行政法规和国务院文件规定的行政审批或者准入特别管理措施，主要包括两个方面共32项调整：一是改革外商投资管理模式；二是扩大服务业开放。

根据自贸试验区发展的需要，2014年9月28日，国务院又发布了《国务院关于在中国（上海）自由贸易试验区内暂时调整实施有关行政法规和经国务院批准的部门规章规定的准入特别管理措施的决定》（国发〔2014〕38号），决定在试验区内暂时调整实施《中华人民共和国国际海运条例》等行政法规和部门规章规定的有关资质要求、股比限制、经营范围等准入特别管理措施共计27项。随着自贸试验区的扩容和发展，调整实施的行政法规、国务院文件和经国务院批准的部门规章的有关规定，还在进一步拓展。

自贸试验区扩展区域涉及上述有关行政法规、国务院文件和经国务院批准的部门规章的部分规定的，按规定程序办理；自贸试验区需要暂时调整实施其他有关行政法规、国务院文件和经国务院批准的部门规章的部分规定的，按规定程序办理。

3. 上海市地方性法规的暂时调整实施

针对上海市地方性法规中可能与法律、行政法规暂时调整以及《总体方案》不一致的地方，上海市人大常委会出台《关于在中国（上海）自由贸易试验区暂时调整实施本市有关地方性法规规定的决定》（2013年

9月26日上海市第十四届人民代表大会常务委员会第八次会议通过)，从2013年10月1日起施行。该《决定》的主要内容是调整或者停止实施有关的上海市地方性法规。

这意味着，地方性法规为自贸试验区“让路”，一是对接国家层面法制保障，保持国家法制统一；二是依法推进自贸试验区建设先行先试，及时理顺上海市政府规章与地方性法规的关系，依法支持相关政府规章顺利出台实施。这有望一揽子解决自贸试验区先行先试过程中现在存在的及未来三年内可能出现的上海市地方性法规的规定与法律、行政法规、部委规章的规定相冲突的法律问题。

另外，关于行政规章和规范性文件的暂时调整问题，国务院要求国务院有关部门、上海市人民政府要根据法律、行政法规和国务院文件调整情况，及时对本部门、本市制定的规章和规范性文件作相应调整，建立与试点要求相适应的管理制度。

(二) 国务院各部委对改革试点的制度保障

上海自贸试验区率先实施准入前国民待遇和负面清单管理等新做法，必然要求逐步建立与之相适应和配套的法律制度。《总体方案》对国务院各部委提出了以制度保障支持自贸试验区改革试点的要求：各部门要支持自贸区在服务业扩大开放、实施准入前国民待遇和负面清单管理模式等方面深化改革试点，及时解决试点过程中的制度保障问题。国务院各部委对试点的制度保障，主要有以下几种做法：

1. 各部委在各自的职权范围内，出台具体的改革措施

改革措施以《总体方案》为依据，国务院各部委与上海市政府共同研究论证，经国务院同意后发布。比如就自贸试验区内银行业监管有关问题，原中国银监会制定《中国银监会关于中国(上海)自由贸易试验区银行业监管有关问题的通知》(银监发〔2013〕40号)，共八条意见，简称“银八条”，以探索构成自贸试验区金融改革思路的基本框架。在此基础上，陆续制定并出台具体的实施细则。

2. 各部委协调合作，指导上海市及时出台改革措施

国务院各部委以职权为依据，围绕《总体方案》要求，为上海市提供政策、业务等指导，共同推动上海市出台相关改革措施。比如，2013 版“负面清单”的制定。国家发改委和商务部对于“负面清单”的制定，给予了极大的支持，各个部委也提供了非常好的意见。

2015 年 2 月，国务院批复同意建立国务院自由贸易试验区工作部际联席会议制度，统筹协调全国自由贸易试验区试点工作。对全国自由贸易试验区深化改革试点工作进行宏观指导，协调解决自由贸易试验区改革试验中遇到的重大问题；及时评估、总结自由贸易试验区改革试点经验，提出复制推广意见和建议。

3. 各部委及时调整并执行相关监管措施

上海自贸试验区运行中，涉及国家事权的部分，需要国务院各部委调整管理和监管制度。如依据《总体方案》的要求，推动海关特殊监管区域向自由贸易试验区平稳过渡。海关总署对海关监管模式的优化，质检总局对进出口检验检疫的制度和流程调整等，直接推动贸易便利化和贸易新型业态的发展，维护保障贸易秩序。

（三）以正当程序保障具体改革措施的合法性

所谓改革措施的合法性问题，是指改革措施的制定主体是否合法、内容是否合法以及制定程序是否合法的问题。制定和出台具体的改革措施，必须满足合法性原则的要求，即主体不得越权、内容不与上位法相抵触、制定程序合法。

各项具体改革措施，以《总体方案》为依据，涉及的主要领域是外商投资管理、服务业开放、金融创新和政府监管等方面，需要有关的中央地方两级主管部门出台改革实施意见和细则等。在制定具体改革措施时，应尽量避免法律冲突，并确保规则的质量。

当前，各项具体改革措施主要是国务院各部委和上海市人民政府，以及其他相关的政府职能部门，如上海海关、上海市工商行政管理局等，以出台规范性文件或者其他文件的形式明确各项改革措施。规范

性文件以及其他文件的制定,有相应的程序要求,如有的需经国务院同意等,得到了比较规范的遵守。

为了提高政府治理透明度,让具体改革措施经过全社会充分的讨论,得到各市场主体的广泛认同,《条例》明确了法律、政策文件制定的公开和公众参与制度。《条例》第53条规定,公民、法人和其他组织对管委会制定的规范性文件有异议的,可以提请上海市人民政府进行审查。这也为具体改革措施的合法性和合理性提供了程序保障。

(四) 及时将各项具体改革措施制度化

所谓制度化,就是各项具体改革措施经试验后,成熟、可行的,上升为法律法规的一般性规定。各项具体改革举措,经过探索和试验,证明有效的,就推动法律法规的修改。如果证明改革有哪些地方需要调整的,继续在试验中探索积累经验,为国家下一步的开放和发展提供参考意见。

全国人大常委会为外商投资企业设立相关行政审批的暂时调整确定了一个三年的期限。三年后,根据试验情况决定是否修法。这个三年的期限针对外商投资管理,试验的是"准入前国民待遇+负面清单管理模式"的科学性与可行性问题。从《总体方案》来看,这个期限也规范了上海自贸试验区所有改革领域,为此,上海确定了实现"可复制、可推广"的时间表。

从2014年底到2015年初,上海自贸试验区经验的复制和推广就走过了中央决策流程,并正式付诸实施。《进一步深化方案》中提出,上海要加强地方立法,对试点成熟的改革事项,适时将相关规范性文件上升为地方性法规和规章。《全面深化方案》提出,加强试点经验的总结和系统集成,对于市场准入、贸易便利化、创新发展体制机制等领域的改革,加快形成可以在全国复制推广的经验。各项具体改革措施的制度化,会贯穿上海自贸试验区建设的始终,先立法后改革、边改革边立法的模式代替了先改革后立法的模式。

三、 行政执法体制与制度更新提升法律实施效果

行政执法是法律实施和政府职能实现的重要手段和方式之一。为了提高行政执法的规范性与有效性，上海自贸试验区依循法治政府建设的总要求，在行政执法体制和执法制度方面进行了积极探索，建立了综合性与专业性相结合的行政执法体系，特别是知识产权统一执法体制的建立和运行值得关注。在执法制度方面，逐步形成了自贸试验区内执法依据的适用规则，探索有效发挥行政执法功能，以实现市场监管目标。

(一) 建立综合性与专业性相结合的行政执法体系

在上海自贸试验区管委会的职责范围内，将市场监管相关执法权相对集中起来，由一个部门、一支执法队伍统一行使；同时，海关等垂直管理的部门在区内设立专门的驻区执法机构，这两方面构成自贸试验区的执法体系。这样，为了确保执法效能，二者之间的执法协同和协调就非常重要。

1. 建立集中统一的市场监管综合执法体系

在执法体制上，上海自贸试验区以集中行使原来分散在不同部门的行政执法权为基调，设立了管委会综合执法机构，集中统一行使监督和执法权。在已实施的城管综合执法基础上，着重理顺事权、机制、队伍等关键环节，形成包括市场监管、文化市场、城市建设等领域在内的综合执法体系。

《条例》规定，上海市人民政府在自贸试验区建立综合审批、相对集中行政处罚的体制和机制，由管委会集中行使本市有关行政审批权和行政处罚权。管委会实施行政审批和行政处罚的具体事项，由上海市人民政府确定并公布。

管委会成立了综合监管和执法局。在保税区设立综合执法大队，下辖 6 个中队，负责集中行使城市管理、文化等十项行政处罚权力。综合执法体系的建立，对于根除不同行政执法机关的法定职权竞合重复、

交叉和多头执法,以及行政部门之间相互推诿、扯皮和执法效能低下等弊端,都具有比较积极的意义。①

2. 完善相关领域的专业执法体制

海关等部门在自贸试验区设立办事机构,负责具体领域的专业执法。在自贸试验区中设立办事机构的部门,包括海关、检验检疫、海事、工商、质检、税务、公安等,依法履行自贸试验区有关监管和行政管理职责。如2013年9月23日,上海市工商行政管理局自贸试验区分局挂牌成立;继上海市质量技术监督局组织机构代码窗口在2013年9月28日入驻"一口受理"中心之后,2013年12月25日,上海市质监局挂牌成立"上海市质量技术监督局自由贸易试验区分局"。2013年12月27日,上海海关成立了"上海外高桥保税区海关缉私分局"和"上海浦江海关缉私分局"。

目前经上海市人民政府批准,上海市工商行政管理局自由贸易试验区分局、上海市质量技术监督局自由贸易试验区分局整合为中国(上海)自由贸易试验区市场监督管理局,在浦东新区市场监督管理局挂牌。中国(上海)自由贸易试验区市场监督管理局自2016年3月1日起正式运行。

3. 构建综合执法与专业执法的协同协调机制

《条例》规定,上海自贸试验区管委会、驻区机构和有关部门建立合作协调和联动执法工作机制,提高执法效率和管理水平。建立联合执法联席会议制度,增强了执法的协同性。

同时《条例》还规定,管委会领导工商、质监、税务、公安等部门在区内的行政管理工作;协调金融、海关、检验检疫、海事、边检等部门在区内的行政管理工作。管委会有配合、协助其他执法部门的职责和义务。其他非属于管委会职权的执法事项,管委会配合相关部门,探索建立执

---

① 杨力:《中国改革深水区的法律试验新难题和基本思路——以中国(上海)自由贸易试验区的制度体系构建为主线》,《政法论丛》,2014年第1期。

法协助机制，比如安全审查和反垄断审查等方面的监管与执法。

在知识产权执法方面，实行知识产权进出境保护和境内保护的协同管理和执法配合，建立区内知识产权统一管理和执法的体制、机制。

（二）自贸试验区内法律实施与适用规则的探索

法律的普适性与反复适用性特征，决定了法律实施是一个整体、系统的过程，不仅要求行政执法的统一，更要求司法的统一；不仅要求法律条文在个案中得到正确适用，更需要法律规定在类案中实现统一适用。自贸试验区是我国的领土范围，同时又是“特殊监管区域”，其法律实施既要坚持原则，又有特殊性。

1. 法律实施与适用的基本要求

在自贸试验区，法律实施统一性仍然是应当严格遵守的基本法治原则。法律、行政法规、上海市地方性法规，以及国务院部门规章、上海市政府规章，除了明确暂时调整或停止实施的以外，都应该在上海自贸试验区得到统一实施。除非有专门针对自贸试验区的特别规定，自贸试验区内外的法律实施应当保持统一，不能因为是自贸试验区注册和经营的市场主体，就能够获得法律之外的特别权力。

《条例》第46条对法律适用问题做了规定。一是坚持运用法治思维、法治方式在自贸试验区开展各项改革创新，为自贸试验区建设营造良好的法治环境。二是国家规定的自贸试验区投资、贸易、金融、税收等改革试点措施发生调整，或者国家规定其他区域改革试点措施可适用于自贸试验区的，按照相关规定执行。三是本市地方性法规不适应自贸试验区发展的，市人民政府可以提请市人大及其常委会就其在自贸试验区的适用作出相应规定；本市规章不适应自贸试验区发展的，管委会可以提请市人民政府就其在自贸试验区的适用作出相应规定。

2. 法律适用冲突的解决规则

伴随改革进程，一些法律法规的规定在上海自贸试验区调整实施，大量只适用于自贸试验区区域或者自贸试验区注册企业的特别规定和措施逐步出台和实施。在执法和司法实践中，就可能出现法律适用的冲突问题。也就是说,当区内外法律规定不一致时,如何适用法律。如在行政执法适用法律的时候,遇到类似的法律适用冲突问题,在遵循一般的法律适用规则的同时,应注意这样几个方面:一是法律适用冲突的准确识别,即该冲突是否因为涉及自贸试验区的特别规定而产生;二是充分运用法律解释,即尽量运用法律解释来化解法律适用冲突,在选择法律解释方法时,以自贸试验区建设目标为指导;三是在行政执法实践中,注意从个案处理出发,逐步积累经验,探索一般规律,形成通行规则。

3.“制度创新”类纠纷的法律适用

实践先行的制度创新,或文件先于立法,或实践先于立法,对法律适用形成挑战。其一,在改革性、政策性文件上升为法律规范之前,有“立法真空期”,改革性、政策性文件与法律规范不一致;其二,制度创新过程中,产生的新型纠纷,缺乏法律的明文规定。在涉自贸试验区的行政执法案件的处理过程中,就需要注意正确适用法律。

当“制度创新”带来的纠纷在法律缺乏明文规定时,要以法治思维和改革精神解读政策。对涉及自贸试验区服务业扩大开放的领域、法律法规调整实施的领域以及商事登记制度改革的案件,必须注意自贸试验区的特殊性,正确确定行为效力、合同效力,维护交易稳定和安全;对于因自贸试验区改革创新而出现的新类型案件,如商业保理、金融衍生品种交易、电子商务等,应正确理解相关的政策,充分注意新型业态的行业惯例和自治性规范,形成合理的规则,以引导市场秩序的建立。①

(三) 严格政府监管与行政执法

政府监管接轨国际通行规则,以法律为标准和手段,这对区内企业的设立与经营的影响不可小觑。首先,企业设立与经营合法合规,自觉

① 包蕾:《涉自贸试验区民商事纠纷趋势预判及应对思考》,《法律适用》,2014 年第 5 期。

遵守法律、履行合同义务,建立内控管理为主的监管机制和制度,是法律实施的基础,是政府监管的基本目标和方式。这符合基本的法律逻辑,即无罪推定。任何人在没做坏事之前,应该视为好人。其次,遵循公平原则,即准入公平和监管平等,中资与外资平等,国有资本与民营资本平等,大公司与小公司平等。第三,如果企业触犯了法律,要承担相应的法律责任。严格执法,让违法者付出比守法更大的综合成本,使法律法规真正成为市场主体的行为准则。从国际经验看,金融监管就是要能事后处置违规案例。如美国司法部、金融监管当局对 JP 摩根、高盛、美国银行、汇丰和巴克莱等金融机构在 2008 年后的违法操作、洗钱、操纵利率、欺诈出售金融产品等,进行了严厉处罚,罚款高达几十亿美元,部分高管被判刑。这种"秋后算账"有很大威慑力。①

区内企业违法行为的处理,其重点领域,一是涉及重大公共安全和公共利益;二是涉及国际规则、国际义务。上海自贸试验区独特的"境内关外"监管模式,给企业违法行为处理和权益保障带来许多新的特点,给行政执法提出了新的要求。关键在于以促进企业自觉合法合规经营、营造市场公平竞争环境为中心,创新政府监管和执法制度,实现监管目标。

四、 涉上海自贸试验区争议多元解决机制的建立与发展

专业化和高水平的纠纷解决机制的建立是自贸试验区良性运转的重要保障,以其专业性和权威性来保证贸易领域正义的实现。从这个意义上而言,纠纷解决机制的高效运转是自贸试验区法治保障的重要内容。根据《条例》的规定,自贸试验区内企业发生商事纠纷的,可以向人民法院起诉,也可以按照约定,申请仲裁或者商事调解。企业与管委会以及其他行政机构发生行政争议的,可以申请行政复议或者提起行

① 谢平:《上海自贸区金融改革试验风险可控》,《21 世纪经济报道》,2013 年 11 月 25 日。

政诉讼。新型商事纠纷和行政争议对纠纷解决机制和裁判规则提出了新要求,对纠纷解决的公正透明、高效便捷表达了新期待。

(一) 建立专门的争议解决机构

司法是社会正义的最后一道防线,仲裁是贸易和投资领域被各国和各国际性组织所普遍采用的争端解决方式。上海面对自贸试验区建设的要求快速反应,及时建立了专门的司法机构和仲裁机构,公正高效地保障中外当事人合法权益。

1. 法庭与专项合议庭

2013 年 11 月 5 日,上海浦东新区人民法院成立了自贸试验区法庭,集中受理、审理依法应当由浦东新区人民法院管辖的与中国(上海)自由贸易试验区相关联的商事(含金融)、知识产权和房地产案件,并根据自贸试验区建设和运行的实际,对受案范围作必要调整。自贸区法庭以诉讼便利化、司法公开透明为导向,通过"四个一",着力建立完善高效、规范、便捷的诉讼便利化机制和司法公开集约化平台。"四个一",即自贸试验区法庭一个诉讼服务窗口、制作一本中英文诉讼指南、开通一条电话热线、一个自贸试验区司法专网。该网集自贸试验区司法信息、典型案例、庭审公告、庭审直播、裁判文书及网上立案、在线诉讼服务等为一体,成为集约化、便利化的在线平台。①

为满足自贸试验区扩区后的司法需求,2015 年 4 月 7 日、2015 年 4 月 27 日分别成立了浦东新区人民法院自贸试验区知识产权法庭、上海海事法院自贸试验区法庭,分别对涉自贸试验区的民商事案件、知识产权案件以及海事海商案件实行相对集中审理。在市一中院、二中院等设立专项合议庭,依法集中审理涉自贸试验区一、二审案件,并由院庭领导担任疑难复杂案件的审判长。加强对自贸试验区仲裁案件的司法审查质量,推动涉自贸试验区案件的法律适用统一,从而形成了符合自贸试验区特点的专业化审判体制。

---

① 曹莹:《最年轻的法庭:优化自贸区法治环境而生》,《浦东开放》,2014 年第 4 期。

2. 仲裁院

2013 年 10 月 22 日，中国（上海）自由贸易试验区仲裁院成立，为区内当事人提供“零距离”仲裁咨询、立案、开庭审理等仲裁法律服务。依法设立的仲裁机构依据法律、法规并借鉴国际商事仲裁惯例，适应自贸试验区特点完善仲裁规则，提高商事纠纷仲裁的国际化程度，并基于当事人的自主选择，提供独立、公正、专业、高效的仲裁服务。

作为中国（上海）自由贸易试验区争议解决的重要制度性安排，中国（上海）自由贸易试验区仲裁院由“上海国际仲裁中心”设立。这个有着悠久历史和丰富经验的仲裁机构，通过开创性的工作，创新仲裁机制和规则，接轨国际一流商事仲裁。

专栏 7.2　上海国际仲裁中心①

“上海国际仲裁中心”是由上海市人民政府于 1988 年批准设立、并经司法登记的独立仲裁机构，以独立、公正、专业、高效的仲裁服务为当事人解决商事争议。经过 30 年的发展，上海国际仲裁中心的受案数量逐年上升，受理案件除传统商事争议外，还涉及私募股权、互联网金融、融资租赁、航空服务、能源与环境权益等新型案件。案件当事人遍及全国各地及世界上 70 余个国家和地区，仲裁裁决依据《纽约公约》已在近 50 个国家和地区得到承认和执行。

上海国际仲裁中心《仲裁员名册》共有仲裁员 965 名，分别来自 74 个国家和地区，其中中国内地仲裁员 604 名，占 62.59%；外籍及港澳台地区仲裁员 361 名，占 37.41%。

上海国际仲裁中心正积极致力于充分发挥仲裁在争议解决及法治环境建设方面的重要作用，积极服务中国（上海）自由贸易试验区及上海建设国际经济、金融、贸易、航运中心和科创中心的国家战略，持续提升仲裁业务国际化、专业化程度，奋力打造亚太乃至全球仲裁中心。

---

① 参见上海国际仲裁中心官网“机构简介”，2018-10-07，http://www.cietac-sh.org/SHIAC/aboutus.aspx?page=4。

(二) 出台专门的争议解决规则

上海自贸试验区内各种纠纷特别是民商事纠纷不少,也有不少新型案件。从法院案件受理情况看,投资贸易类商事纠纷案件居首,涉及货物贸易、服务贸易等。这些纠纷涉及当事人合法权益的保护,其能够得到公正、高效解决,要求有规范的程序、法律适用等方面的规则。

1. 审判规则

2014 年 4 月 29 日,上海市第一中级人民法院发布《涉中国(上海)自由贸易试验区案件审判指引(试行)》。并根据自贸试验区发展情况,对《审判指引》进行了全面修订。该份审判指引分七章、100 条,含涉自贸试验区案件的立案与送达、审理、执行、审判机制、审判延伸工作等内容。该指引目的是对自贸试验区建设发展过程中可能出现和涉及的诸多类型的诉讼案件的受理、审理、裁判及执行等审判工作环节提供指引性思路。

海事法院围绕促进提升自贸试验区航运服务能级,研究制定了《上海海事法院为深入推进上海国际航运中心建设提供司法保障工作意见》。知产法院制定了《上海知识产权法院为"十三五"时期上海国际贸易中心建设提供司法保障的若干意见》,深入贯彻落实《"十三五"时期上海国际贸易中心建设规划》,充分发挥知识产权司法服务保障上海国际贸易中心建设作用。同时,知产法院还制定了《上海知识产权法院技术调查官参与庭审规则(试行)》,提升知识产权案件技术事实查明的客观、准确和高效。

2. 仲裁规则

2014 年 4 月 8 日,《中国(上海)自由贸易试验区仲裁规则》(以下简称《规则》)正式发布。《规则》于同年 5 月 1 日起施行。此次制定的上海自贸试验区仲裁规则,突出了自贸试验区的需求,吸纳了诸多国际商事仲裁的先进制度,体现了仲裁制度的诸多创新。比如,突破了当事人选定仲裁员的"名册制"限制,确立了仲裁员开放名册制等等。自贸试验区仲裁规则与其他仲裁规则相较,完善了"临时措施",并增设了"紧急仲裁庭”制度，增加了合并仲裁制度、案外人加入仲裁等。

自贸试验区仲裁规则完善了“临时措施”。结合2012年修订的我国《民事诉讼法》关于仲裁前财产保全、行为保全以及证据保全的内容，范围更宽，以前更多是财产保全、证据保全，现在拓展到行为保全。比如商标侵权，当事人可以请求仲裁庭下达决定，禁止使用该商标，更有利于保障当事人特别是知识产权权利人的合法权益。此外，《规则》的出台还将缩减小额争议的流程，以前按照简易程序需要三个月，现在只需45天，这将提高自贸试验区内企业纠纷案件的解决效率。仲裁收费标准的降低也是一个亮点。

(三) 鼓励建立专业多元解纷机制

所谓专业多元解纷机制，是指针对商事纠纷、知识产权纠纷等建立的专门调解机构、中介服务组织，基于当事人的自愿选择，为当事人提供法院以外的纠纷解决途径和纠纷解决服务。发生了纠纷以后用什么方法去解决问题？诉讼是当然的途径，但是法院不可能无所不包，需要有司法之外的模式。

1. 专业多元商事调解机制

在自贸试验区，商事调解这样的专业多元解纷机制会获得很大的空间。无论是上海自贸试验区的“功能扩散效应”，还是“资本虹吸效应”，都会大幅度提升国际投资和贸易的交易量，国际和涉外商事纠纷会不可避免地增多。而国际和涉外商事调解以其所特有的高效便捷、服务当事人需求等制度优势，使其成为越来越多企业解决争议的首选。

《条例》规定，上海市设立的行业协会、商会以及商事纠纷专业调解机构等商事调解组织可以参与自贸试验区商事纠纷调解，发挥争议解决作用。管委会支持各类商事纠纷专业调解机构依照国际惯例，采取多种形式，解决自贸试验区商事纠纷。

2. 多元知识产权纠纷解决机制

在商业竞争异常激烈的现代社会，知识产权对于商事主体至关重要。《条例》对知识产权纠纷的解决做了专门的规定，要求完善自贸试验区知识产权纠纷多元解决机制，充分发挥行业协会和调解、仲裁、知识产权中介服务等机构协调解决知识产权纠纷的作用。管委会建立知识产权纠纷调解援助等解决机制。加强自贸试验区知识产权保护，鼓励和支持专业机构提供知识产权调解、维权援助服务。管委会负责自贸试验区内专利纠纷的行政调解和处理。

专栏 7.3　自贸试验区诉讼与非诉讼相衔接的商事纠纷解决机制

2014 年 5 月 27 日，上海市浦东新区人民法院自贸试验区诉讼与非诉讼相衔接的商事纠纷解决机制正式启动。上海经贸商事调解中心作为首家协作单位进驻，在上海自贸试验区法庭设立了调解室，参与推进自贸试验区商事纠纷多元化解工作。这意味着，自贸试验区内发生的商事纠纷诉讼案件将可通过非诉讼调解方式，快速、便捷、公正、有效地得到解决。

这个机制具体是指，浦东新区人民法院在上海自贸试验区法庭内建立司法与非诉讼纠纷解决的对接平台，引入商事调解组织、行业协会、商会及其他具有调解职能的组织，建立自贸试验区商事纠纷特邀调解组织名册，对属于上海自贸试验区法庭受案范围的、适宜委托调解的涉自贸试验区的商事纠纷，经当事人同意、选择后，在立案前委派或者立案后委托调解组织先行调解，法院依照有关规定审查确认调解协议的法律效力。①

3. 试水相对集中行政复议权解决行政争议

当事人对管委会或者有关部门的具体行政行为不服的，可以依法申请行政复议或者行政诉讼。

自贸试验区依照便民、简便的原则，建立了相对集中行政复议权制度。《条例》第 55 条规定，自贸试验区实行相对集中行政复议权制度。公民、法人或者其他组织不服管委会、市人民政府工作部门及其驻区机

① 陈颖婷：《非诉调解快速化解自贸区商事纠纷》，《上海法治报》，2014 年 5 月 28 日。

构、浦东新区人民政府在自贸试验区内作出的具体行政行为，可以向市人民政府申请行政复议；不服浦东新区人民政府工作部门在自贸试验区内作出的具体行政行为，可以向浦东新区人民政府申请行政复议。重大、复杂、疑难的行政复议案件，应当由行政复议委员会审议。

(四) 争议解决机制的运作及其发展

随着自贸试验区建设的不断推进，调解、仲裁、审判等各类争议解决机制各行其道又相互衔接，为涉自贸区争议的有效解决提供了多种方案和途径。同时，争议解决的机制也在案件审理中不断创新和完善。五年来，上海法院创新涉自贸试验区司法理念，不断完善审判体制和工作机制，充分发挥审判职能作用，服务自贸试验区建设，取得较好成效。自自贸试验区法庭成立以来截至 2018 年 5 月份，全市法院共受理涉自贸试验区案件 12.5 万余件，审结案件 12.1 万余件，一审息诉服判率达 97.68%，有力保障了自贸试验区的健康有序发展。①

浦东新区人民法院致力于为自贸试验区建设提供公正高效的司法服务。案件调撤率上升，涉自贸多元化纠纷解决机制成效显著。浦东新区人民法院形成了审判白皮书和十大案例发布的机制，系统对争议解决的状况进行总结，并出版了书籍《浦东法院服务保障上海自贸区的实践与探索》。2016 年 10 月，该法院发布了 2013 年至 2016 年涉上海自贸试验区审判工作白皮书及十大案例。②2017 年 11 月，发布了上海自贸区审判工作白皮书（2016 年 11 月—2017 年 10 月）及十大典型案例。③白皮书显示，截至 2017 年 10 月，浦东新区人民法院共受理各类涉

① “上海法院创新完善体制机制　服务保障中国（上海）自由贸易试验区建设”，搜狐网，2018-10-07，http://www.sohu.com/a/235944724_100017141。

② “浦东新区法院发布 2013—2016 年涉上海自贸试验区审判工作白皮书及十大典型案例”，上海法院网，2016 年 11 月 1 日发布，http://shfy.chinacourt.org/article/detail/2016/11/id/2334188.shtml。

③ “浦东法院发布 2016—2017 年涉自贸案件审判工作白皮书”，上海浦东网，2017 年 11 月 9 日发布，http://pdxq.sh.gov.cn/shpd/news/20171109/006001_0b3015ba-015c-49d1-aa22-c3c33dada63f.htm。

自贸案件 55 246 件，从案件类型看，民商事案件 38 373 件、刑事案件 1 167 件、行政案件 17 件、执行案件 11 709 件。案件类型结构反映自贸试验区法治环境持续完善，涉外案件类型呈多样化态势，自贸试验区开放进一步深化。2017 年发布的十大案例涉及股权转让纠纷、证券经纪合同纠纷、不正当竞争纠纷、竞业限制纠纷等多个案由。其中，“大众点评诉百度不正当竞争纠纷案”还曾入选“《中国审判》2016 十大典型案例”“2014 年至 2016 年中国互联网法治十大影响性案例”。

上海法院通过依法审理一批涉自贸试验区投资、贸易、金融、知识产权、海事海商等典型案件，在民商事法律关系“涉外因素”的认定以及自贸试验区商业保理业务创新、创新型企业未注册商标在先使用等法律空白领域，形成了多项具有自贸试验区特色、符合自贸试验区发展方向的裁判规则，明晰了市场交易规则，有效维护了自贸试验区的交易安全和市场秩序。

上海市一中院建立跨庭约请法官的审判机制，针对自贸试验区投资、贸易、金融类案件新颖性高、专业性强的特点，在成立“自贸试验区案件专项合议庭”的基础上，针对不同类型案件的专业需要，打破审判庭界限，跨审判庭约请法官加入专项合议庭审理相关案件。建立专家陪审员制度。2015 年 4 月，市一中院聘任 9 名金融等行业专家，充分发挥法官与专家的合力优势，确保案件公正高效的审理。

2018 年《全面深化方案》发布，自贸试验区建设需要更为有力、高效的司法服务保障。一方面，要对不断出现的新类型疑难案件进行高质量审理，推动自贸试验区规则建立、价值引领；另一方面，要大胆运用“互联网＋”、大数据等技术，提升审判质效，便利当事人。为此，浦东新区人民法院建立了涉自贸案件大数据分析系统。该系统为全国首创，可以自动收集、分析上海乃至全国涉自贸案件的分布、案件信息等数据，形成自贸案件分析数据库。同时，系统还能以自贸试验区内各重点主体、重点行业及新型领域作为关键词，及时发现新型和典型案例，对自贸试验区内的风险实现动态监管和防控。①上海市一中院制定了涉自贸试验区案件电子送达制度，完善电子送达的具体流程，探索扩大电子送达的适用范围，不断完善服务举措。在上海法院门户网站设立“自贸试验区法庭”专窗，开通自助立案、二维码立案、电子送达等信息化渠道，为公众获取相关信息和服务提供更加便捷的入口；通过微信多方视频通话功能当庭进行跨国调查，探索破解境外证据审查认证难问题，更好地满足了自贸试验区全球投资者和贸易商的诉讼需求，推进了自贸试验区营商环境的国际化。

在创新完善多元化纠纷解决机制方面，为适应自贸试验区营造市场化营商环境需要，一是加大对仲裁创新支持力度，推动自贸试验区打造“面向全球的亚太仲裁中心”，获得仲裁业界的一致好评；二是建立“开放式”的委托调解机制，引入中国国际贸易促进委员会上海分会、上海经贸商事调解中心、保险合同纠纷人民调解委员会、中证中小投资者服务中心等参与调解，为当事人提供更为多元化、市场化的纠纷解决方式；三是制定商事多元化纠纷解决机制规定，2017 年 5 月，在深化商事 ADR 机制研究、总结商事诉调对接经验的基础上，上海市一中院制定出台了《上海市第一中级人民法院商事多元化纠纷解决机制实施细则》，以充分发挥商事 ADR 机制在化解商事金融矛盾纠纷方面的积极作用。

第三节

以法治方式助力自贸试验区建设的经验

处在当前的经济全球化发展新趋势和国内经济发展转型的大背景

① “浦东法院发布 2016—2017 年涉自贸案件审判工作白皮书”，上海浦东网，2017 年 11 月 9 日发布，http://pdxq.sh.gov.cn/shpd/news/20171109/006001_0b3015ba-015c-49d1-aa22-c3c33dada63f.htm。

下,要求上海自贸试验区在改革开放上能够大胆闯、大胆试,不断推出可供复制和推广的经验。于是就出现了如何处理大胆闯、大胆试与依法改革之间的关系问题。上海自贸试验区已做了建设性的探索,取得了有益的经验。

一、 坚持政策治理向法治治理转变的基本方向

政策和法律是两种不同的社会治理方式,前者时效性、针对性较强而稳定性较弱,后者权威性、稳定性较强而时效性较弱。受社会资源总量限制、法律制度化不足以及常规治理能力不足等影响,我国改革的方法和途径一直习惯于“政策之治”,主要依靠短期化、灵活性、就事论事、应对性等特征的政策进行,形成了一定的路径依赖。现代治理更倾向于采取法治化的治理方式,运用法律所赋予的权力,严格依照法律制度的原则、要求与方式治理公共问题。①

从政策治理走向法治治理,是国家治理体系和治理能力现代化的必然要求,也是艰巨的改革路径和方式转变的过程,难度非常大。在当前的过渡阶段,既要确保改革有效推进,又要保证改革有序进行,考验着执政者的“踩钢丝”“弹钢琴”的智慧和勇气。自贸试验区既是改革措施的试验田,也是改革路径和方式转换的试验田。

上海自贸试验区以制度创新为改革目标,就是法治治理的重要体现。制度是指以宪法、法律、法规为基本内容的正式规则和以习俗、传统、习惯等形式存在的非正式规则交错构成的一整套的规则体系。就其功能而言,制度是全社会的“游戏规则”,是为了确定人们的相互关系而人为设定的一些社会性制约。②亨廷顿指出:“制度化是组织和程序获取价值观和稳定性的一种进程”。③这就意味着,在法治治理方式下,改

①② 朱进芳:《“法治”背景下新型城镇化治理模式的转变及其实现机制》,《天津行政学院学报》,2015 年第 1 期。

③ [美]塞缪尔·亨廷顿:《变化社会中的政治秩序》,三联书店 1989 年版,第 12 页。

革就是改革制度，改革社会的“游戏规则”，从而引导社会形成新的价值观和社会秩序。

上海自贸试验区政府职能转变的改革，始终在探索和践行“凡属重大改革都要于法有据”①的要求。妥善处理政策与法律的关系，既要发挥政策的积极作用，又要为法律制定与实施开辟空间与道路，促进政策全能主义向法治中心主义转变。探索顶层设计与基层创新相结合，注重中央政府政策顶层设计的同时，也注重政策实践与基层创新结合的经验总结，让立法在合适的时机跟进与确认。

二、探索立法与改革决策衔接和共进的途径与方式

立法是人民意志的汇集和表达，立法的主要功能在于合理分配社会利益，调整社会利益关系。法律制度对自贸试验区的发展，能够发挥其特有的引导、规范、促进、保障等作用。规范自贸试验区发展面临的各种社会关系，有序推动自贸试验区的发展，培育自贸试验区需要的公平竞争的营商环境。②

改革创新的特点是“变”，法治原则的要求是“定”。处理好“变”与“定”的关系，不仅要有创新意识和全局视野，还要有法治思维。③上海自贸试验区改革在立法方面的许多做法，在我国的立法史上都是史无前例的，原则性与灵活性相结合，果断决策与审慎施行并重。具体来说，一是在自贸试验区这一特定区域内，暂时调整法律、法规、规章以及其他规范性文件的部分条款的适用和实施。二是中央、地方建立合作机制，依照各自事权，起草、出台意见或者办法，明确自贸试验区的各项改革措施。三是秉持审慎的态度，根据现有立法和自贸试验区的实践，兼

① 习近平在中央全面深化改革领导小组第二次会议上讲话指出：“凡属重大改革都要于法有据。在整个改革过程中，都要高度重视运用法治思维和法治方式，发挥法治的引领和推动作用，加强对立法工作的协调，确保在法治轨道上推进改革。”《人民日报》2014 年 3 月 1 日。

② 陈俊：《上海自贸区的立法挑战及对策探讨》，《上海法学研究》，2014 年第 1 期。

③ 任进：《加快政府职能转变与法治政府建设》，《行政管理改革》，2014 年第 7 期。

顾改革创新和风险防范的要求,逐步推出改革措施。四是明确暂时调整的期限,及时总结改革试点的经验,提炼可复制、可推广的制度性成果,适时修改相关法律、法规。五是法律、法规的制定、修改或者废止不能跟上自贸试验区实践进展的,出台相关政策授权自贸试验区先行先试。比如,商事登记制度的改革。全国人大常委会和国务院的决定没有涉及《公司法》、《企业登记条例》的适用问题。自贸试验区要先行先试,先做起来。

这些创新举措,保证了改革措施的合法性,缓解了立法稳定性与创新即时性的矛盾,同时也对改革措施的可行性形成有力支撑。因为以立法方式出台改革措施,经过中央地方两个层面、多个部门、多次的讨论、论证和协商,甚至有广泛的社会公众的参与,在审慎的态度下制定,取得最大程度的共识,与“拍脑袋”的决策相比,其科学性、可行性较高。

发挥立法对改革的引领和推动作用,其更深层次的影响,是对立法与改革的关系进行的深刻变革。在改革开放初期,计划经济向市场经济转型,改革就意味着必须突破维护计划经济体制的法律制度或政策底线,“摸着石头过河”的试错模式一直存在并被默认,“先改革后立法”成为“无奈”又必须的选择。①这种模式在现在已经失去了其合法性,会带来很多问题。因此,上海自贸试验区的“先立法后改革”、“边立法边改革”的做法,既确保改革决策的合法性,又争取多数群众的拥护和支持,最大限度地凝聚改革共识。

发挥立法的引领和推动作用,充分体现了法治对于全面深化改革的“压舱石”和“减压阀”的重大作用。如果说改革会有失误,那么法治的作用就体现为及时纠错;如果说改革要付出代价,那么法治的作用就是最大限度地降低成本;如果说改革有风险,那么法治就是掌控风险的有效保证;如果说改革会有阻碍,那么法治就是跨越和突破阻碍的强制力量。②

①② 胡健:《立法与改革关系的一次深刻变革》,《社会科学报》,2014 年 4 月 10 日。

三、 充分运用和拓展系统性法治资源

依法全面履行政府职能，是法治对于政府职能履行的总要求，是政府职能转变的法治基础。上海自贸试验区政府职能转变是否到位，还要看是否实现了“法定职责必须为”、“法无授权不可为”，还要看综合市场监管、负面清单等制度落实得怎么样。这依赖于准确把握法治政府的基本特征，获得系统性法治资源的支持。除了上述立法资源以外，法律制定与实施的其他资源比如组织资源、机制平台资源、人力资源、法治环境资源等等，都不可或缺，都需要同时改善。否则，纸面的改革意图和改革设计在落实的过程中就是“旧瓶加新酒”、“新酒走了味”，难以真正落实到位。

上海自贸区试验区的建设，不仅仅关注改革措施的提出，更关注改革措施的落实、效果评估与可复制可推广经验的提炼。不仅仅关注制度的创新，还关注与制度创新相关的资源条件的成就：组织机构的建立和调整、工作机制的探索和创新、干部的理念转变与能力提升、社会环境的配合与支持，不仅仅是行政性资源的投入，立法性资源、司法性资源和社会性资源也得到了充分的运用和拓展。

现行立法尽管通常会对改革程序作出比较刚性的规定，但其实体规定却富有弹性，往往为行政机关在政府职能配置、机构人员设定和运行机制设置方面预留了一定的变通空间。①自贸试验区的政府职能转变改革，充分利用了法定职权内的现有空间，或通过获得法定授权等方式进行改革，盘活存量法律资源，积极发挥法律赋予行政的能动性。同时，积极依据上级授权的试点进行行政改革，通过行政改革推动法律变革，提高法律对现实需求的回应性。

司法保障措施以服务和保障自贸试验区建设大局为目标，既高效便捷解决纠纷和争议，平等保障中外当事人合法利益，也能助力改革创

---

① 罗豪才、宋功德：《坚持法治取向的行政改革》，《行政管理改革》，2011 年第 3 期。

新，探索、总结案件审判规律，推进诉讼的制度体系建设，建设与国际通行规则相衔接的国际化、法治化、市场化营商环境。法院审理涉自贸试验区案件，是发现风险与问题的重要途径与方式，是验证、评估改革措施合法性与可行性的重要途径和方式，是总结改革经验，形成可复制、可推广的制度性成果的重要途径和方式。上海法院加强涉自贸试验区案件的司法统计分析，建立相关纠纷动向和风险预警机制，运用审判白皮书、司法建议等方式，积极为自贸试验区的产业发展、制度创新、政府决策、立法完善建言献策。上海法院探索建立了司法工商共建信用促进机制，法院与行政监管机关信息交流互动机制，同时运用司法建议等方式积极建言献策，在政府职能转变、监管模式创新、市场诚信体系建设中发挥了积极作用。①

自贸试验区大量的争议纠纷出现在商事领域，商事领域的改革创新措施在自贸试验区改革中占了很大的比重。因此，总结新型商事案件的审判规律，建立适应需求的审判机制，具有可复制、可推广的价值。

为此，上海法院建立了案件信息定期报告、专业分析制度，对自贸试验区扩大开放和制度创新重点领域的案件进行定期分析研究，加强对涉“自贸试验区新政”等改革创新领域案件的专项跟踪，定期分析特点、趋势和适法难点，及时提出工作建议。上海一中院组建自贸试验区司法问题应对小组研究指导涉自贸试验区案件审判工作，形成三部自贸试验区研究专著，已由法律出版社公开出版。为了满足自贸试验区市场主体诉讼便利化需求，提升服务保障自贸试验区建设专业化水平，上海法院形成了相对集中管辖和归口管理机制、审判权力运行机制、涉外民商事审判法律适用保障机制、便利诉讼等机制，形成了一批可复制可推广的司法经验。

① “上海高院通报上海法院服务保障自贸区建设经验”，中国法院网，2014 年 12 月 26 日，https://www.chinacourt.org/article/detail/2014/12/id/1524588.shtml。

专栏 7.4 自贸试验区法庭的 3 个关键词:"审判""研究""创新"①

自贸试验区法庭从成立以来,立即从适应自贸试验区对审判机构功能综合性、审判专业化的需求出发,围绕"审判""研究""创新"3 个关键词,探索"可复制、可推广"的司法保障模式。

"审判",就是公正高效、公开廉洁地审理好每一起自贸试验区相关案件,发挥司法裁判对市场行为的评价、规范和对改革创新的支持、导向作用。"研究",一是研究自贸试验区新模式、新业态及有关法律法规调整实施带来的法律新问题,处理好创新改革与现行法律的协调问题,形成合理的审判规则;二是研究司法在自贸试验区监管模式创新、市场诚信体系建设中的作用发挥问题,建立有效的涉自贸试验区纠纷动向和风险预警机制,推进自贸试验区的制度创新和立法完善。"创新",就是创新审判组织架构、创新调判适度分离的纠纷解决模式、创新司法公开方式提升司法透明度,为以自贸试验区司法保障的特有模式推进司法公正、公开和公信以及法官正规化、职业化、专业化提供试验样本。

第四节

需要进一步探索的问题

上海自贸试验区法治保障方面的改革试验已经起步,同步配合自贸试验区各项改革渐进推进。同时,步入改革深水区的此次制度创新的力度和尺度之大、难度之高,使得自贸试验区法治建设面临极大的挑战。相应的法治建设能否及时跟上自贸试验区改革的进程,也是需要及时解决的问题。从法律的视角来看,这种开放倒逼的改革有赖于对法治建设所存在障碍的"积极"而"慎重"的突破。

① 曹莹:《最年轻的法庭:优化自贸区法治环境而生》,《浦东开放》,2014 年第 4 期。

一、 建立与完善自贸试验区规则体系

上海自贸试验区建设的立法支持与保障，随着改革的深度和广度拓展，需要进一步升级，向现代化、国际化、体系化方向推进。应及时清理过时的规则，接轨国际规则，完善规则体系，与我国参与全球贸易和投资规则制定的进程保持同步，逐步形成符合法治精神、满足改革需求、适应自贸试验区建设实际的法律体系。

(一) 完善规则体系

随着上海自贸试验区制度创新的深入推进，需要逐步为自贸试验区建立起完整的制度框架和规则体系。这也是国际经验。比如，新加坡制定有《新加坡海关法》、《新加坡进出口商品管理法》和《自由贸易区法令》。美国对于自贸区的监管主要通过立法和由美国商务部和财政部联合成立的自贸区委员会实现的，不仅监管货物进出，还对企业申请自贸区进行审批，高效的监管制度为企业自由经营活动提供空间。①

建立和完善规则体系，因涉及中央、地方两级事权，人大、政府两方面立法和制度保障，从而显得特别复杂，容易碎片化，整合难度大。因此，在上海自贸试验区先行先试的期限内，仍然可以运用现在的"暂时调整和停止实施相关法律规定"和"及时出台自贸试验区管理制度和改革措施"的方式，逐步形成规则。今后，随着改革继续深入、修改相关法律规定等重大决策，需要有更好的立法解决方案。一是建议国家层面对自贸试验区统一立法，抓紧制定《中国自由贸易试验区法》，提高自贸试验区的整体立法位阶②，完善自贸试验区规则体系；二是以全国人大常委会或自贸试验区法授权地方立法，出台上海自贸试验区特别法规；三是及时制定与修改贸易、投资以及服务业开放等方面的基本法律，完善与细化有效监管、权益保护的规则以及配套规则。

---

① 晏玲菊：《上海自贸区建设的国际经验借鉴》，《时代金融》，2014 年第 2 期。

② 上海市人民政府发展研究中心课题组：《中国(上海)自贸试验区建设三年成效、经验与建议》，《科学发展》，2016 年第 10 期。

（二）及时清理规则

自贸试验区涉及传统投资贸易领域，也涉及很多新兴服务业领域。我国现有的法律规则，尤其是新兴服务业、金融等方面的法律，依然与国际惯例存在较大差距。比如，存在相当多的规范性文件和政策性文件，这些管理性规定实际上形成了对投资准入和贸易便利以及金融创新的层层叠叠的门槛与壁垒。投资准入的政策性规定和审批要求，也是碎片化的。国企和民企不一样，央企和地方国企也不一样，不同地区的企业也不一样，甚至不同的项目也不一样，这些特殊政策的存在对自贸试验区法治建设是一种阻碍。

我国现有的法律规则，在质量方面也颇为差强人意。一元化立法体制与多元化利益诉求之间存在矛盾，多层次立法体制与法制统一性要求之间存在矛盾，原则性法律条文与细化管理规定之间不一致，法律条文合理性审核不足。①这些问题的存在，会极大减损新规则新制度的实施效应。

因此，利用上海自贸试验区的契机，不仅是暂时调整或停止实施相关管理规定，更需要对现行规则进行深度清理，及时修改、废除阻碍市场经济发展和改革开放的各级各类规则，是立法机关、国务院各部委以及上海市人民政府应当提上日程的重要工作。

（三）接轨国际规则

在全球贸易体系和制造体系下，所谓软连接和硬连接问题，只是一个商品市场的对接，涉及的问题相对简单。而在全球服务和投资体系下，软连接和硬连接不但是各类要素市场的对接、产品的自由流通，还包括法律环境和行政管理体制的对接，理念和观念的对接，此外还包括技术层面的对接，比如金融资产定价方法、定价基准的认同等等。TPP、TTIP及TISA等谈判70％以上的内容为竞争政策、国民待遇、

---

① 石亚军：《当前推进政府职能根本转变亟需解决的若干深层问题》，《中国行政管理》，2015年第6期。

投资壁垒、劳工标准、安全标准、环境标准、知识产权等促进更高标准的投资贸易与商业便利化的边境内措施。

接轨国际规则,首先是在国际投资贸易谈判中明确本国立场,掌握发展趋势,并在本国发展基础上适时为承诺创造条件。比如劳动保护标准的接轨问题。由于经济、社会与文化发展水平的差异,劳动保护标准在发展中国家与发达国家之间必定存在分歧。TPP 谈判中发展中国家与发达国家就此问题难以达成一致,但不影响 TPP 总体谈判结果。相比较而言,由于欧美各国发展阶段趋同,TTIP 就劳动保护标准容易达成一致。客观地说,与 TPP 中的发展中国家相比,中国目前的劳动保护标准仍处于中上水平。因此,中国在将要进行的国际贸易谈判中,不必过分迁就发达国家设定的劳动标准,应当依据本国整体发展情况,做出适合于自身的承诺即可。

其次是根据国际义务和责任,借鉴国际经验,制定、修改、废止国内法,接轨国际规则。其不仅是"点"的接轨,更是"面"上的接轨。比如,负面清单管理模式,我们已经在国内法中体现。同时,我们也要调整与负面清单管理模式相关和配套的法律规定,否则只是"点"上的突破。"外商"认定标准是《负面清单》的核心问题之一,《负面清单》能够真正发挥作用的前提是完善的外商认定标准,而这实际上就是公司国籍制度。也就是说,应同时对我国的公司国籍制度进行调整,配合负面清单,才能真正实现负面清单管理的目标。很显然,关键就在于调整《公司法》的相关规定。所以,全国人大应适时对《公司法》第 192 条以及其他法律法规进行相应的修改。①

第三是与我国参与全球贸易和投资规则制定的进程保持同步,研究并做好全面接轨国际贸易投资规则新变化的准备。在今后相当长的时期内,对外开放的广度和深度将会大大增加。其推进的主要方式,将

① 张磊:《论我国公司国籍制度的改革——以上海自贸区的负面清单为视角》,《东方法学》,2014 年第 1 期。

是积极主动参与全球贸易与投资规则的重构。而这将对我国的贸易和投资的政府许可与监管带来深远影响，需要持续关注和跟进。比如，按目前中美和中欧 BIT 谈判的进程来看，在“负面清单”之后，也将给予准入后的外国投资监管的国民待遇。从经济管理体制、采购管理体制等方面主动对接，做好应对世界贸易组织《政府采购协定》的准备。

二、 立法保障的问题与改进的方向

立法保障是自贸试验区建设的核心内容和重要创新。随着改革的逐步推进，立法保障的不足也逐渐显现出来。上海自贸试验区条例制定过程中的争议，说明了立法需求与立法供给的不平衡。因此，在充分运用现有制度潜力的基础上进行立法创新，是自贸试验区立法保障改进的应有之义。

(一) 上海地方立法应积极应对权限受制性与制度创新的“两难”挑战

上海地方立法受制于全国人大和国务院决定的内容，受制于《总体方案》，也受制于《地方各级人民代表大会和地方人民政府组织法》和《立法法》明确的地方事权。上海市人大以及上海市政府自主性特别是立法自主性的空间并不大。

而带有受制性色彩的上海地方立法，又被国家战略赋予在全国先行先试“制度创新”的探索使命。上海自贸试验区先行先试的事项，主要涉及行政审批等国务院相关部委权力，但这些行政审批权直接间接体现在相关法律、行政法规、部委规章的规定之中，这就需要打破部门利益的既有制度藩篱，进行制度创新，进而总结形成可复制、可推广的经验。这无疑对上海地方立法提出了挑战。

比如，当试点内容涉及国家事权、国家专属立法事项，地方立法或者规章是否能够做出规范，采用什么方式作出规范，其法律依据是什么，也是需要破解的难题。虽然在《条例》制定中，在条款中采取既突出“按照国家规定”，又强调“上海负责实施”的内容表述，但还是存在“地方立法涉及国家事权”的问题。

上海市积极应对立法权限约束与制度创新的“两难”挑战，主动与全国人大及其常委会、国务院及其各部门汇报和沟通，为自贸试验区建设营造更好条件。因此，需要完善立法体制和立法制度，增强立法工作的主动性。积极推动浦东新区和自贸试验区取得在事中事后监管等方面的地方立法权，对试点成熟的改革事项，适时将相关规范性文件上升为地方性法规和规章。

(二) 及时解决规章、其他规范性文件等立法性文件的立法冲突

国务院部门规章以及其他规范性文件，如何暂时调整或停止实施，在一揽子的决定文件中没有明确，只是要求作出相应的调整。而国务院部门规章以及其他规范性文件的暂时调整或停止实施问题，在实践中增加了改革成本，影响了改革效率。从文件梳理的情况看，如果不暂时调整或停止实施，自贸试验区的改革可能处处碰壁。即便现在要求作出相应的调整，由于机制、程序并不明确，在实际操作中就需要上海市与国务院相关部委经常协调沟通，这无疑增加了成本，降低了效率。比如，负面清单需要逐步缩短和科学化，但是可能存在虽然没有列入负面清单，在国务院部委立法性文件中有相关规定的现象，从而在执行中出现法律规范冲突。如何处理好这些立法中的矛盾，是亟须加以研究和解决的。①

国务院以及各部委分别根据全国人大的授权下达本部门职权范围内的改革方案时，难免会出现改革措施碎片化、相互冲突、难以真正最后落地的弊病。上海自贸试验区的实践表明，要克服这一弊病，必须解决法律，特别是国务院法规和部门规章的跨部门管辖权的“因地调整”问题。②同时，要完善上海自贸试验区制度规范常态化，快捷的改、废、释

---

① 陈俊:《我国自贸区发展中的立法保障探讨》,《甘肃政法学院学报》,2016 年第 2 期。

② 孙元欣主编:《2015 中国自由贸易试验区发展研究报告》,格致/上海人民出版社 2015 年版,第 11 页。

机制,以及行政规范性文件法律审查制度。

(三) 自贸试验区改革相关立法与改革决策衔接需要进一步加强

从数量和领域看,无论是全国人大常委会还是国务院关于暂时调整的决定,其所涉及的法律规定都是列举式的规定,“就事论事”地优先解决“点”上的问题,而不是“面上”的问题。这种列举式的调整方式,需要不断地在“点”上做加法。这种做法的优点是有共识的改革事项可以获得合法性支持先做起来,不至于因为分歧而搁置。其存在的问题,一是在时间上有滞后性,效率上有所欠缺,跟不上改革的进度和现实发展;二是立法的调整不够系统,在“面”的推进上存在不足;三是立法的调整前瞻性不足,特别是对国际经贸新规则的对接和融入不足①,影响到我国对国际贸易等领域国际新规则制定的影响力。

“制度创新”是上海自贸试验区建设反复强调的核心诉求。这种制度创新,并不局限于外资企业法,也并不局限于《总体方案》涉及的金融、航运、政府管理等领域。从自贸试验区运作的实践来看,实际上已经涉及从民商事、行政到刑事等各相关方面,这就对如何超越“点”的渐进式突破的局限性,提出了新的挑战。依据改革进程,由点及面地推进法律的实施调整,使得立法与改革决策的衔接更加紧凑、流畅,需要进一步加强。

三、 建立统一、透明、可预期的政府法治

市场经济条件下,政府在市场准入、企业、行业和市场监管方面的角色应是相对中立的规则提供者、服务提供者、权益保护者,尽量少地扭曲市场规律,及时地弥补市场的失灵与不足,主动为社会兜底。在建立市场准入标准、跟踪企业市场行为、奖惩企业市场经营的过程中,统一的施政标准、透明的施政过程、可预期的施政行为是政府职能履行法治化的基本要求。

---

① 程慧、张威:《中国自贸试验区法治建设展望》,《国际贸易》,2017 年第 10 期。

在国际经贸规则中,对于政府施政的核心要求,除了“政出有据”,就是“行政透明度”。①以行政透明度的要求来评价上海自贸试验区政府职能转变各项措施的制定与实施,其程度究竟如何?比如,采取试点方式实施改革措施,试点条件是否客观中立、清晰可执行?是否公开讨论并有政策适应期?确定试点区域和试点机构的过程是否统一、客观和公正?行政透明度不足,统一施政也难以实现,各利益相关方难以准确判断政府施政与政策调整的方向、速度与程度,也就对改革政策缺乏足够的长远预期。

《条例》已原则性提出了行政透明度的要求,并从权力清单、公众评论、行政异议、信息发布等四个方面进行了规范。党的十八届四中全会通过的《全面推进依法治国若干重大问题的决定》也对政府信息公开、政务公开等提出了进一步的要求。下一步在借鉴国际经验完善相关信息公开等法律的基础上,关键是法律制度的落实。让政府与市场互补共赢,实现国家治理的目标。

另外,“竞争中立”的制度承诺也是下一步国际经贸规则中对政府职能转变的挑战重点。根据OECD发布的研究报告,竞争中立的判断标准体现在八个方面,即政府商业活动合理化、直接成本识别、公共服务义务、商业回报率、税收中立、监管中立、债务中立和政府采购程序等。这八个方面大多与政府职能及其履行密切相关,核心是政府应以怎样的制度确保公平竞争、防止不当市场干预。在国企与私企的政策法律待遇、行政权力运行等方面,还需要进一步的政策调整和制度创新,以建立统一、透明、可预期的政府法治。

---

① 行政透明度的主要内涵:第一,涉及经济贸易方面的法律、法规及相关措施,未公开的不得予以执行;第二,涉及经济贸易方面的法律、法规及相关措施,在制定前要给予利益相关方以合力时间予以评论;第三,涉及经济贸易方面的法律、法规及相关措施,在公布与执行之间要预留合理的政策适应期;第四,应以统一、公正和合理的方式实施上述法律、法规和相关措施。孙元欣主编:《2015中国自由贸易试验区发展研究报告》,格致/上海人民出版社2015年版,第72—73页。

四、争议解决与权利救济体系的建设重点

争议解决和权利救济是法院等机构的两项关键功能，是法律赋予的权利得以实现和受到保护的最后防线。同时，个案中所体现的司法政策对于企业行为和市场状况会产生直接或者间接的影响，从而影响改革措施的实际效果。因此，在司法组织安排上需要因地制宜，在个案裁量上需要有适度的分寸和必要的权衡，探索、调整民商事行政审判的诉讼规则，鼓励非诉争议解决机制的专业化、国际化发展。

（一）继续深化司法体制改革

作为全国首批试点新一轮司法体制改革的省市，上海从 2017 年起进入了司改新的阶段。2017 年 8 月 29 日，习近平总书记主持召开中央全面深化改革领导小组第三十八次会议，审议通过《关于上海市开展司法体制综合配套改革试点的框架意见》。上海市受权在全国率先开展司法体制综合配套改革。

这次司法体制综合配套改革主要从规范权力运行、深化科技应用、完善分类管理、维护司法权威等方面提出了 25 项改革举措，共有 117 项改革任务，做到案件审理繁简平衡、打击犯罪与保护人权平衡、司法公正与司法效率平衡，为将上海打造成为中国法治环境最好地区之一提供最优司法保障，以实现司法质量、司法效率和司法公信力全面提升，形成更多可复制、可推广的经验做法，为进一步完善和发展中国特色社会主义司法制度奠定坚实基础。

当今正处于日新月异快速发展的信息社会和人工智能时代，司法体制改革与现代信息科技的关联越来越密不可分。要善于运用现代科技，更好地提高司法质量和效率，更好地为人民群众提供便利的司法服务。上海应进一步加大现代科学技术的深度开发与融合应用，使科技成为上海司法改革全面提质增效的催化剂和助推器。

从加强思想政治建设，员额管理，司法人才储备招录、遴选和培训，建立完善法官检察官单独职务序列管理，人财物市级统管，职业保障等

方面健全配套制度,努力形成符合司法人员职业特点和发展规律的管理机制,推动司法人才正规化专业化职业化发展。通过维护裁判终局性、提升司法执行力、防止不当舆论干扰司法、保护司法人员履职安全及尊严等举措,有力维护司法权威,营造良好法治环境。

(二) 商事仲裁和调解的专业化和国际化

自贸试验区的争议解决机构,区别于以往的专业化仲裁和调解机构,比如上海商事调解中心,究竟如何有效运作,为当事人提供具有专业水准和国际水平的仲裁、调解服务,成为复制和推广的样板和典范,是商事救济体系改革的命题之一。

国际化主要包括三个方面,即仲裁机构管理的国际化、仲裁规则的国际化和仲裁庭组成与权限的国际化。一是机构的"独立性"问题。比如,重点可以研究如何确立起以理事会为核心的法人治理结构。在这样的治理结构里,为了消除行政干预,相应重大决策权归理事会而非政府;为了消除地方化之弊,理事遴选的境内外来源比例适度平衡;为了阻缓内部人控制问题,探索绝大多数为外部理事的控制结构。2012 年 11 月 24 日,深圳国际仲裁院成为中国第一个通过立法方式确立法人治理模式的仲裁机构,这是参考中国香港、新加坡的法定机构探索的另一种模式。二是解纷"开放性"问题。可以讨论如何制定与国际惯例接轨的纠纷处理规则,坚持和强调当事人意思自治,当事人享有巨大的选择空间。比如,可以自由约定所适用的法律、自由约定第三方组成、自由约定审理或调解方式、自由约定证据规则等。三是专业人员的"国际性"。可以参照新加坡、英国等做法,考虑构建国际化比例很高的仲裁员或调解员结构,争议解决的语言和地点也具有相当的灵活度。①

长远来说,上海自贸试验区的争议解决机构,应当以国际上著名机构,如斯德哥尔摩商会仲裁院、伦敦国际仲裁院、香港国际仲裁中心等

---

① 杨力:《中国改革深水区的法律试验新难题和基本思路——以中国(上海)自由贸易试验区的制度体系构建为主线》,《政法论丛》,2014 年第 1 期。

为目标，真正成为具有国际影响力的商事仲裁与调解选择机构。上海自贸试验区在商事争议解决机制和规则的探索，将为国际规则的改进与完善作出贡献。

参考文献

《中国(上海)自由贸易试验区总体方案》。

孙玉敏:《自由贸易试验区试什么？——专访上海国际贸易战略研究院副院长沈玉良》,《上海国资》,2013 年第 9 期。

沈云樵:《法域竞争与法律功能的再审视——中国(上海)自由贸易试验区如何创设争议解决机制?》,《中国矿业大学学报》,2014 年第 2 期。

丁伟:《中国(上海)自由贸易试验区法制保障的探索与实践》,《法学》,2013 年第 11 期。

孙元欣主编:《2015 中国自由贸易试验区发展研究报告》,格致/上海人民出版社 2015 年版。

陈俊:《我国自贸区发展中的立法保障探讨》,《甘肃政法学院学报》,2016 年第 2 期。

杨力:《中国改革深水区的法律试验新难题和基本思路——以中国(上海)自由贸易试验区的制度体系构建为主线》,《政法论丛》,2014 年第 1 期。

第八章 自贸试验区的税收制度环境

本章提要

当前,传统税收制度难以适应上海自贸试验区扩大开放、深化改革、加快创新的发展新需求。完善税收制度环境,已经成为自贸试验区改革创新中不可缺少的一项重要内容,成为优化自贸试验区发展软环境的必备条件。营造良好的税收制度环境,也有助于促进自贸试验区在投资、贸易、金融等领域的改革。

税收制度改革的主要目的是为了更好适应国际高水平投资贸易的要求。构建与试验区相配套的税收政策体系,其基本立足点是形成具有国际竞争力的税收环境。这要求紧密结合自贸试验区在投资贸易领域的实际需要制定有针对性的税收政策,从而使税收更好发挥促进投资贸易的作用。

上海自贸试验区建设,除了政府管理、投资、贸易、金融、法制等核心领域的改革创新外,完善税收制度软环境也是一项不可缺少的重要内容。税收制度环境的优化,有助于增强自贸试验区的开放度、促进高端资源要素的集聚、推动产业功能的拓展升级,从而为自贸试验区建设提供有力的制度支持。此外,从全国范围来看,试验区税收政策创新,对深化税制改革也起到了积极的先行示范作用。

第一节

上海方案的基本要求

上海自贸试验区税收制度环境方面的改革创新，是为了配合与支持投资、贸易、金融等领域试点而展开的。因此，税收政策的改革和创新，都体现出为自贸试验区主体改革事项服务的导向，并由此确定制度环境建设的基本目标和主要任务。

一、目标定位

总体来看，税收制度改革创新的目标是为了给上海自贸试验区发展营造良好的软环境。更具体地说，就是为了适应国际高水平投资贸易的需要，形成具有国际竞争力的税收环境。

从国际上看，各国的自由贸易园区通常都实行一些特殊的、有别于区外的税收政策，这些税收政策往往具有较强的竞争力，并以此吸引高端资源要素流入与扶持某些特定行业发展。尽管税收优惠不是自贸试验区改革创新的重点所在，但税收制度环境仍是试验区国际化、法治化、市场化营商环境的重要组成部分。自贸试验区税收政策要在试验区总体制度框架下，围绕促进投资贸易便利化等改革目标，按照“遵循国际惯例、符合国家方向、适应功能需求”的思路，聚焦制约投资开放、贸易创新、功能深化的税制瓶颈，创新探索、先行先试，打造具有一定国际竞争力的税收环境。具体而言，构建与自贸试验区相配套的税收政策体系有以下几方面的目标：

(一) 建立遵循国际惯例的税收制度

税制简明、税率合理、征收高效是国际社会评价一国税收环境竞争力的重要标准，在自由贸易园区表现得更加明显。自贸试验区的税收制度，应体现出“境内关外”的特点，适应投资贸易便利化、自由化的要求,具有较强的国际竞争力,从而构成试验区吸引主体集聚和高端功能业务开展的重要优势条件之一。从国际惯例看,全球自由贸易园区税收制度的基本特点和要求是实行特殊的进出口税收政策、保持相对较低的税负水平以及简便高效的税收征管模式。

(二) 探索促进开放型经济升级的涉外税收政策

我国已经进入到开放型经济升级的新阶段,对税收制度接轨国际以及涉外税收制度改革提出了新的要求。自贸试验区作为扩大对外开放的重要载体和窗口,应当先行探索适应跨境电子商务、境外股权投资、离岸业务等对外开放新业务的税收政策体系,以吸引高端外资、促进服务贸易发展,并为深化国内涉外税制改革发挥示范和带动作用。

(三) 形成与新型功能业务相适应的税收环境

自贸试验区具有总部经济集聚、贸易模式创新、新兴产业发展、对外投资促进等诸多新型功能,它们对税收环境提出了更高的要求。因此,在自贸试验区实行一些特殊的税收政策、优化税收制度框架,也是培育新型功能的客观需要。

二、 主要任务

投资贸易便利化、扩大对外投资、推动贸易转型升级是自贸试验区建设的重要目标,因此,自贸试验区税收政策的制定也是紧密围绕上述目标而进行的。紧密结合投资、贸易领域的实际需求制定有针对性的税收政策,构建有利于全面促进投资、贸易发展的税收政策,是自贸试验区税收政策配套改革的主要任务。另外,由于自贸试验区重视发展离岸业务,而离岸业务和在岸业务在性质特点上差异较大,所以探索具有国际竞争力的离岸税制安排也是自贸试验区税收改革的一项重要任务。

(一) 实行投资贸易便利化的税收政策

税收是影响投资贸易便利化的重要因素之一,过高的税收负担和过于复杂的税收征管程序,均不利于提高投资贸易便利化程度。自贸试验区的税收制度,致力于降低乃至消除货物和资金跨国流动的税收壁垒，减少国际投资贸易的税收成本。自加入WTO以来，我国多次较大幅度削减关税总水平，到2010年已降至9.8%，完成了关税减让承诺。此外，原先的保税区也已实行了境外入区货物暂免征收关税与进口环节增值税、消费税的保税制度。但是，我国现行税收制度依然存在一些阻碍投资贸易便利化的缺陷；至于保税区的税收政策，尽管较区外更加优惠，但仍难以充分满足进一步扩大开放的要求。所以，自贸试验区通过税收政策创新，应对投资贸易便利化方面产生促进作用。

（二）实行扩大对外投资的税收政策

扩大对外投资是自贸试验区的一项重要功能，自贸试验区将搭建起我国企业走出去的新平台，更好促进国内企业融入全球经济中去。运用税收政策支持对外投资是一种国际通行做法，但目前国内尚未形成比较系统的鼓励对外投资的税收政策体系。为此，自贸试验区需要构建与对外投资需求相匹配的税收制度，特别是对境外股权投资这种新兴的对外投资形式给予相应的税收扶持。

（三）推动贸易转型升级的税收政策

促进服务贸易和离岸贸易发展是我国贸易转型升级的两个主要方向，它们的发展对提升我国贸易营运控制功能和国际贸易话语权意义重大。为此，一方面要健全促进现代服务业发展的税收优惠体系，促进服务经济规模壮大与竞争力提升，夯实服务贸易发展的基础；另一方面，要积极探索建立适应服务贸易和离岸贸易特点的税收政策体系，从而更好支持服务贸易和离岸贸易功能的拓展深化。

（四）探索具有国际竞争力的离岸税制安排

虽然建设自贸试验区的主要目的是制度创新而不是打造一个税收政策洼地，但是对于离岸业务这样的特殊贸易形式，其实还是应该在税收给予一些特殊考虑，这也是一种国际通行惯例。其原因在于，离岸贸易从本质而言是贸易商（尤其是跨国公司）出于降低交易成本目的而做出的现实选择，如果无法为贸易商在我国自贸试验区开展离岸贸易提供良好的税收环境，离岸业务很可能就会流往新加坡等地。此时，我国不仅难以从离岸贸易中获得税收,而且还会对离岸贸易其他功能的发挥带来负面影响。所以,上海自贸试验区迫切需要顺应和对接离岸税制的国际惯例,在不导致利润转移和税基侵蚀的前提基础上,积极研究完善与离岸业务特点相适应的税收制度。

第二节

优化税收制度环境的主要举措

为了塑造适应于上海自贸试验区发展的税收制度环境,更好支持贸易、投资、金融等其他领域的改革创新,有关部门通过创新税收制度、实施与自贸试验区相配套的税收政策,逐步构建起富有竞争力的税收环境。

一、 促进投资的税收政策

为了促进对外投资和吸引高端人才,上海自贸试验区实行了非货币性资产对外投资税收支持政策以及股权激励个人所得税优惠政策。

(一) 非货币性资产对外投资税收政策

为了支持自贸试验区的改革和发展,财政部、国家税务总局颁布了《关于中国(上海)自由贸易试验区内企业以非货币性资产对外投资等资产重组行为有关企业所得税政策问题的通知》(财税〔2013〕91 号文)。根据该《通知》,注册在试验区内的企业或个人股东,因非货币性资产对外投资等资产重组行为而产生的资产评估增值部分,可在不超过 5 年期限内,分期缴纳所得税。同时,被投资企业采用公允价值作为取得的非货币性资产的计税依据。

(二) 股权激励个人所得税政策

自贸试验区对区内企业以股份或出资比例等股权形式给予企业高端人才和紧缺人才的奖励,实行已在中关村等地区试点的股权激励个人所得税分期纳税政策。该项政策并非自贸试验区新创，中关村早在2010年就已经率先开始试点；此后，到了2013年，根据财税〔2013〕15号文，中关村、东湖、张江国家自主创新示范区与合芜蚌自主创新综合试验区也开始实行股权奖励个人所得税试点政策。该项政策的目的是更好吸引自贸试验区企业的高端优秀人才。与财税〔2013〕15号文提法略有不同的是，自贸试验区该项政策的适用人员范围限定为“企业高端人才和紧缺人才”。

二、 促进贸易的税收政策

与投资相比，自贸试验区针对贸易的税收支持政策更多，包括融资租赁出口退税、飞机租赁增值税优惠、启运港退税等。

(一) 扩大融资租赁出口退税范围

自贸试验区扩大了租赁性投资出口退税试点范围，对于在试验区内注册的融资租赁企业或金融租赁公司，它们在试验区内设立的项目子公司也可以享受融资租赁出口退税政策。其中的项目子公司，又称为特殊目的实体(Special purpose vehicle, SPV)，是为了实现特定经营目标而设立的法律实体，能达到“风险隔离”的目的，同时能满足外部融资需求。类似的政策，其实已经在其他地区实施过。2010年4月，国家有关部门下发通知，对天津市租赁性投资企业经营的所有权转让给境外企业的租赁性投资船舶出口实行退税，该政策实施后，极大地促进了当地租赁性投资业的发展。

(二) 飞机租赁增值税优惠政策

根据我国现行税收政策，国内租赁企业进口飞机要缴纳17%的进口环节增值税，而航空公司进口飞机的进口环节增值税税率仅为5%。这种税率差异，导致国内租赁公司进口飞机要比航空公司进口飞机承担更多税负，不利于国内租赁公司开展飞机租赁业务。针对这一问题，财政部和国家税务总局允许自贸试验区享受飞机租赁增值税优惠政策。对自贸试验区内注册的国内租赁公司或租赁公司设立的项目子公司，经国家有关部门批准从境外购买空载重量在25吨以上并租赁给国内航空公司使用的飞机,享受相关进口环节增值税优惠。这意味着自贸试验区飞机租赁进口环节增值税优惠税率与航空公司相同,都是5%。

(三) 选择性征税政策

根据国家有关部门的规定,对自贸试验区内的企业生产、加工并经"二线"销往区外的货物,照章征收进口环节增值税、消费税,企业可申请按照进口料件或按实际报验状态缴纳进口关税。其中,报验状态是向海关申报进出口时的实际状态。海关根据货物报验状态确定进出口货物的归类,货物归类不同,关税适用税率也不同。企业可根据两个方案下的总体税负,确定纳税申报办法。

(四) 经"一线"入区货物的税收政策

自贸试验区对通过"一线"入区的货物,其进口关税和进口环节税收,根据货物类型按三种方法征税(见表8.1)。

表8.1 通过"一线"入区货物适用的税收政策

税收处理办法	相关货物
给予免税	(1)区内生产性的基础设施项目所需的机器、设备和其他基建物资;(2)区内企业自用的生产、管理设备和自用合理数量的办公用品及其所需的维修零配件、生产用燃料、建设生产厂房、仓储设施所需物资与设备;(3)区内行政管理机构自用合理数量的管理设备、办公用品及其所需的维修零配件。
予以保税	(1)加工出口产品所需要的原材料、零部件、元器件、包装物件;(2)转口货物和在试验区内储存的货物。
按照一般贸易进口货物征税	(1)供区内企业和行政管理机构自用的交通运输工具、生活消费用品;(2)通过保税港区直接进出口的货物。

(五) 完善启运港退税政策

启运港退税政策是指从启运地报关出口,从水路转关直航运输,经上海洋山保税港区离境的集装箱货物,只要在启运地报关出口,海关办理放行手续，就被视同出口并可办理退税。而在原先的模式下，企业必须在货物实际出境后才能办理退税。该政策是出口退税管理方式的一项创新，于 2012 年 8 月 1 日开始试点。目前，启运港退税对启运港、离境港、运输方式、承运公司、运输工具等均有限制性规定。所以，本次自贸试验区的税收政策创新，将适时扩大启运港退税政策的试点范围，包括扩大启运地、承运企业、运输工具等，从而进一步加快出口企业的资金周转，并推动“国内货物、洋山中转”。

第三节

优化税收制度环境的实践探索

上海自贸试验区税收制度环境的优化，主要从税收制度创新与完善税收管理和服务两方面入手。在各项税收制度创新举措中，启运港退税政策在试验区内的实行时间最早，是成效最为显著的政策之一，对上海国际航运中心建设也有重要作用。而在税收管理服务上，2014 年 6 月推出的税收服务 10 项创新举措具有里程碑意义。因此，下文将启运港退税政策与税收服务 10 项创新举措作为优化税收制度环境两大典型案例进行分析。

一、 税收制度创新案例

启运港退税政策源于出口退税制度。所谓启运港退税，指国内货物只要确认离开启运港发往保税港区，再中转至境外，即被视同出口并办理退税。2009 年 12 月 31 日，国务院明确了在完善监管制度和有效防止骗取出口退税措施的前提下，在我国洋山保税港区实施该项退税政策。

(一) 运作流程

按照《财政部、海关总署、国家税务总局关于在上海实行启运港退税政策的通知》(财税〔2012〕14 号)，2012 年 8 月 1 日起启运港退税政策在上海洋山保税港区、武汉阳逻保税港区、青岛前湾港区之间顺利实施。对从武汉、青岛(以下合称“启运地”)启运报关出口,并经上海浦海航运公司、中外运湖北有限责任公司承运,从水路转关直航运输上海(以下称“离境港”)离境的集装箱货物,试行启运港退税政策。适用该政策的启运地口岸为武汉阳逻保税港区和青岛前湾港(以下合称“启运港”),出口口岸为洋山保税港区,运输方式为水路运输,运输工具限定为永裕016、永裕018、新滨城、向莲。适用该政策的企业为海关管理的B类以上企业,并属无涉税违法违规行为的自营出口企业。启运港退税政策的业务流程如下:

企业办理退税备案:出口企业提前向主管退税的税务机关进行启运港退税备案。

海关签发退税证明联:启运地海关依出口企业申请,对符合条件的货物办理放行手续后签发出口货物报关单(即“退税证明联”)。

企业办理退税手续:出口企业凭启运地海关出具的退税证明联及相关材料,到主管退税的税务机关办理退税手续。

海关核销:在退税证明联所列全部货物进入离境港以后,离境地海关办理转关核销手续,启运地海关办理结关核销手续。

数据交换:海关将报关单数据发送给国家税务总局,税务总局将已退税的报关单数据反馈给海关。

税务办理退税:主管出口企业出口退税的税务机关根据国家税务总局清分的退税证明联及结关核销报关单数据,为出口企业办理退税及调整已退税额。对已办理出口退税手续的货物,自启运日起2个月未办理结关核销手续的,视为未实际出口货物,应追缴已退税款,不再享受启运港退税政策。

(二)政策效果

截至2012年12月底,武汉当地共有140家企业适用启运港退税政策,共涉及出口额5 611.75万美元,其中,实际办理启运港退税出口企业58家,出口退税额达到2 736.04万元人民币。

在非启运港退税模式下，由武汉、青岛出口转关到上海洋山港出境的货物，如果遇到舱位紧张甩货或天气原因船舶拖班，结关时间可能延后2个月之久。启运港模式启动后，在货物集港报关后，符合条件的企业当天就能办理好转关放行手续，可在内支线船离开武汉、青岛之前就申领退税证明联，这对企业资金流转带来明显的时间效应。启运港退税政策使企业至少提前两周以上获得出口退税，可显著提高企业资金周转效率。随着试点启动，原来的“国内货物、国际中转”变为“国内货物、洋山中转”，缩短了企业出口退税的时间，提高了企业资金周转和使用效率，有效减少了流失到国外港口的中转箱量。

（三）试点扩围

2014年7月30日，财政部、海关总署、国家税务总局联合下发《关于扩大启运港退税政策试点范围的通知》（财税〔2014〕53号）。该《通知》决定扩大启运港退税政策试点范围，从2014年9月1日起，适用启运港退税政策的启运地口岸包括南京市龙潭港、苏州市太仓港、连云港市连云港港、芜湖市朱家桥港、九江市城西港、青岛市前湾港、武汉市阳逻港、岳阳市城陵矶港，出口口岸为洋山保税港区，运输方式为水路运输。2018年，根据《关于完善启运港退税政策的通知》（财税〔2018〕5号），启运港又新增加了泸州市泸州港、重庆市果园港、宜昌市云池港、岳阳市城陵矶港、武汉市阳逻港、九江市城西港、芜湖市朱家桥港、南京市龙潭港、张家港市永嘉港、南通市狼山港、苏州市太仓港、连云港市连云港港、青岛市前湾港。

二、税收管理创新案例

完善税收服务体系，提高税收服务质量，对于优化自贸试验区的税收环境，提升自贸试验区的税收国际竞争力具有重要意义。为此，2014年6月25日，国家税务总局制定发布了《关于支持中国（上海）自由贸易试验区创新税收服务的通知》，出台了“税收一网通办、便捷优质高效”的10项创新措施。

(一) 基本内容①

网上自动赋码。在全国范围内率先试行税务登记网上自动赋码管理。由原先纳税人发起税务登记申请转变为税务机关根据工商、质监等部门提供的企业信息,由系统自动赋予税务登记号码。建立自贸试验区税务登记查询平台,纳税人可以网上自主查询税务登记信息。

网上发票应用。在自贸试验区内推广电商企业电子发票应用,将受票方由个人消费者扩大到企业单位,同时积极研究金融保险行业电子发票应用,逐步扩大自贸试验区内电子发票应用范围。

网上区域通办。针对自贸试验区地域宽广、企业往返时间长、办税成本高等现状,在自贸试验区所有办税服务场所,为企业提供税收业务事项的区域通办服务,逐步将通办范围扩大到浦东新区税务局和市税务三分局,为实现全市通办积累经验。

网上自主办税。在自贸试验区内,通过"网上办税服务厅"率先推行网上发票核定管理、发票领用、普通发票验旧、涉税事项证明开具、红字发票通知单、电子申报撤销等事项的网上办理。

网上审批备案。在自贸试验区内率先试行行政审批清单制度,对清单内常用涉税事项实行网上"先备后核",纳税人根据现有政策规定向税务机关网上备案(备忘)后先行享受相关政策,税务机关进行事后核实和监管。

网上资格认定。对自贸试验区内的新办企业取消辅导期,率先推行网上增值税一般纳税人资格认定。

网上非贸管理。根据自贸试验区金融改革进程,以促进投资、贸易便利化为目标,逐步完善非贸服务的相关制度,加强对非居民纳税人的涉税服务。对在银行等托管方设立自由贸易账户开展投资等综合业务的非居民企业,试行托管方提供纳税人基本信息,由托管方主管税务机

---

① 《上海市推行自贸区税收服务创新措施成效初显,税收一网通办逐步推广》,国家税务总局网站,2015-2-9,http://www.chinatax.gov.cn/n810219/n810724/c1492672/content.html。

关集中提供相关网上涉税服务。

网上按季申报。享受国内货物运输服务、仓储服务和装卸搬运服务即征即退增值税政策的洋山保税港区纳税人，申报方式可由原来的按月申报转变为按季申报，并在申报后享受退税优惠政策。

网上信用评价。在自贸试验区内率先通过信用信息平台，采集、分析和评价纳税人的信用信息，得出纳税信用评价结果；纳税人可通过信用信息平台查询自身的纳税信用级别。税务机关将根据评价结果，实施分类服务和管理。

网上服务体验。在自贸试验区内推行网上信息收集，对纳税人需求进行分类采集；推行网上信息推送、根据纳税人需求提供个性化政策推送、风险提示提醒等主动服务；推行网上信息查询，提供网上涉税事项办理进度等查询服务。

（二）主要特征①

服务最大化。检验服务最大化成功不成功的唯一标准是纳税人是否感到“便捷、优质、高效”，事实上这是税务部门的自我加压，也将推动税务部门转变服务理念。十项创新措施里有一些比较新，其关键词是“自主办税”，不但税务登记证由税务机关自动赋予、办理事项网上覆盖，还要在自贸试验区内推广电商企业电子发票，将受票方由个人消费者扩大到企业单位，同时积极研究探索在自贸试验区集中度和创新性最大的金融保险行业，率先推行电子发票应用。又比如，“区域通办”，就是要打破地域、空间限制，在自贸试验区范围内，逐步实现网上、网下区域通办。

干预最小化。征管和服务是税务工作的两大核心内容。传统的税收工作模式一定程度上存在“重征管、轻服务”，导致对企业干预较多的情况。目前，上海税务部门正在积极探索征管模式改革，自贸试验区就是最好的“试验田”，在现行税收法律法规允许的范围内，最大限度地还

① 高改芳：《上海自贸试验区创新税收服务举措》，《中国证券报》，2014年7月7日。

权还责给纳税人。比如,网上审批备案,对清单内的涉税事项,税务机关不再事先审批,而是由纳税人根据政策自行对照享受,实行“先备后核”。一方面,推动税收工作与国际通用规则接轨,实行备案制;另一方面,最大可能地减少行政干预,发挥市场的自我调节作用。

纳税诚信化。自贸试验区税收工作先行先试、权限放开,基于一个非常重要的前提,就是给予纳税人充分信任和自主。那么,事中事后如何有效监管?纳税信用体系建设必不可少,网上信用评价就是实实在在的举措,一方面实施政府监管和社会监督,另一方面培育和营造诚信纳税、诚信经营、诚信兴商的氛围。

(三) 突出优点

符合自贸试验区制度创新特点。自贸试验区制度创新的重要特点是放开市场准入和投资贸易便利化。可以说,10 项举措都是围绕着实现这两大特点来制定的。比如,网上自动赋码就是全国首创的税务登记“免审核”,纳税人无须先行到税务机关申请登记,是对传统税务登记方式的历史性突破。

顺应税收现代化发展。税务总局提出税收现代化的目标,是要实现税收治理体系和治理能力的现代化。那么,自贸试验区的税收现代化是什么,又如何实现呢?“办税一网通”作为现代化的税收服务模式,既是典型代表,也是很好的突破口。需要强调的是,“一网通”并不仅仅是办税渠道的网络化,而是以信息化为依托,对传统的纳税服务、征收管理模式进行改革,为市场主体搭建便捷、优质、高效的现代化税收服务“通道”,倒逼税收治理体系的变革升级和治理能力的强化提高。

能实现可复制可推广。在措施制定过程中,方案数易其稿、备选的措施远远不止十项。国家税务总局多次来上海实地调研或听取汇报,上海市委、市政府领导也高度关注,最关心的就是措施不仅含金量要高,而且要在全国可复制可推广。最终“大浪淘沙”中提炼出来的十项举措,应该说既考虑了短期内自贸试验区试点的实效性,也考虑了长期全国范围推广的可行性。

第四节

需要进一步探索的问题

制度环境的塑造需要一个长期过程，上海自贸试验区税收制度环境的营造也同样如此。由于自贸试验区其他领域的改革事项众多、涉及的新型业务范围广，使得传统的税收制度往往难以适应新的发展需求，需要通过先行先试与制度创新打破旧有框架的束缚，从而更好为自贸试验区的发展服务。

一、 进一步完善离岸业务税收政策

上海自贸试验区的离岸业务税收制度建设，就目前而言尚处于起步阶段，相比伦敦、纽约等全球顶尖的国际贸易中心、国际金融中心，发展仍显得较为滞后，存在明显的差距。当前，上海自贸试验区的税制竞争力不足，成为制约离岸业务较快发展的一个重要制约因素。与世界上一些著名离岸贸易和金融中心不一样的是，国内自贸试验区在离岸贸易税收政策上比较强调“不导致利润转移和税基侵蚀”这一条件，使得税收的优惠程度不是很高，最终导致税收优势不显著，对海外股权投资和离岸资本缺乏吸引力。

离岸业务的核心是资金结算，因此在离岸业务选址中，目标国或地区的基础设施因素并不太重要，但税收政策方面的优惠则有较强的吸引力。正是因为新加坡和中国香港在税收方面的竞争优势，使得它们成为上海等中国内地中心城市在吸引离岸业务上的强劲竞争对手。从企业所得税来看，中国香港、新加坡的税率分别为16.5％、17％，但中国内地的税率为25％，高出好几个百分点。从个人所得税来看，在最高边际税率上，中国香港为17％、新加坡为20％，相比之下，中国内地最高个人所得税税率高达45％。由此不难发现，中国内地离岸业务的税负水

平,同新加坡、中国香港相比明显处于劣势地位。所以,下一阶段需要加大离岸业务税制改革力度、提高优惠水平,为自贸试验区离岸业务"量身打造"富有竞争性的、与国际化接轨的税收政策。

二、 区内税收政策的整合协调

根据上海自贸试验区内的空间分布特征,目前自贸试验区内在税制方面形成两个较为显著的政策梯度。首先,区内各海关特殊监管区域在税制上有一定差异,这构成了第一个梯度。其次,区内非海关特殊监管区域同海关特殊监管区域在税制上也有较大区别,这构成了第二个梯度。

与以上两个梯度相对应,自贸试验区有必要从两个方面推进税收制度的整合与协调。第一项整合协调任务,是整合各海关特殊监管区域之间的税收制度与政策。这种类型的税制整合,对海关特殊监管区域内的港口、仓库、土地等资源的优化配置是有利的,能有效提高包括保税、物流、仓储在内的综合服务能力。第二项整合协调任务,是整合非海关特殊监管区域同海关特殊监管区域之间的税制制度与政策。基于税制环境来考察,非海关特殊监管区域作为一个介于海关特殊监管区域与自贸试验区之外的区域,其意义和性质比较特殊。一方面,相比普通地区,非海关特殊监管区域的税制环境更优一些,能够为海关特殊监管区域相关产业的成长和发展提供更为宽广的空间,进而形成产业梯度转移关系。另一方面,由于非海关特殊监管区域在税制环境上同自贸试验区之外的普通地区间的更为接近一些,因此将非海关特殊监管区域税制创新经验作为复制推广的重点显然具有更为重要的意义。

就当下而言,现有自贸试验区在区内税收政策整合协调上所做的工作较少,区内各类税收政策的整合协调性偏低,存在一定程度的区内不同区域之间税收政策脱节现象,导致税收引导资源优化配置的能力不强,这显然不利于充分发挥自贸试验区作为一个特殊经济区域的整体合力。

三、 完善境外股权投资税收政策

境外股权投资有利于完善产业链、获取技术资源、增强资源整合能力，对上海国际金融中心建设也有重要意义。境外股权投资的税收制度比较复杂，其涉及的主要税种为企业所得税和个人所得税，对于无形资产、不动产、货物等作价投资的还涉及增值税、消费税、营业税、契税等。另外，由于境外股权投资属于跨国投资，还涉及国际税收协定和避免重复征税问题的处理。自贸试验区有必要先行探索适应境外股权投资的税收制度创新，为完善我国相关领域的税收制度积累经验。

完善境外股权投资税收政策，基本思路是聚焦专业投资机构所面临的税收政策环境，以便利征缴、适度减轻企业税负为着眼点，给予境外股权投资以税收支持，借鉴国际通行做法，形成符合国际惯例的税收抵免制度。具体建议为：一是对专业境外股权投资机构给予税收支持，在所得税中对资本利得规定单独的优惠税率，以此鼓励 PE、VC 和境外投资母基金的发展；对境外投资收益采取分期缴纳所得税政策。二是试点“综合抵免法”，取代目前的“分国不分项”抵免法，促进征纳手续的简化，减轻投资者的税收负担。三是适当降低间接抵免条件。当前我国要求持有外国子公司 20％以上股份才能间接抵扣，这一比例显得偏高，可适当降低。①

四、 健全国际化的税收管理制度

自贸试验区建设的一大特点是开放程度高，并且可以为“走出去、引进来”企业提供国际化标准化的法治环境，这自然要求区内的各种税收政策、税收征管以及税收管理服务全面接轨国际标准。然而，从当下的实践来看，除额“非居民税收网上管理”外，我国还缺乏专门针对自贸

① 肖林、马海倩：《国家试验——中国（上海）自由贸易试验区制度设计》，上海人民出版社 2014 年版，第 130 页。

试验区“国际税收”管理的规定。因此,今后需要在提升税收管理国际化程度上下功夫。建议努力对标先进国家与地区,加强国际税收政策咨询服务,拓展国际税收风险提示服务,不断增强为跨境纳税人提供多样化国际税收服务的能力与水平。探索在自贸试验区内建立一套深化咨询、审批、办税和评级管理的国际税收创新管理体系,快速提升征管效率和服务质量①。有必要加大国际货物运输代理服务免征增值税的政策宣传和落实力度,不断完善国际化、现代化的物流服务体系功能。

参考文献

《中国(上海)自由贸易试验区总体方案》。

《国务院关于印发进一步深化中国(上海)自由贸易试验区改革开放方案的通知》。

《国务院关于印发全面深化中国(上海)自由贸易试验区改革开放方案的通知》。

肖林、马海倩:《国家试验——中国(上海)自由贸易试验区制度设计》,上海人民出版社 2014 年版。

中国(上海)自由贸易试验区门户网站,http://www.china-shftz.gov.cn/Homepage.aspx。

① 张小强、邬启春:《完善国内自由贸易试验区税收政策研究》,《国际税收》,2017 年第 10 期。

第九章
自贸试验区的梯度发展格局

本章提要

自贸试验区建设呈现梯度发展格局。2013 年 9 月 29 日，第一个自贸试验区——上海自贸试验区挂牌成立；2015 年 4 月，第二批自贸试验区——天津、广东、福建三个自贸试验区挂牌；2017 年 4 月，辽宁、浙江、河南、湖北、重庆、四川、陕西七地设立的第三批自贸试验区挂牌运行；2018 年 10 月 16 日，国务院发布《中国(海南)自由贸易试验区总体方案》。

作为我国对接国际高标准贸易、投资规则的试验田，自贸试验区从诞生之初就承载了对接国家发展战略的使命。12 个自贸试验区，既服务于京津冀协同发展、“一带一路”建设与长江经济带发展三大区域协调战略，也服务于西部大开发、东北老工业基地振兴、中部崛起、东部地区率先发展四大板块的区域发展战略，充分服务于国家新一轮改革开放的总体战略布局。

中国自贸试验区建设梯度推进，已形成“1＋3＋7＋1”格局。

第一节
中国自贸试验区建设的推进

2013 年 9 月中国大陆的第一批唯一一个自贸试验区——中国(上海)自由贸易试验区挂牌成立，2015 年 4 月天津、广东、福建第二批自贸试验区挂牌，2017年4月辽宁、浙江、河南、湖北、重庆、四川、陕西七地设立的第三批自贸试验区挂牌运行，2018年10月国务院发布《中国(海南)自由贸易试验区总体方案》，我国自贸试验区建设形成“1＋3＋7＋1”的试点格局。

一、 先行先试：上海自贸试验区的探索

继2013年9月挂牌、2015年4月扩区之后，2017年3月上海自贸试验区建设迎来又一重要战略节点。

(一) 1.0版：开放破冰、筑基起步

2013年9月18日，国务院公布《中国(上海)自由贸易试验区总体方案》，即上海自贸试验区建设1.0版方案。

《总体方案》明确了上海自贸试验区的发展目标，要求经过两至三年的改革试验，力争建设成为具有国际水准的投资贸易便利、货币兑换自由、监管高效便捷、法制环境规范的自由贸易试验区。①

2013年9月29日上海自贸试验区正式挂牌，涵盖上海外高桥保税区、上海外高桥保税物流园区、洋山保税港区和上海浦东机场综合保税区4个海关特殊监管区域，总面积28.78平方公里。②

1.0版的上海自贸试验区，基本建立了以负面清单管理为核心的投资管理制度、以贸易便利化为重点的贸易监管制度、以资本项目可兑换和金融服务业开放为目标的金融创新制度，以及以政府职能转变为核心的事中事后监管制度。通过制度创新，上海自贸试验区加快转变政府职能，极大地激发了微观主体活力，并形成了一批可复制可推广的制度创新成果，很好地彰显了扩大开放、促进改革的试验田作用。

(二) 2.0版：扩区深化、改革掘进

2015年4月21日，国务院印发《进一步深化中国(上海)自由贸易试验区改革开放方案》，即上海自贸试验区建设的2.0版方案。

---

①② 《中国(上海)自由贸易试验区总体方案》。

《深化方案》提出的目标是，按照党中央、国务院对自贸试验区“继续积极大胆闯、大胆试、自主改”，“探索不停步、深耕试验区”的要求，深化完善投资管理制度、贸易监管制度、金融创新制度、事中事后监管制度，形成与国际投资贸易通行规则相衔接的制度创新体系，充分发挥金融贸易、先进制造、科技创新等重点功能承载区的辐射带动作用，力争建设成为开放度最高的投资贸易便利、货币兑换自由、监管高效便捷、法制环境规范的自由贸易园区。①

根据《深化方案》，上海自贸试验区的实施范围扩展到陆家嘴金融片区、金桥开发片区和张江高科技片区三个非海关特殊监管区域，总面积达 120.72 平方公里，是扩区前的近 4 倍。上海自贸试验区的扩区，打破了很多人的固有印象，即自贸试验区要在海关特殊监管区的基础上办。其他国家设立自由贸易区的目的主要是为了促进贸易便利化，因此需要海关特殊监管政策，而我国的自贸试验区不只是为了促进贸易便利化，还肩负着试验金融开放、政府职能转变等重任，是一个综合改革的区域。

上海自贸试验区扩区，不仅拓展了空间，更有利于完善功能，可以更好地承担改革开放试验田的重任。作为国内金融要素最密集的区域，陆家嘴被纳入自贸试验区，可以更好地试验服务业扩大开放，打造服务业的引资高地。金桥开发区是上海重要的先进制造业高地、生产性服务业集聚区、战略性新兴产业先行区和生态工业示范区，虽然自贸试验区主要瞄准服务业扩大开放，但中国制造业的开放仍有很大空间，金桥开发区被纳入自贸试验区，丰富了自贸试验区的试验功能。张江高科技园区，是上海贯彻落实创新型国家战略的核心基地，纳入自贸试验区后，将同时肩负自贸试验区和国家自主创新示范区两大国家战略。

扩区后的上海自贸试验区继续保持改革的先发优势，具体工作集中在五个方面：全面落实深化改革方案中的 25 项重点工作；全面推进

① 《进一步深化中国(上海)自由贸易试验区改革开放方案》。

政府职能转变;全面加强与上海“四个中心”和科技创新中心建设的联动;全面对接“一带一路”建设和长江经济带国家战略;全面衔接浦东综合配套改革。

上海自贸试验区扩区后,可以在更大空间范围内测试投资、贸易、金融、事中事后监管等制度创新的成效,同时,更为充分的压力测试,对转变政府职能、加强事中事后监管水平也提出了新的、更高的要求。扩区之前的上海自贸试验区,28.78 平方公里中没有社区,功能相对单一,扩区后,随着面积的扩大,功能也变得更为丰富,意味着自贸试验区的经验探索更具有推广意义。

(三) 3.0 版:全面深化、系统集成

2017 年 3 月 30 日,国务院印发了《全面深化中国(上海)自由贸易试验区改革开放方案》,意味着上海自贸试验区建设进入 3.0 版。

《全面深化方案》提出目标是:“到 2020 年,率先建立同国际投资和贸易通行规则相衔接的制度体系,把自贸试验区建设成为投资贸易自由、规则开放透明、监管公平高效、营商环境便利的国际高标准自由贸易园区。”①

3.0 版上海自贸试验区迎来了“三区一堡”建设新任务,即“加强改革系统集成,建设开放和创新融为一体的综合改革试验区”;“加强同国际通行规则相衔接,建立开放型经济体系的风险压力测试区”;“进一步转变政府职能,打造提升政府治理能力的先行区”;“创新合作发展模式,成为服务国家‘一带一路’建设、推动市场主体走出去的桥头堡”。②

进入全面深化阶段,上海自贸试验区要在以下几个方面取得新作为:

一是加强改革系统集成。《全面深化方案》按照着力加强全面深化改革开放各项措施系统集成的要求,从负面清单管理模式、国际贸易“单一窗口”、金融宏观审慎管理制度框架、政务信息共享等一批基础

①② 《全面深化中国(上海)自由贸易试验区改革开放方案》。

性、核心制度创新等方面，提出进一步加强制度创新的系统性、整体性、协同性，“建设开放和创新融为一体的综合改革试验区”。

二是加强与国际通行规则的衔接。全方位对外开放既带来新的发展机遇，也隐藏外部风险冲击。能否有效防范高标准开放条件下的风险，是检验上海自贸试验区制度建设成败的重要标准。《全面深化方案》提出了进一步扩大对外开放、实施最高标准的贸易便利化新规则、创新跨境服务贸易管理、深化金融开放创新等方面的压力测试任务。

三是进一步转变政府职能。立足自贸试验区建设与浦东新区转变一级地方政府职能的联动，坚持以自我革新精神实现政府职能再造，《全面深化方案》从治理主体、治理结构、治理体系、治理方式等方面，提出“打造提升政府治理能力的先行区”新任务。

四是创新合作发展模式。中央将上海自贸试验区定位为“成为服务国家‘一带一路’建设、推动市场主体走出去的桥头堡”。《全面深化方案》立足国家“一带一路”建设需要和上海优势资源条件，把握我国对外投资已经超过吸引外资的历史性转折点，提出打造新平台、新载体和新枢纽。

二、第二批自贸试验区成立：形成沿海带状分布格局

2015 年 4 月 21 日，第二批的广东、天津、福建三个自贸试验区正式挂牌成立，中国自贸试验区形成“1＋3”格局。设立这三个自贸试验区是为了与上海自贸试验区形成对比试验、互补试验，通过试验的多样性验证制度创新的成效与制度复制推广的可行性，建设更多改革开放的试验田。

(一)《总体方案》的要求

2015 年 4 月 8 日，国务院印发了《中国(广东)自由贸易试验区总体方案》、《中国(天津)自由贸易试验区总体方案》、《中国(福建)自由贸易试验区总体方案》。三个自贸试验区在战略定位、发展目标上各有侧重(见表 9.1)。

表 9.1　广东、天津、福建三个自贸试验区的战略定位与总体目标

自贸试验区	战略定位	总体目标
广　东	依托港澳、服务内地、面向世界,将自贸试验区建设成为粤港澳深度合作示范区、21 世纪海上丝绸之路重要枢纽和全国新一轮改革开放先行地。	经过三年至五年改革试验,营造国际化、市场化、法治化营商环境,构建开放型经济新体制,实现粤港澳深度合作,形成国际经济合作竞争新优势,力争建成符合国际高标准的法制环境规范、投资贸易便利、辐射带动功能突出、监管安全高效的自由贸易园区。
天　津	以制度创新为核心任务,以可复制可推广为基本要求,努力成为京津冀协同发展高水平对外开放平台、全国改革开放先行区和制度创新试验田、面向世界的高水平自由贸易园区。	经过三年至五年改革探索,将自贸试验区建设成为贸易自由、投资便利、高端产业集聚、金融服务完善、法制环境规范、监管高效便捷、辐射带动效应明显的国际一流自由贸易园区,在京津冀协同发展和我国经济转型发展中发挥示范引领作用。
福　建	围绕立足两岸、服务全国、面向世界的战略要求,充分发挥改革先行优势,营造国际化、市场化、法治化营商环境,把自贸试验区建设成为改革创新试验田;充分发挥对台优势,率先推进与台湾地区投资贸易自由化进程,把自贸试验区建设成为深化两岸经济合作的示范区;充分发挥对外开放前沿优势,建设 21 世纪海上丝绸之路核心区,打造面向 21 世纪海上丝绸之路沿线国家和地区开放合作新高地。	坚持扩大开放与深化改革相结合、功能培育与制度创新相结合,加快政府职能转变,建立与国际投资贸易规则相适应的新体制。创新两岸合作机制,推动货物、服务、资金、人员等各类要素自由流动,增强闽台经济关联度。加快形成更高水平的对外开放新格局,拓展与 21 世纪海上丝绸之路沿线国家和地区交流合作的深度和广度。经过三年至五年改革探索,力争建成投资贸易便利、金融创新功能突出、服务体系健全、监管高效便捷、法制环境规范的自由贸易园区。

资料来源:《中国(广东)自由贸易试验区总体方案》、《中国(天津)自由贸易试验区总体方案》、《中国(福建)自由贸易试验区总体方案》。

(二) 进一步深化广东、天津、福建三个自贸试验区改革开放

广东、天津、福建三个自贸试验区自挂牌成立以来，紧紧围绕服务国家战略，结合当地发展实际，开展了各具特色、各有侧重的改革创新试验，形成了一批可复制可推广的制度创新成果：投资管理体制改革“四个一”、国际贸易“单一窗口”、企业专属网页政务服务新模式、企业简易注销、以信用风险分类为依托的市场监管制度等改革试点经验已经向全国复制推广，改革开放的红利逐步释放，总体上达到了预期目标。①

2018 年 5 月 4 日，国务院印发了《进一步深化中国(广东)自由贸易试验区改革开放方案》、《进一步深化中国(天津)自由贸易试验区改革开放方案》、《进一步深化中国(福建)自由贸易试验区改革开放方案》，强调“按照高质量发展的要求，坚持以供给侧结构性改革为主线，以制度创新为核心，以风险防控为底线”，要求广东、天津、福建三个自贸试验区继续解放思想、先行先试，“率先建立同国际投资和贸易通行规则相衔接的制度体系，形成法治化、国际化、便利化营商环境”。要赋予自贸试验区更大改革自主权，“在形成全面开放新格局、提升政府治理水平、加快培育发展新动能和竞争新优势等方面进一步挖掘改革潜力、破解改革难题”。②

广东自贸试验区围绕建设开放型经济新体制先行区、打造高水平对外开放门户枢纽和打造粤港澳大湾区合作示范区，提出了进一步转变政府职能、建立更加开放透明的市场准入管理模式、进一步提升贸易便利化水平、创新贸易综合监管模式、健全金融创新发展和监管体制、完善知识产权保护和运用体系、建设公正廉洁的法治环境、推动人才管理改革、维护劳动者合法权益、加强环境保护、建设国际航运枢纽、建设国际贸易中心、建设金融业对外开放试验示范窗口、促进粤港澳经济深度合作、深入推进粤港澳服务贸易自由化、创新粤港澳科技合作机制、

①② 《国务院印发方案　进一步深化广东天津福建自贸区改革开放》，《人民日报》，2018 年 5 月 25 日。

建设粤港澳青年创新创业合作示范基地和携手港澳参与“一带一路”建设等18个方面的具体举措。①

天津自贸试验区围绕“对标国际先进规则，构筑开放型经济新体制”，“培育发展新动能，增创国际竞争新优势”，“深化协作发展，建设京津冀协同发展示范区”，提出了深入推进行政审批职能与流程优化、建立更加开放透明的市场准入管理模式、进一步深化金融开放和监管创新、建成高水平的国际贸易“单一窗口”、创新贸易综合监管模式、增强国际航运和口岸服务功能、创新要素市场配置机制、进一步深化事中事后监管体制创新、积极推动前沿新兴技术和产业孵化、建设新型贸易产业集聚区、落实与完善促进服务贸易的税收政策、支持服务实体经济的金融业务健康发展、发挥对外开放引领作用、增强港口口岸服务辐射功能、优化区域金融资源配置、完善服务协同发展机制等16个方面的具体举措。②

福建自贸试验区围绕深入推进各领域改革创新、进一步提升政府治理水平、形成更多可复制可推广的制度创新成果、深化两岸经济合作、加快建设21世纪海上丝绸之路核心区，提出了进一步放宽投资准入、提升国际贸易便利化水平、打造高标准的国际化营商环境、进一步深化金融开放和监管创新、强化创新要素支撑、推进政府服务标准化透明化、深入推进“互联网＋政务服务”、创新事中事后监管体制机制、推进商事制度集成化改革、深化投资项目审批全流程改革、建成国际先进水平的国际贸易“单一窗口”、创新产业发展服务模式、促进区域联动发展、创新产业合作新机制、建立通关合作新模式、加强闽台金融合作、打造创新创业新平台、拓展交流交往新渠道、推进互联互通、建设合作平台、创新合作模式等21个方面的具体举措。③

① 《进一步深化中国(广东)自由贸易试验区改革开放方案》。
② 《进一步深化中国(天津)自由贸易试验区改革开放方案》。
③ 《进一步深化中国(福建)自由贸易试验区改革开放方案》。

三、 第三批自贸试验区成立：形成开放“雁行阵”

2017年3月15日，国务院分别印发了《中国(辽宁)自由贸易试验区总体方案》、《中国(浙江)自由贸易试验区总体方案》、《中国(河南)自由贸易试验区总体方案》、《中国(湖北)自由贸易试验区总体方案》、《中国(重庆)自由贸易试验区总体方案》、《中国(四川)自由贸易试验区总体方案》、《中国(陕西)自由贸易试验区总体方案》，从而揭晓了中国第三批自贸试验区名单。

第三批7个自贸试验区的选择，就区域分布而言，浙江省属于东部地区，其他6个自贸试验区所在区域属中部、西部和东北地区。

第三批自贸试验区挂牌后，中国自贸试验区拓展为“1＋3＋7”的格局，共11个。从区域布局上来讲，由东部沿海向西部内陆形成了以自贸试验区为载体的开放的“雁行阵”。在这一背景下，中西部地区，尤其是内陆地区的开放程度得到明显提升。

四、 建设海南自贸试验区：形成“1+ 3+ 7+ 1”格局

在三批11个自贸试验区成立后，党中央、国务院决定支持海南全岛建设自由贸易试验区。2018年4月11日，《中共中央国务院关于支持海南全面深化改革开放的指导意见》正式发布，要求海南高标准高质量建设自由贸易试验区。2018年10月16日，国务院发布《中国(海南)自由贸易试验区总体方案》。

海南自贸试验区的实施范围为海南岛全岛。这意味着海南自贸试验区开放试验的范围将远远超过其他的11个自贸试验区。

赋予海南经济特区改革开放新的使命，是习近平总书记亲自谋划、亲自部署、亲自推动的重大国家战略。①

作为我国对接国际高标准贸易、投资规则的试验田，自贸试验区从

① 《中国(海南)自由贸易试验区总体方案》。

诞生之初就承载了对接国家发展战略的使命。12个自贸试验区,既服务于京津冀协同发展、“一带一路”建设与长江经济带发展三大区域协调战略,也服务于西部大开发、东北老工业基地振兴、中部崛起、东部地区率先发展等四大板块的区域发展战略,充分服务于国家新一轮改革开放的总体战略布局。

第二节

自贸试验区发展各具特色

考虑到各地的差异化,各自贸试验区在试点内容上结合区位优势、国家战略进行立体化探索。12个自贸试验区都是新形势下深化改革、扩大开放的重大举措、重要尝试,都以制度创新为核心任务,但在战略定位、实现目标与主要任务上各有侧重。

一、上海自贸试验区

上海自贸试验区作为中国大陆成立的第一个自贸试验区,主要侧重体制完善和制度建设,成立五年来,始终紧抓制度创新这个核心任务,以制度创新推进深化改革扩大开放。

2017年3月国务院印发的《全面深化中国(上海)自由贸易试验区改革开放方案》,对上海自贸试验区的改革开放提出了更高的要求——“对照国际最高标准、最好水平的自由贸易区,全面深化自贸试验区改革开放”。上海自贸试验区要按照国际最高标准、最好水平,为推动我国实施新一轮高水平对外开放进行更为充分的压力测试,并形成适应经济更加开放要求的系统试点经验。

《全面深化方案》明确的建设目标是:到2020年,率先建立同国际投资和贸易通行规则相衔接的制度体系,把上海自贸试验区建设成为投资贸易自由、规则开放透明、监管公平高效、营商环境便利的国际高标准自由贸易园区，健全各类市场主体平等准入和有序竞争的投资管理体系、促进贸易转型升级和通关便利的贸易监管服务体系、深化金融开放创新和有效防控风险的金融服务体系、符合市场经济规则和治理能力现代化要求的政府管理体系，率先形成法治化、国际化、便利化的营商环境和公平、统一、高效的市场环境。《全面深化方案》要求强化自贸试验区改革同上海市改革的联动，各项改革试点任务具备条件的在浦东新区范围内全面实施，或在上海市推广试验。①

对照“国际最高标准、最好水平的自由贸易区”的目标要求，全面深化上海自贸试验区改革开放的主要任务可概括为“三区一堡”建设，即综合改革的试验区、风险压力的测试区、提升政府治理能力的先行区，以及服务“一带一路”建设、推动市场主体走出去的桥头堡。

进入全面深化改革开放阶段的上海自贸试验区将坚持服务全国改革开放大局，形成更多可复制可推广的改革创新成果。

二、 广东自贸试验区

建立广东自贸试验区是在新形势下推进改革开放和促进内地与港澳深度合作的重要举措。广东自贸试验区的深圳前海和蛇口片区以及珠海的横琴片区分别与香港和澳门接壤。这种地理位置上的优越性和独特性也让广东自贸试验区具有独特区位功能，即通过自贸试验区建设推动内地经济，尤其是广州、深圳和珠海等珠三角城市群经济与香港和澳门经济的深度融合，力推粤港澳一体化发展。

2018 年 5 月国务院印发的《进一步深化中国(广东)自由贸易试验区改革开放方案》，明确要求开拓协调发展新领域，将广东自贸试验区打造成粤港澳大湾区的合作示范区。

广东自贸试验区进一步深化改革开放的目标是：到 2020 年，率先对标国际投资和贸易通行规则，建立与国际航运枢纽、国际贸易中心和

① 《全面深化中国(上海)自由贸易试验区改革开放方案》。

金融业对外开放试验示范窗口相适应的制度体系，打造开放型经济新体制先行区、高水平对外开放门户枢纽和粤港澳大湾区合作示范区。要求强化广东自贸试验区改革同广东省改革的联动，具备条件的改革试点任务可在珠江三角洲地区全面实施，或在广东省推广试验。①

按照《进一步深化中国(广东)自由贸易试验区改革开放方案》的要求，广东自贸试验区将通过促进粤港澳经济深度合作、深入推进粤港澳服务贸易自由化、创新粤港澳科技合作机制、建设粤港澳青年创新创业合作示范基地、携手港澳参与“一带一路”建设，开拓协调发展新领域，打造粤港澳大湾区合作示范区。

三、 天津自贸试验区

建立天津自贸试验区是新形势下全面深化改革、扩大开放和加快推进京津冀协同发展战略的重大举措。服务京津冀协同发展国家战略，正是天津自贸试验区特殊的战略定位与明显特点。

在2018年5月国务院印发的《进一步深化中国(天津)自由贸易试验区改革开放方案》，明确要求天津自贸试验区通过对标国际先进规则，努力构筑开放型经济新体制；通过培育发展的新动能，努力增创国际竞争新优势；通过深化协作发展，努力建设京津冀协同发展的示范区。

天津自贸试验区进一步深化改革开放的目标是：到2020年，率先建立同国际投资和贸易通行规则相衔接的制度体系，形成法治化、国际化、便利化营商环境，努力构筑开放型经济新体制，增创国际竞争新优势，建设京津冀协同发展示范区。要求强化天津自贸试验区改革与天津市改革的联动，各项改革试点任务具备条件的在滨海新区范围内全面实施，或在天津市推广试验。②

---

① 《进一步深化中国(广东)自由贸易试验区改革开放方案》。
② 《进一步深化中国(天津)自由贸易试验区改革开放方案》。

按照《进一步深化中国(天津)自由贸易试验区改革开放方案》的要求,天津自贸试验区将进一步扩大对外开放,更好发挥自贸试验区对京津冀发展的门户作用:通过建成更高水平的国际贸易"单一窗口",服务区域跨境贸易便利化;通过进一步深化金融开放和监管创新,更好服务区域实体经济发展与要素资源市场配置;加强顶层设计和统筹安排,可复制可推广的改革创新经验率先向京津冀地区复制推广,为区域改革开放发挥更多示范引领作用。

四、福建自贸试验区

建立福建自贸试验区是在新形势下推进改革开放和深化两岸经济合作的重要举措。"深化两岸经济合作"、"推动 21 世纪海上丝绸之路建设",正是福建自贸试验区特殊的战略定位与明显特点。

2018 年 5 月国务院印发的《进一步深化中国(福建)自由贸易试验区改革开放方案》,明确要求发挥沿海近台优势,使福建自贸试验区在深化两岸经济合作、推动 21 世纪海上丝绸之路建设方面发挥更大作用。

福建自贸试验区进一步深化改革开放的目标是:到 2020 年,率先建立同国际投资和贸易通行规则相衔接的制度体系,形成法治化、国际化、便利化营商环境,打造开放和创新融为一体的综合改革试验区、深化两岸经济合作示范区和面向 21 世纪海上丝绸之路沿线国家和地区开放合作新高地。要求强化福建自贸试验区改革同福建省改革的联动,改革试点任务具备条件的可在福州市、厦门市和平潭综合实验区范围内全面实施,或在福建省推广试验。①

按照《进一步深化中国(福建)自由贸易试验区改革开放方案》的要求,福建自贸试验区将通过进一步创新产业合作新机制、建立通关合作新模式、加强闽台金融合作、打造创新创业新平台、拓展交流交往新渠

① 《进一步深化中国(福建)自由贸易试验区改革开放方案》。

道,进一步发挥沿海近台优势,深化两岸经济合作;通过推进互联互通、建设合作平台、创新合作模式,加强交流合作,加快建设21世纪海上丝绸之路核心区。

五、 辽宁自贸试验区

建立辽宁自贸试验区是新形势下全面深化改革、扩大开放和推动东北地区等老工业基地振兴的重大举措。振兴东北老工业基地,正是辽宁自贸试验区特殊的战略定位与明显特点。

国务院印发的《中国(辽宁)自由贸易试验区总体方案》明确提出,“努力将自贸试验区建设成为提升东北老工业基地发展整体竞争力和对外开放水平的新引擎”。

辽宁自贸试验区建设的主要目标是:经过三年至五年改革探索,形成与国际投资贸易通行规则相衔接的制度创新体系,营造法治化、国际化、便利化的营商环境,巩固提升对人才、资本等要素的吸引力,努力建成高端产业集聚、投资贸易便利、金融服务完善、监管高效便捷、法治环境规范的高水平高标准自由贸易园区,引领东北地区转变经济发展方式、提高经济发展质量和水平。①

在加快老工业基地结构调整方面,要求辽宁自贸试验区进一步深化国资国企改革,促进产业转型升级,发展生产性服务业,构筑科技创新和人才高地,推进东北一体化协同发展。在加强东北亚区域开放合作方面,要求辽宁自贸试验区更好推进与东北亚全方位经济合作,加快构建双向投资促进合作新机制,构建连接亚欧的海陆空大通道,建设现代物流体系和国际航运中心。

六、 浙江自贸试验区

建立浙江自贸试验区是新形势下全面深化改革、扩大开放和提升

---

① 《中国(辽宁)自由贸易试验区总体方案》。

我国在全球资源配置竞争力的重大举措。以油品为核心提升我国资源配置在全球的竞争力，正是浙江自贸试验区特殊的战略定位与明显特点。

在国务院印发的《中国(浙江)自由贸易试验区总体方案》中明确提出，将浙江自贸试验区"建设成为东部地区重要海上开放门户示范区、国际大宗商品贸易自由化先导区和具有国际影响力的资源配置基地"，要求"为新形势下推动大宗商品贸易自由化发挥示范引领作用"。

浙江自贸试验区的建设目标是：经过三年左右有特色的改革探索，基本实现投资贸易便利、高端产业集聚、法治环境规范、金融服务完善、监管高效便捷、辐射带动作用突出，以油品为核心的大宗商品全球配置能力显著提升，对接国际标准初步建成自由贸易港区先行区。①

浙江自贸试验区将通过建设国际海事服务基地、国际油品储运基地、国际石化基地、国际油品交易中心，以及加快石油石化科技研发和人才集聚，推动油品全产业链的投资便利化、贸易自由化。

七、 河南自贸试验区

建立河南自贸试验区是新形势下全面深化改革、扩大开放和深入推进"一带一路"建设的重大举措。服务于"一带一路"建设的现代综合交通枢纽、建设内陆开放型经济示范区，正是河南自贸试验区特殊的战略定位与明显特点。

国务院印发的《中国(河南)自由贸易试验区总体方案》，强调将河南自贸试验区建设成为服务于"一带一路"建设的现代综合交通枢纽、全面改革开放试验田和内陆开放型经济示范区，明确要求河南自贸试验区要为加强与"一带一路"沿线国家交流合作拓展新空间、搭建新平台，将自贸试验区建设成为服务于"一带一路"建设的现代综合交通枢纽。

---

① 《中国(浙江)自由贸易试验区总体方案》。

河南自贸试验区的发展目标是:经过三年至五年改革探索,形成与国际投资贸易通行规则相衔接的制度创新体系,营造法治化、国际化、便利化的营商环境,努力将自贸试验区建设成为投资贸易便利、高端产业集聚、交通物流通达、监管高效便捷、辐射带动作用突出的高水平高标准自由贸易园区,引领内陆经济转型发展,推动构建全方位对外开放新格局。①

河南自贸试验区将通过畅通国际交通物流通道、完善国内陆空集疏网络、开展多式联运先行示范、扩大航空服务对外开放、推进内陆口岸经济创新发展、促进国际医疗旅游产业融合发展、培育"一带一路"合作交流新优势,增强服务"一带一路"建设的交通物流枢纽功能。

八、 湖北自贸试验区

建立湖北自贸试验区是新形势下全面深化改革、扩大开放和加快推进中部崛起、长江经济带发展的重大举措。推进中部崛起与长江经济带发展,正是湖北自贸试验区特殊的战略定位与明显特点。

国务院印发的《中国(湖北)自由贸易试验区总体方案》,强调自贸试验区"立足中部、辐射全国、走向世界,努力成为中部有序承接产业转移示范区、战略性新兴产业和高技术产业集聚区、全面改革开放试验田和内陆对外开放新高地",要求湖北自贸试验区"在实施中部崛起战略和推进长江经济带发展中发挥示范作用"。

湖北自贸试验区的发展目标是:经过三年至五年改革探索,对接国际高标准投资贸易规则体系,力争建成高端产业集聚、创新创业活跃、金融服务完善、监管高效便捷、辐射带动作用突出的高水平高标准自由贸易园区,在实施中部崛起战略和推进长江经济带发展中发挥示范作用。②

---

① 《中国(河南)自由贸易试验区总体方案》。
② 《中国(湖北)自由贸易试验区总体方案》。

湖北自贸试验区将通过加快建设长江中游航运中心、构建国际物流枢纽、促进区域产业转型升级和绿色发展、打造区域发展综合服务平台，更好推进中部崛起与长江经济带发展。

九、 重庆自贸试验区

建立重庆自贸试验区是新形势下全面深化改革、扩大开放和深入推进“一带一路”建设、长江经济带发展、西部大开发战略的重大举措，这也正是重庆自贸试验区特殊的战略定位与明显特点。

国务院印发的《中国(重庆)自由贸易试验区总体方案》，要求努力将重庆自贸试验区建设成为“一带一路”和长江经济带互联互通重要枢纽、西部大开发战略的重要支点。

重庆自贸试验区的发展目标是：经过三年至五年改革探索，努力建成投资贸易便利、高端产业集聚、监管高效便捷、金融服务完善、法治环境规范、辐射带动作用突出的高水平高标准自由贸易园区，努力建成服务于“一带一路”建设和长江经济带发展的国际物流枢纽和口岸高地，推动构建西部地区门户城市全方位开放新格局，带动西部大开发战略深入实施。①

重庆自贸试验区将更好地为新形势下内陆开放型经济发展发挥示范引领作用，为“一带一路”建设和长江经济带发展打下扎实基础。重庆自贸试验区将通过构建多式联运的国际物流体系、“一带一路”建设的政策支持体系，更好推进“一带一路”建设和长江经济带联动发展；通过探索建立区域联动发展机制、进一步促进区域产业转型升级、努力提升口岸服务辐射功能，更好地推动长江经济带与成渝城市群的协同发展。

十、 四川自贸试验区

建立四川自贸试验区是新形势下全面深化改革、扩大开放和深入

---

① 《中国(重庆)自由贸易试验区总体方案》。

推进西部大开发、长江经济带发展的重大举措。

国务院发布的《中国(四川)自由贸易试验区总体方案》，要求“将自贸试验区建设成为西部门户城市开发开放引领区、内陆开放战略支撑带先导区、国际开放通道枢纽区、内陆开放型经济新高地、内陆与沿海沿边沿江协同开放示范区”，这也正是四川自贸试验区特殊的战略定位与明显特点。

四川自贸试验区的发展目标是：经过三年至五年改革探索，力争建成法治环境规范、投资贸易便利、创新要素集聚、监管高效便捷、协同开放效果显著的高水平高标准自由贸易园区，在打造内陆开放型经济高地、深入推进西部大开发和长江经济带发展中发挥示范作用。①

四川自贸试验区将在培育内陆地区参与国际经济合作竞争新优势上作出重要的探索，并通过自贸试验区建设打造区域协调发展的新引擎。通过增强产业辐射带动能力、畅通国际开放通道、打造沿江开放口岸，四川自贸试验区将更好地实施内陆与沿海沿边沿江协同开放战略。

十一、陕西自贸试验区

建立陕西自贸试验区是新形势下全面深化改革、扩大开放和加快推进“一带一路”建设、深入推进西部大开发的重大举措。推进“一带一路”建设与西部大开发，正是陕西自贸试验区特殊的战略定位与明显特点。

国务院印发的《中国(陕西)自由贸易试验区总体方案》，要求将陕西自贸试验区建设成为“全面改革开放试验田、内陆型改革开放新高地、‘一带一路’经济合作和人文交流重要支点”。

陕西自贸试验区的发展目标是：经过三年至五年改革探索，形成与国际投资贸易通行规则相衔接的制度创新体系，营造法治化、国际化、便利化的营商环境，努力建成投资贸易便利、高端产业聚集、金融服务

① 《中国(四川)自由贸易试验区总体方案》。

完善、人文交流深入、监管高效便捷、法治环境规范的高水平高标准自由贸易园区，推动“一带一路”建设和西部大开发战略的深入实施。①

陕西自贸试验区立足于推进“一带一路”建设和西部大开发，通过创新互联互通合作机制、国际产能合作模式、现代农业交流合作机制等，进一步扩大与“一带一路”沿线国家的经济合作；通过创新科技合作机制、教育合作机制、文化交流合作机制、旅游合作机制、医疗卫生合作机制等，探索创建与“一带一路”沿线国家人文交流的新模式；通过带动区域开放型经济发展、推动区域创新发展、促进区域产业转型升级、构建服务区域发展的人才高地等，更好推动西部大开发战略深入实施。

十二、海南自贸试验区

建立海南自贸试验区是党中央、国务院着眼于国际国内发展大局，深入研究、统筹考虑、科学谋划做出的重大决策，是彰显我国扩大对外开放、积极推动经济全球化决心的重大举措。“打造成为我国面向太平洋和印度洋的重要对外开放门户”，正是海南自贸试验区特殊的战略定位与明显特点。

国务院印发的《中国(海南)自由贸易试验区总体方案》，要求海南自贸试验区对标国际先进规则，持续深化改革探索，以高水平开放推动高质量发展，加快建立开放型生态型服务型产业体系。

海南自贸试验区的发展目标是：到2020年，自贸试验区建设取得重要进展，国际开放度显著提高，努力建成投资贸易便利、法治环境规范、金融服务完善、监管安全高效、生态环境质量一流、辐射带动作用突出的高标准高质量自贸试验区，为逐步探索、稳步推进海南自由贸易港建设，分步骤、分阶段建立自由贸易港政策体系打好坚实基础。

海南自贸试验区将发挥海南岛全岛试点的整体优势，紧紧围绕建设全面深化改革开放试验区、国家生态文明试验区、国际旅游消费中心

① 《中国(陕西)自由贸易试验区总体方案》。

和国家重大战略服务保障区,实行更加积极主动的开放战略,加快构建开放型经济新体制,推动形成全面开放新格局,把海南打造成为我国面向太平洋和印度洋的重要对外开放门户①。

第三节

复制推广自贸试验区改革试点经验

自贸试验区不是“栽盆景”,而是“种苗圃”。至2018年6月底,前三批11个自贸试验区已经先后复制推广四批改革试点经验。

一、 复制推广的第一批试点经验

2015年1月29日,国务院发布《关于推广中国(上海)自由贸易试验区可复制改革试点经验的通知》,强调上海自贸试验区可复制的改革试点经验,“原则上,除涉及法律修订、上海国际金融中心建设事项外,能在其他地区推广的要尽快推广,能在全国范围内推广的要推广到全国”。

(一) 在全国范围内复制推广的改革事项

主要体现在投资管理、贸易便利化、金融改革开放、服务业开放与事中事后监管等五个领域。

在投资管理领域,“外商投资广告企业项目备案制、涉税事项网上审批备案、税务登记号码网上自动赋码、网上自主办税、纳税信用管理的网上信用评级、组织机构代码实时赋码、企业标准备案管理制度创新、取消生产许可证委托加工备案、企业设立实行‘单一窗口’等”改革事项在全国复制推广。

贸易便利化领域,在全国复制推广的改革事项包括全球维修产业

① 《中国(海南)自由贸易试验区总体方案》。

检验检疫监管、中转货物产地来源证管理、检验检疫通关无纸化、第三方检验结果采信与出入境生物材料制品风险管理等。

金融领域中，“个人其他经常项下人民币结算业务、外商投资企业外汇资本金意愿结汇、银行办理大宗商品衍生品柜台交易涉及的结售汇业务、直接投资项下外汇登记及变更登记下放银行办理等”改革开放事项在全国复制推广。

在服务业开放领域，明确在全国复制推广的改革事项具体有“允许融资租赁公司兼营与主营业务有关的商业保理业务、允许设立外商投资资信调查公司、允许设立股份制外资投资性公司、融资租赁公司设立子公司不设最低注册资本限制、允许内外资企业从事游戏游艺设备生产和销售等”。

事中事后监管措施方面，“社会信用体系、信息共享和综合执法制度、企业年度报告公示和经营异常名录制度、社会力量参与市场监督制度，以及各部门的专业监管制度”在全国复制推广。

(二) 在全国其他海关特殊监管区域复制推广的改革事项

在海关监管制度创新方面，“期货保税交割海关监管制度、境内外维修海关监管制度、融资租赁海关监管制度等措施”在全国其他海关特殊监管区域复制推广。

在检验检疫制度创新方面，在全国其他海关特殊监管区域复制推广的改革事项主要有“复制进口货物预检验、分线监督管理制度、动植物及其产品检疫审批负面清单管理等措施”。

二、 复制推广的第二批试点经验

2016 年 11 月 10 日，国务院发布《关于做好自由贸易试验区新一批改革试点经验复制推广工作的通知》。该《通知》指出，广东、天津、福建以及上海自贸试验区扩展区域运行一年多的时间里，在投资管理、贸易便利化、金融、事中事后监管等领域进行了大胆探索，形成了新一批共 19 项可在全国复制推广的改革创新成果。

(一) **在全国范围内复制推广的改革事项**

在全国范围内复制推广的新一批改革事项有12项。

在投资管理领域,包括负面清单以外领域外商投资企业设立及变更审批改革、税控发票领用网上申请、企业简易注销3项在全国范围内复制推广。

贸易便利化领域有7项改革事项在全国范围内复制推广,包括“依托电子口岸公共平台建设国际贸易单一窗口,推进单一窗口免费申报机制”、“国际海关经认证的经营者(AEO)互认制度”、“出境加工监管”、“企业协调员制度”、“原产地签证管理改革创新”、“国际航行船舶检疫监管新模式”、“免除低风险动植物检疫证书清单制度”。

在全国复制推广的事中事后监管措施有“引入中介机构开展保税核查、核销和企业稽查”,以及“海关企业进出口信用信息公示制度”2项。

(二) **在海关特殊监管区域复制推广的改革事项**

在海关特殊监管区域复制推广的改革事项共有7项,包括“入境维修产品监管新模式”、“一次备案,多次使用”、“委内加工监管”、“仓储货物按状态分类监管”、“大宗商品现货保税交易”、“保税展示交易货物分线监管、预检验和登记核销管理模式”与“海关特殊监管区域间保税货物流转监管模式”。

三、 复制推广的第三批试点经验

2017年7月26日,商务部、交通运输部、工商总局、质检总局、外汇局,联合发布《关于做好自由贸易试验区第三批改革试点经验复制推广工作的函》,“会展检验检疫监管新模式”、“进口研发样品便利化监管制度”、“海事集约登轮检查制度”、“融资租赁公司收取外币租金”与“市场主体名称登记便利化改革”5项改革事项向全国范围内复制推广。

(一) **会展检验检疫监管新模式**

(1) 简化审批手续,对报检单位登记备案、出入境特殊物品卫生检疫审批、口岸卫生许可、进境(过境)动植物及其产品检疫审批等检验检疫审批项目，实行网上申请和审批。

（2）创新展品监管措施，对需办理强制性产品认证（CCC 认证）的产品实行“入区登记、展后区别监管”的监管方式，无需办理《免于办理强制性产品认证证明》。会展结束后，退运出境的产品采取复出核销的便捷措施，销售、使用的展品按照强制性产品认证的有关规定办理。

（3）改口岸查验为场馆集中查验，对入境展品实行口岸核证直接放行。

（二）进口研发样品便利化监管制度

对研发科创类型企业进口的研发用样品采取合格假定、信用放行的监管新模式，对产品实施风险分类监管，简化入出境办理手续，实施事中事后监管。

（三）海事集约登轮检查制度

整合海事执法力量，实现一站式登轮检查，对海事部门涉及的各类检查项目，做到能够不登轮检查的不再登轮检查，必须登轮检查的事项，一次完成海事监管所有执法检查。

（四）融资租赁公司收取外币租金

金融租赁公司、外商投资融资租赁公司及中资融资租赁公司办理融资租赁业务时，如用以购买租赁物的资金 50%以上来源于自身国内外汇贷款或外币负债，可以在境内以外币形式收取租金。

（五）市场主体名称登记便利化改革

实行企业名称“自助查重、自主申报”。

（1）减少名称登记环节。企业名称核准与企业设立登记可以同时办理。

（2）开放名称数据库，设立名称禁限用规则，供申请人自助查重、自主申报使用。

（3）探索名称争议除名制度。应予纠正的企业名称，登记机关责令企业限期改正，拒不改正的，可以用除名方式，或者暂以统一社会信用代码代替，通过国家企业信用信息公示系统予以公示。

四、 复制推广的第四批试点经验

2018 年 5 月 23 日,国务院发布《关于做好自由贸易试验区第四批改革试点经验复制推广工作的通知》,上海等 11 个自贸试验区结合各自功能定位与特色特点,全力推进制度创新实践,形成了第四批在全国复制推广的改革试点经验。此次复制推广的改革事项共 30 项,其中 27 项在全国复制推广,3 项在特定区域复制推广。

(一) 在全国范围内复制推广改革事项

第四批在全国范围内复制推广的改革事项有 27 项。

服务业开放领域,包括:“扩大内地与港澳合伙型联营律师事务所设立范围”、“国际船舶运输领域扩大开放”、“国际船舶管理领域扩大开放”、“国际船舶代理领域扩大开放”、“国际海运货物装卸、国际海运集装箱场站和堆场业务扩大开放”5 项改革事项在全国复制推广。

投资管理领域,在全国复制推广的改革事项有“船舶证书‘三合一’并联办理”、“国际船舶登记制度创新”、“对外贸易经营者备案和原产地企业备案‘两证合一’”、“低风险生物医药特殊物品行政许可审批改革”、“一般纳税人登记网上办理”与“工业产品生产许可证‘一企一证’改革”6 项。

在贸易便利化领域,“跨部门一次性联合检查”、“保税燃料油供应服务船舶准入管理新模式”、“先放行、后改单作业模式”、“铁路运输方式舱单归并新模式”、“海运进境集装箱空箱检验检疫便利化措施”、“入境大宗工业品联动检验检疫新模式”、“国际航行船舶供水‘开放式申报+验证式监管’”、“进境保税金属矿产品检验监管制度”、“外锚地保税燃料油受油船舶‘申报无疫放行’制度”9 项改革事项在全国复制推广。

第四批在全国复制推广的事中事后监管措施,包括“企业送达信息共享机制”、“边检服务掌上直通车”、“简化外锚地保税燃料油加注船舶入出境手续”、“国内航行内河船舶进出港管理新模式”、“外锚地保税燃料油受油船舶便利化海事监管模式”、“保税燃料油供油企业信用监管新模式”与“海关企业注册及电子口岸入网全程无纸化”7项。

(二) 在特定区域复制推广改革事项

在特定区域复制推广改革事项3项。一是在海关特殊监管区域复制推广的2项改革事项:“海关特殊监管区域‘四自一简’监管创新”与“‘保税混矿’监管创新”。二是在海关特殊监管区域及保税物流中心(B型)复制推广“先出区、后报关”。

参考文献

《中国(上海)自由贸易试验区总体方案》。
《进一步深化中国(上海)自由贸易试验区改革开放方案》。
《全面深化中国(上海)自由贸易试验区改革开放方案》。
《中国(广东)自由贸易试验区总体方案》。
《中国(天津)自由贸易试验区总体方案》。
《中国(福建)自由贸易试验区总体方案》。
《进一步深化中国(广东)自由贸易试验区改革开放方案》。
《进一步深化中国(天津)自由贸易试验区改革开放方案》。
《进一步深化中国(福建)自由贸易试验区改革开放方案》。
《中国(辽宁)自由贸易试验区总体方案》。
《中国(浙江)自由贸易试验区总体方案》。
《中国(河南)自由贸易试验区总体方案》。
《中国(湖北)自由贸易试验区总体方案》。
《中国(重庆)自由贸易试验区总体方案》。
《中国(四川)自由贸易试验区总体方案》。
《中国(陕西)自由贸易试验区总体方案》。
《中国(海南)自由贸易试验区总体方案》。

第十章
探索建设自由贸易港

本章提要

自由港发端于欧洲中世纪地中海沿岸，至20世纪已先后扩散至欧美、亚洲及世界各地。自由贸易港的世界兴起与时代演进，依赖于一定的历史、地理、技术和制度条件。党的十九大报告提出，赋予自由贸易试验区更大改革自主权，探索建设自由贸易港。中国特色自由贸易港是习近平新时代中国特色社会主义经济思想在开放经济领域的最新要求，定位于建设境内关外、货物资金人员进出自由、绝大多数商品免征关税的特定区域和全球开放水平最高的特殊经济功能区。荷兰鹿特丹、中国香港、新加坡和阿联酋迪拜各自形成了具有全球影响力的自由贸易港发展模式，可为中国提供积极的参考借鉴。目前，中国特色自由贸易港尚处于起步阶段，自由贸易港的区位选择、产业布局和制度安排是亟待解决的几个关键问题。综合来看，依托正式公布的自由贸易试验区是设立自由贸易港的现实可行选择。其中，海南、上海、浙江已先行一步谋划并明确提出探索建设自由贸易港。

第一节
自由港世界兴起与中国自由贸易港提出

一、自由港的兴起与演进

（一）自由港的世界兴起与演进特征

自由贸易港的概念最早产生于欧洲，13世纪法国马赛港即开辟了自由贸易区，1547 年热那亚湾的雷格亨港被热那亚共和国正式定名为世界上第一个自由贸易港。16 世纪至 17 世纪，类似的自由贸易港或自由贸易区，从地中海沿岸兴起后，快速风靡至欧洲不同涉海地区，如法国的敦刻尔克和勒阿弗尔、德国的汉堡和不来梅、丹麦的哥本哈根等。这一时期自由贸易港以商贸为中心，局限在欧洲邻近海域，如地中海、北海和波罗的海地区。随着欧洲资本主义国家在全世界建立殖民体系，部分殖民地港口因地理位置优越成为资本主义国家海外扩张的军事要塞，或为宗主国利益服务的贸易中转港。殖民地自由港在殖民地与宗主国之间建立了洲际联系，被迫成为资本主义全球商业和贸易网络中的节点。例如，亚洲的新加坡、阿联酋迪拜、也门亚丁及回归祖国之前的中国香港，非洲的吉布提，美洲的巴西玛瑙斯等。除了欧洲本土或海外殖民地建立的自由贸易港，作为资本主义国家“后起之秀”的美国，在罗斯福新政影响下于 1934 年出台《对外贸易区法案》，创造了一种“美式自由港”，主要目的是在海关特殊监管区内实施贸易便利化措施，促进美国对外贸易，带动就业发展。至 2016 年底，美国对外贸易区数量达到 263 个。

20 世纪自由贸易港或自由贸易区的演进过程中，呈现以下几个明显特征。一是以爱尔兰的香农、荷兰史基浦为代表的空港自由区出现。这种类型的自由区除了促进自由贸易外，还鼓励发展高附加值产业，区内企业可以进行制造和展示活动，由此也带动了一批科学技术园区的出现。比如，美国杜勒斯对外贸易区以杜勒斯国际机场为中心，形成了集机场、国家高铁、城际铁路、城市轨道交通等于一体的现代化大型综合交通枢纽。杜勒斯对外贸易区周边区域大规模物流开发还带动了高科技走廊的发展，被誉为“第二硅谷”，杜勒斯国际机场为端点的公路沿线成为全美领先的高科技和商务区。

二是经济全球化浪潮背景下，发展中国家和地区开始效仿欧美，对自由贸易港（区）政策进行创造性转化、利用。这方面的典型代表是韩国和中国台湾。韩国在 20 世纪 60 年代中期建立出口工业园、70 年代建立马山自由出口区、80 年代后期开发建立大德、光州和大邱等特区,在 2003 年建立自由经济区,如仁川、釜山、光阳湾等。中国台湾则是通过创建了加工出口区、科学园区、境外航运中心、国际物流中心和自由贸易港(区)等,形成外向型经济体系,实现经济起飞。

此外,自由贸易港(区)呈现综合化发展趋势。该趋势下,自由贸易港(区)以全球价值链为基础,以信息化为媒介,以港口为核心,以港口城市为主体发展起来。港口、产业、城市融合联动,促进金融、保险、旅游和信息服务等服务业发展,提供增值性和高端化服务,发挥多功能集成平台作用,成为综合运筹物流、信息流、资金流的资源配置中心。这方面的典型是韩国仁川自由经济区,它凭借韩国贸易和航空枢纽地位,向投资者提供一站式服务,已经发展成一个座著名的"航空城"、"智慧城市"和"绿色城市"。

截至目前,关于自由贸易港有约定俗成说法,无公认法律定义。与"自由贸易港"直接相关的概念是"自由区"。自由区是 1973 年《京都公约》的最大亮点,该公约用 18 个标准条款和 3 个建议条款界定了"自由区"的内涵和准则。自由区(free zone)指"缔约方境内的一部分,进入这一部分的任何货物,就进口税费而言,通常视为在关境之外,免于实施惯常的海关监管制度"。1999 年公约进一步修订时删除了"免于实施惯常的海关监管制度"的表述,毕竟自由区设立及政策由主权国家决定,由此自由区种类、功能和优惠政策千差万别。仅从海关税收角度定义"自由区",实际扩大了概念适用范围。各国实践中,自由区、自由港作为同义词混用。

(二) 自由港世界兴起与演进的时代条件

自由贸易港的世界兴起与不断演进,依赖于一定的历史、地理、技术、制度条件。通过了解这些客观条件,有助于认识自由贸易港的演进规律,有助于理解个别港口为何享誉世界而长久不衰。

1. 地理大发现与工业革命重塑世界海运

奥斯曼帝国横跨亚非欧,阻断了香料、丝绸之路。在航海技术取得重要进步和《马可·波罗行记》描绘的富庶东方诱惑等多种原因下，欧洲多国皇室开始资助冒险航海家寻找通往东方的新通路。随着哥伦布发现新大陆，麦哲伦新航线的开辟等标志性事件涌现，地理大发现开启了大航海时代，近海运输转向洲际海洋运输，西班牙、葡萄牙、荷兰、英国海上强国相继崛起，航运与贸易中心逐渐从地中海沿岸转移到大西洋沿岸。工业革命催生自由贸易政策海外扩张，进而拓展了洲际运输。以英国为典型，依托工业革命形成的竞争优势，全球推行自由贸易政策，迅速海外扩张，建立了殖民地体系，成为“日不落帝国”。殖民地体系强制建立起亚洲的白银与鸦片、非洲的奴隶、南美洲的黄金和可可豆，与欧洲资本主义国家工业品之间的掠夺贸易关系，承担货物与人员交流的洲际海运也繁忙起来。传统自由贸易港是英国殖民地体系的策略工具。香港、迪拜自由贸易港的最早设立，实质上是18世纪40年代英国为了以最小成本实现海外殖民地控制和扩张。

20世纪以前上述背景下，大西洋沿岸的港口不断兴盛，如阿姆斯特丹、安特卫普、伦敦等，地中海沿岸的港口逐渐衰落。与此同时，沿着洲际海洋运输线路的关键节点，孕育了一批港口城市，如新加坡、香港、上海、迪拜、孟买等。

2. 全球经济一体化加快形成全球海运网络

20世纪尽管发生了两次世界大战，但是总体上全球经济一体化趋势加快，在贸易地理、贸易格局及贸易规则的动态变化影响下，全球海运网络基本建立起来。一是20世纪以来世界经济增长重心转移，经济增长、工业活动、商品贸易与海运之间的关联程度不断加深。一战以后，由英国为主的欧洲转到大西洋彼岸的美国；二战以后，再转移到日本、亚洲“四小龙”及20世纪80年代以来的中国为主的亚太地区。日本奇迹、东亚奇迹、中国奇迹相继产生，亚太通往其他地区的海运航线和港口成为核心。2014年世界海运总量98.4亿吨，相比上年增加超过3亿吨，大约占世界商品贸易总量的五分之四。干货估计占到了总量的三分之二，原油、石油产品和天然气在内的液货船贸易的份额估计28.7%。

二是国际形势与国际规则变化，出口导向战略取代进口替代战略。大危机影响下的西方长期遵循凯恩斯主义实施贸易保护，二战后民族独立的许多第三世界国家，则受苏联发展模式和普雷维什、辛格等发展经济学家影响，大多采用进口替代战略，加强工业补贴和贸易保护。20世纪80年代以后，随着拉美及亚洲国家实施进口替代战略的失败，世界绝大多数经济体开始转向亚洲“四小龙”采用的出口导向战略。1995年关贸总协定签署，2001年中国加入WTO成为全球经济一体化的重要标志性事件。在此期间，回归祖国前的香港、新加坡和迪拜先是结合殖民地时期并未发挥显著作用的自由贸易港政策，从邻近经济体的贸易保护中间接受益，快速实现经济起飞。例如，开放的香港利用了当时中国内地未开放的窗口机遇期，新加坡与贸易保护的马来西亚分道扬镳后被迫采用全球化策略，经由印度洋即可直达印度的迪拜则弥补了印度尼赫鲁时期进口替代政策下贸易保护实施带来的部分需求缺口。此后进一步利用先发优势在邻近经济体贸易自由化过程中继续获益，奠定了国际都市地位。

3. 技术变革塑造现代港口布局和形态

一是油运航线成为全球海运网络的重要构成。化石能源利用是人类历史上一次伟大的能源革命，特别是20世纪石油开采利用改变了地缘政治格局，成就了海湾国家，苏伊士运河开通在战略、技术和经济上变得可行。由于世界原油产地与消费地分割，石油货流是远洋货物运输中的主要货物，约占世界海运总量的40%。世界形成了四条国际原油航线和七大海上石油运输要道。目前，全球每天运输的石油约有一半在中东装船，经过马六甲海峡、好望角或苏伊士运河运往日本、美国、欧洲及中国，平均每8分钟左右就有一艘巨型油轮从海湾地区的霍尔木兹海峡通过，该海峡被人们称为海上石油通道的咽喉和世界油库的阀门。油运航线沿岸港口城市的国际战略地位显著提升，迪拜、新加坡成为直接受益者，新加坡、鹿特丹等还利用港口地利之便，将石化产业发展为主导产业。

专栏 10.1 国际原油航线、海上石油运输要道与港口群

四条国际原油航线：波斯湾—西欧、北美航线，波斯湾—日本航线，波斯湾—西欧航线，墨西哥—日本航线；

七大海上石油运输要道：霍尔木兹海峡，马六甲海峡，苏伊士运河，曼德海峡，土耳其海峡，巴拿马运河，丹麦海峡；

十二大港口群：(1)以伦敦港和鹿特丹港为核心枢纽港的西北欧港口群；(2)以意大利的焦亚陶罗、西班牙的阿尔赫西拉斯为枢纽港的地中海港口群；(3)以南非的德班为枢纽港的非洲南部港口群；(4)以印度的尼赫鲁为枢纽港的南亚港口群；(5)以阿联酋的迪拜为枢纽港的西亚港口群；(6)以新加坡和香港为枢纽港的东南亚港口群；(7)以东京、上海为核心枢纽港的东北亚港口群；(8)以澳大利亚墨尔本为枢纽港的大洋洲港口群；(9)以阿根廷的布宜诺斯艾利斯为枢纽港的南美洲港口群；(10)以巴拿马、牙买加的金斯顿为枢纽港的加勒比海港口群；(11)以洛杉矶为枢纽港的北美太平洋沿岸港口群；(12)以纽约为枢纽港的北美大西洋沿岸港口群。

二是集装箱运输推动经济全球化和港口现代化。集装箱货物运输适用于海洋运输、铁路运输及国际多式联运，是以集装箱为基本运输单位的一种现代化运输方式。海上集装箱运输开始于 1965 年 4 月，美国海陆运输公司将一艘 T—Z 型油轮进行改装，在甲板上设置了一个可供装载 16 个 35 英尺的集装箱的平台，在纽约至休斯敦航线上首次试航。集装箱被称为“20 世纪运输领域的一次革命”，《经济学人》杂志声称：没有集装箱，不可能有全球化。集装箱化实现货物运输的标准化，大幅降低货物运输成本，并且以此为基础在全球范围逐步建立港口、船舶、航线、公路、中转站、桥梁、隧道、多式联运相互配套的完整物流系统，从而改变了商业模式，推动了经济全球化。受海运规模经济驱使，货运集装箱化、船舶大型化趋势至今仍在持续。①该趋势一方面提出了深水港、港口自动化及现代化新要求，航运作为高度劳动密集型行业的性质随之发生变化；另一方面，加快港口功能分工细化，集装箱让港口纯粹变成了“装卸中心”，港—城间距离拉长，能够停靠大型集装箱船舶的港口成为(欧洲)基本港、枢纽港和专业集装箱港。《集装箱改变世界》一书详细描绘了在应对集装箱运输技术中美国西部港口、英国港口及日韩港口如何经历兴衰的过程。其中，鹿特丹、新加坡正是抓住这一技术浪潮，最早修建可停泊巨型集装箱船只泊位，一举奠定国际航运中心地位。

三是北极航道的开通未来可能产生冲击性影响。北极航道包括东北航道、西北航道和中央航道。全球变暖使北极航道有望成为国际贸易的重要运输干线和连接亚欧大陆最短的海上通道。航程缩短将带来巨大经济利益。例如，日本横滨的集装箱船到荷兰鹿特丹港，若经非洲好望角需要航行 29 天；若经新加坡的马六甲海峡、再经苏伊士运河需要航行 22 天；若采用北极航线，则仅需 15 天即可到达。

20 世纪以来经济全球化背景下，世界形成覆盖五大洲主要经济体的十二大港口群(见专栏 10.1)。全球集装箱网络航线以欧洲、北美、东亚贸易区域为基础，形成三大东西干线即跨太平洋航线、跨大西洋航线和亚欧航线，全球集装箱运输呈现“北美、西北欧—北美、欧洲和东亚—东亚”重心演变轨迹。不同功能定位的专业化港口，特别是集装箱港口成为港口城市和主要经济体竞争力的重要体现。最近 20 年，中国港口群的国际排名和全球影响力显著提升。

此外，航空运输方式的发明推广造就空港型自由区。1959 年成立

① 目前全球在建最大型集装箱船单船载箱量已达 22 000 TEU，实际载箱量可能突破 23 500 TEU。这种称为 Megamax-24(MGX-24)型的超大型集装箱船，将拥有 24 个排位(Bay)、24 个行位(Row)和 24 个层高(Tier)，型宽或达 61.4 米。麦肯锡管理咨询公司近期一份报告中表示，至 2067 年，50 000 TEU 型集装箱船将被运用于海上运输。

的爱尔兰香农国际航空港自由贸易园区，经过半个多世纪的发展，从最初的物流型自由区发展成为集物流分拨、高端制造、免税购物、休闲娱乐、商务交流等多功能于一体的综合经济区。现代海港和空港的组合，已是国际上自由贸易港的主流布局。

二、新时代背景下中国自由贸易港的提出

（一）从自贸试验区到自由贸易港：深化改革开放

自由贸易试验区是新环境下深化改革和扩大开放的战略举措，是新时代中国特色社会主义事业的重要实践，是习近平中国特色社会主义经济思想在开放经济领域的创新成果。自 2013 年 9 月中国（上海）自由贸易试验区建立以来，自由贸易试验区的数量已增至 12 个，形成了“1＋3＋7＋1”的全国自由贸易试验区发展格局。上海于 2015 年和 2017 年，天津、福建、广东于 2018 年分别在取得阶段性改革试点成果基础上出台深化方案，持续发挥自贸试验区引领改革开放作用。

2017 年 3 月，国务院正式印发《全面深化中国（上海）自由贸易试验区改革开放方案》，首次提出在洋山保税港区和上海浦东机场综合保税区等海关特殊监管区域内设立自由贸易港区。2017 年 10 月，党的十九大报告提出，赋予自由贸易试验区更大改革自主权，探索建设自由贸易港。2018 年 4 月，习近平总书记在庆祝海南建省办经济特区 30 周年大会上郑重宣布，党中央决定支持海南全岛建设自由贸易试验区，支持海南逐步探索、稳步推进中国特色自由贸易港建设，分步骤、分阶段建立自由贸易港政策和制度体系。目前，上海、浙江、福建、广东、辽宁、山东、河南、重庆等多地都在积极酝酿建设自由贸易港。

为什么我们有了自贸试验区，还要建设自由贸易港？对此，需要从两方面认识。一方面，经济体制改革不够深入、政策体系还不配套、系统功能尚未发挥以及自贸试验区继续发展的前景等问题，仍然是摆在各自贸试验区面前的关键任务。比如，几乎所有的自贸试验区，对外资和外资企业的吸引力不足。据统计，外资的最高占比低于 35％，个别自

贸试验区外资企业数和外资投资金额占同期进入比例甚至低于1%。从自贸试验区建设的初衷看,自贸试验区现在还没有达到形成对外开放的国际化、法制化、市场化营商环境的程度,对外资也没有构成强大的吸引力。又如,自贸试验区政策设计和出台的程序可能对自贸试验区形成配套的政策需要构成障碍。在贸易自由化、投资便利化和金融自由化方面,地方政府通常表现积极。但自贸试验区存在海关特殊监管区和非海关特殊监管区内部构造情况下,从风险可控角度出发,中央有关部门在审批自贸试验区提出的政策措施时严谨审慎,审批结果与时间进度具有不确定性,由此导致政策措施的碎片化和不系统。此外,自贸区试验区三年到五年试验期过后的前景走向问题也并不是很明确。①

以上表明,自由贸易试验区改革尚未完成,仍需要在更大领域、更深层次上进一步深化推进。下一步要着眼于提高自贸试验区建设质量,对标国际先进规则,强化改革举措系统集成,鼓励地方大胆试、大胆闯、自主改,形成更多制度创新成果,进一步彰显全面深化改革和扩大开放的试验田作用。例如,在自贸试验区构建新的政府治理体系,深化管理体制创新为提升国家治理能力提供可复制可推广经验。明确自贸试验区管委会为法定机构,授权实行集约化管理体制。赋予管委会更多的权力,包括部分宏观经济政策、制定行政许可、一线管理职责、园区经营规划、企业经营行为监管、上下级沟通协调和开展第三方服务合作等。同时,全面深化投资管理体制改革,进一步缩减自贸试验区负面清单,接轨国际典型的"高标准、宽口径、短清单"的管理模式,等等。

另一方面,自由贸易港与自贸试验区在功能和管理上有着明显不同。如前文所述,自由贸易港的关键是"境内关外"。自贸试验区虽然也是"一线放开、区内自由","先进区、后报关",但货物到港,还是要向海关申报,仍需要进境备案清单,特别是十几个国家部委在准入关,针

---

① 佟家栋:《中国自由贸易试验区的改革深化与自由贸易港的建立》,《国际商务研究》,2018年第1期。

对一些货物都设置许可证件，现在虽有了国际贸易“单一窗口”，“多头跑”大幅减少，但企业仍得申请。自由贸易港考虑的则是，在生态安全、经济安全管得住前提下，一线不申报；监管部门退到二线，实行的实质是一种嵌入式监管，利用大数据，根据信息流、物流等锁定风险疑点。显然，人员、货物、资金等要素流动的自由度高于自贸试验区。

从现行的管理方式看，自由贸易试验区适合的是在岸和部分转口贸易，能明确告诉海关货物目的地是哪里；而自由贸易港的核心是离岸贸易，由于在一线几乎没有海关等部门的监管，最先进、最宽松、最合理的体制，吸引的是货物、资本、服务等全球资源的汇集。举例而言，一些转口贸易，如奶粉或化妆品采用备货模式，先运至港口囤货，可能暂时不清楚货物的走向，需要利用自由贸易港进出自由的贸易及简易税收政策，将自由贸易港作为全球或区域性的分拨或中转集拼中心。这时候，自贸试验区的现行管理体制是无法完全走通的。自由贸易港发达的离岸贸易，通常也会带动离岸金融的配套发展。比如保险公司参与国际联保，保的货物在海外受损，货物要运回来查看，如果要报关、检验检疫，还要以退运货物来申报，那么这些成本都是企业不愿承担的；而自由贸易港作为离岸之地，显然更适合这项金融业务的开展。

总之，党的十九大报告明确提出，赋予自由贸易试验区更大改革自主权，探索建设自由贸易港。这意味着新时代背景下进一步深化改革与扩大开放，需要自贸试验区与自由贸易港建设“双管齐下”，协同发力。其中，探索建设中国特色的自由贸易港，可视为自由贸易试验区战略的延伸、深化与升级，是推动形成全面开放新格局的最新重大举措，对于打造营商环境更优、辐射作用更强、开放层次更高的内外开放新高地，促进开放型市场体制建设与开放型经济创新发展具有重要意义。

(二) 中国自由贸易港的概念、内涵与特征

2017 年 11 月 10 日，时任国务院副总理汪洋在《人民日报》发表《推动形成全面开放新格局》，将自由贸易港界定为：设在一国(地区)境内关外、货物资金人员进出自由、绝大多数商品免征关税的特定区域，是

目前全球开放水平最高的特殊经济功能区。其可从四个方面来理解这一定义：

其一，“境内关外”是关键。这一通俗说法其实来自《京都公约》关于“自由区”的定义。关外并非指海关法的完全不适用，主要指海关监管政策的例外，近似理解为“关税的例外”。一般情况下，指关税的豁免和常规海关监管的简化。自由贸易港定位为“境内关外”，主要目的在于以相对较小的关税豁免成本，换取促进地方和国家经济与贸易发展的战略利益。①

其二，自由贸易港首在“自由”，难点在于商品货物及劳动力、资本等要素流动自由的现代化软、硬件基础设施要求；“港”在其次，这里并没界定是陆港、空港，还是海港。从这个意义上理解，陆地型自由贸易港也是可能的，瑞士在全国就有 20 多个自由区。

其三，特殊的税制安排。国际惯例除了绝大多数货物免征关税外，还有个人所得税、企业所得税等各种税收优惠。自由贸易港的税率和税制必须高度透明。

其四，特殊经济功能区(Special Economic Zone)范畴。该定义将自由贸易港界定为特殊经济功能区的一种类型，一是兼顾了国际惯例，上文提及的《京都公约》所定义、世界银行等国际机构长期跟踪统计和研究的各国不同类型的自由区，即属于特殊经济功能区；二是与中国情况做了衔接，改革开放以来，中国形成了包括了经开区、高新区、海关特殊监管区及其他功能型园区的庞大园区体系。根据《中国开发区审核公告目录 2018 版》，省级以上开发区数量达 2 543 个。

其中，自由贸易港所属范畴即海关特殊监管区，目前共 135 个，包含保税区、出口加工区、保税物流园区、跨境工业区、保税港区、综合保税区 6 种类型，集中了中国 80%的电子信息产业，生产的笔记本电脑、

① 龚柏华：《上海自由贸易港“境内关外”概念和机制辨析》，《海关与经贸研究》，2018 年第 4 期。

智能手机等电子产品占世界生产总量的70%以上。按照《国务院办公厅关于印发加快海关特殊监管区域整合优化方案的通知》(国办发〔2015〕66号)要求,现有出口加工区、保税物流园区、跨境工业区、保税港区及符合条件的保税区将逐步整合为综合保税区。综合保税区为代表的海关特殊监管区域是多数自由贸易试验区和自由贸易港建设的重要载体依托。

自由贸易港一般具有几个共同的核心特征。一是开放性。一方面,作为扩大开放的主要载体、渠道和平台,积极策应全球化趋势,形成税收、金融、零售、航运等方面的国际比较优势。另一方面,自由贸易港的开发、建设与运营呈现开放性,允许多元主体共同参与,较好地体现了政府与市场互动,社会资本、国有资本、企业资本有机结合。二是创新性。主要通过服务创新、制度创新和技术创新以提高效率,改善服务,提供有序管理和法律保障,为企业创造良好的营商环境。三是便利性。自由贸易港在海运、陆运、航运等多种交通运输方式上一般具有明显优势,通常发挥着区域性或全球性枢纽功能。

第二节

世界典型自由港发展模式分析

他山之石,可以攻玉。由于不同的国家背景、发展阶段、地理区位、资源禀赋等,各国自由贸易港功能各异,表现不一。其中,荷兰鹿特丹、中国香港、新加坡和阿联酋迪拜具有全球影响力,本节将针对性地分析总结其发展模式和特点,为中国探索特色自由贸易港建设提供参考借鉴。

一、 荷兰鹿特丹的物流集散模式

鹿特丹港被选作"一带一路"的欧洲终点,表明其与中国经贸渊源的同时,也说明它在物流运输方面无可比拟的特殊优势。顾名思义,鹿特丹港的物流集散模式主要依托立体交通运输网络,强化港口物流服务功能,促成储、运、销一体化运营。鹿特丹港是荷兰第二大城市和欧洲最大的港口,位于欧洲莱茵河与马斯河汇合处,连接欧、美、亚、非、澳五大洲,素有“欧洲门户”之称。鹿特丹低于海平面 1 米左右,整座城市展布在马斯河两岸,距北海约 25 公里,距北海约 25 公里,有新水道相连。港区占地 100 多平方公里,港口水域 270 多平方公里,水深 6.7 米至 21 米。海轮码头总长 56 公里,河船码头总长 33.6 公里。年进港轮船 3 万多艘,驶往欧洲各国的内河船只 12 万多艘。市区人口 57 万,鹿特丹港就业人口 7 万余人,占全国就业人口的 1.4%,货运量占全国的 78%,总产值约占全国的 2.5%。鹿特丹港口水域 277.1 平方公里,水域深广,内河航船可通行无阻,外港深水码头可停泊巨型货轮和超级油轮。港口货物的运输干线莱茵河、高速公路、港口铁路与国内外交通网相连。

鹿特丹港的物流集散功能帮助其避免了欧盟一体化的冲击性影响。随着欧盟一体化推进,自由贸易港关税减免的优势在欧盟内部已无竞争力,汉堡自由贸易港受此影响在 2013 年 1 月关门。相比之下,鹿特丹港不仅幸免于难,反而更加繁荣,主要归功于其物流集散功能基础上超强的港口服务引领能力,储、运、销一体化服务集成体系。来自全球的货主和船东都将鹿特丹港作为进入欧洲的第一港,一些保税仓库、货物分拨中心发挥储运和再加工功能,进一步提高货物附加值,然后通过公路、铁路、河道、空运、海运等多种运输路线将货物输送至荷兰和欧洲大陆其他目的地。荷兰全部为免费公路,公路里程 13.9 万公里,公路网密度全球第二。欧盟 30%的国际公路运输由荷兰承担,四通八达公路网将鹿特丹与欧洲所有的大城市连接起来,从鹿特丹出发,只需 8 小时至 10 小时就可以到达巴黎、法兰克福和汉堡,24 小时之内到达北欧较远地区。鹿特丹—热亚那,鹿特丹—里昂,鹿特丹—波兰/捷克三条铁路货运走廊通过不同方向贯通欧洲,其中约 66%跨境铁路运输往返德国。荷兰内河航运网络密度居欧洲之最,境内 40%的国际货运和 20%国内货运通过内河航运完成。

广阔的欧盟经济腹地提供了重要支撑。鹿特丹港背靠欧洲大陆腹地，方圆500公里内消费人口达1.7亿人，几乎占欧盟市场一半。德国、瑞士、法国、比利时、英国等工业发达，所需原料和燃料主要靠进口，产出的产品又要出口，良好转运条件的鹿特丹港成为他们大宗货物的转运中心。每年一亿吨以上的原油进入鹿特丹，一部分就地进行加工提炼，另一部分则由此输送到欧洲各地。荷兰作为传统贸易强国，2016年商品和服务出口总额分别达到4 300亿欧元、1 600亿欧元，皆居世界第六位。荷兰货物贸易主要伙伴集中在欧盟内部，德国、比利时、英国位列前三。

鹿特丹港具有宽松的政策服务环境。鹿特丹货源75%的转口，港区保税仓库和货物分拨中心发挥储运或提高货物的附加值的再加工功能。港区设保税仓库供待售和转口货物整船寄存，仅收仓储费用，免征关税，海关给货主很大方便，在手续上尽量适应各国商人过境、转口和分销要求。除毒品和军火外，几乎所有商品都可自由出入，不受种类和数量限制。

此外，鹿特丹整个港区较早地应用了先进的电子信息网络和通信技术，对港口实施全方位管理，通过港口的公共电子信息平台进行电子数据的交换与共享，大大提高了通关效率。很早即按照装卸货物种类的不同，分门别类地建有原油码头、煤炭码头、粮食码头、木材码头、矿砂码头、集装箱码头等，并按现代化专业码头的要求，各自建有先进的装卸和输送设备。①由此，完善的配套设施也是鹿特丹这个国际区域性物流枢纽港大发展的重要动力。

二、 中国香港的转口贸易模式

转口贸易模式作为香港自由港发展的特色，由其特殊历史背景和历史条件决定。香港以贸易立市，贸易尤其是转口贸易是香港得以安

① 李志钢：《经济腹地崛起成就鹿特丹港传奇》，《领导之友》，2007年第1期。

身立命之根本。整个香港行政区域,就是一个自由贸易港。只有系统地了解香港贸易,才能真正了解香港经济和社会。香港早期的贸易是两大类“黑色贸易”:一是鸦片,香港的开埠是因为鸦片,鸦片贸易伴随了香港100年。香港一度是全世界最大的鸦片走私中心。1913年香港才停止向中国内地输送鸦片,二战以后香港本地才禁食鸦片。二是劳务,1851年至1872年20年间,从香港运出的苦力华工总计到32万多人。1847年美国加利福尼亚金矿和1851年澳大利亚金矿发现,许多华工被送到那里挖金矿、修铁路。香港靠着鸦片和华工出洋成为中国内地、东南亚、印度与英国(由此延伸至欧洲)和南北美洲之间互相交叠的贸易网络的枢纽。时至今日,在此基础上形成的庞大国际商业网络,仍是香港综合竞争力的重要组成部分①。

贸易决定了香港的经济特性,主要体现在三个层面:一是贸易带动香港产业和城市发展。香港的船舶修造业、金融保险业等,均以贸易提供服务为重点。香港的旅馆业、餐饮业在贸易的促进下逐步发展起来。当前,贸易及物流仍是香港规模最大的支柱产业。二是贸易作为最重要因素主导香港制造业发展,影响两次经济转型:二战以前单一转口贸易港——20世纪70年代转型成为轻工业城市——20世纪80年代起随制造业转移转型为国际金融和贸易服务中心。三是贸易内化为香港经济传统和经济价值观,形成港人特色的“贸易思维”。近期香港提出“超级联系人”概念服务“一带一路”建设,是贸易思维和香港定位的直观体现。

香港长期奉行“积极不干预”,构筑了香港全球最自由的经济制度。主要包括:贸易自由,香港是世界贸易组织在1995年成立时的创始成员,是自由贸易最忠实的支持者。对有形贸易除四个税号(酒类、烟草与香烟、碳氢油类、甲醇)以外的所有货物的进出零关税,不提供优惠和特权;对无形贸易如运输、旅游、消费等无管制。金融自由,金融企业开办和经营自由,外汇和贵金属买卖自由,资金流动自由。企业经营自

① 张玉阁:《十字路口的香港经济》,中国经济出版社2016年版。

由，大部分为私人企业，开办手续简便、经营高度自由，劳工雇佣和薪酬长期不干预，《最低工资条例》直到2011年才开始实行。特别是，实行简单低税制。香港《税务条例》自1947年订立，并未有重大改革。仅征收3种直接税，分别是利得税、薪俸税及物业税。香港的薪俸税（个人所得税）不高于15%，利得税（企业所得税）不高于16.5%。鉴于特朗普上台后，提出要把美国企业利得税率由现时高达35%大幅削减至15%；新加坡和中国台湾2010年将企业利得税下调至17%；韩国2013年改三级制利得税，税率从10%至22%不等，最近香港财政司开始担心面对全球税率竞争，16.5%的企业利得税率不再那么有吸引力。另外，人口流动自由，有170多个国家和地区来香港可以免签。

香港是亚当·斯密倡导的自由经济的典范，受到国际社会广泛认可。各项国际排名比较靠前。以营商环境为例，香港在世界银行《营商环境报告》的排名数十年来长期处于全球前五。香港专门组建了“方便营商咨询委员会”，提供有效的跨部门、跨界别沟通平台，让业界向政府提意见，得到国际广泛认同。

离岸贸易兴盛提供更全面的全球供应链管理。过去20年，香港贸易最大变化是离岸贸易兴起，成为第一大贸易方式。香港贸发局自1998年起，每3年对香港的离岸贸易活动进行一次调查。发现2003年开始，离岸贸易就超过香港产品出口和转口贸易，离岸贸易占香港公司出口总额比重，由1988年的18.6%增至2012年的65%，转口贸易不到35%，本地产品仅占1.1%。

专栏10.2　离岸贸易的定义与功能

离岸贸易是与转口贸易平行的概念，核心要素是业务的资金结算，与离岸金融紧密关联。目前，国际上对于离岸贸易（offshore trade）没有统一定义。香港特区政府统计处公布的《香港服务贸易统计报告》分为“商贸服务”和“与离岸交易有关的商品服务”两种形式，根本区别是贸易商对商品的所有权不同：前者贸易商以经销的方式从境外买入，并直接卖给贸易商所在地以外国家或地区的货物买卖服务,从中赚取毛利;后者贸易商按境外买家/卖家要求,以代理的方式促成交易,从中赚取佣金。

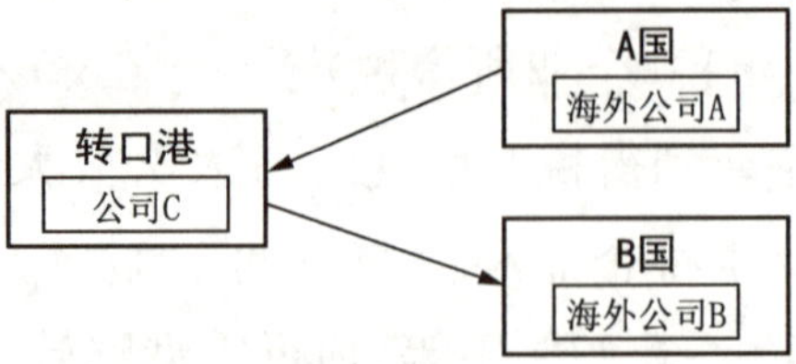

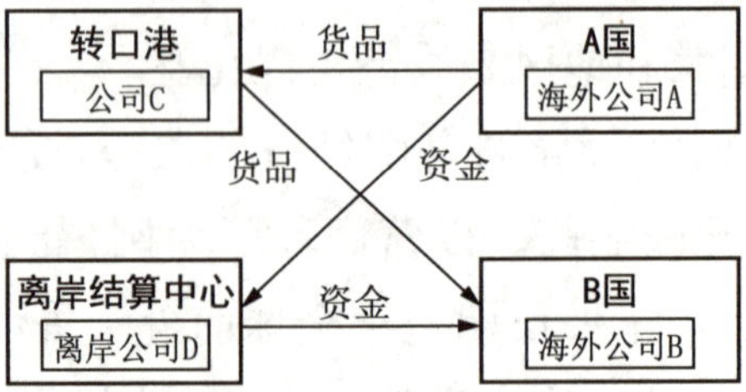

转口贸易与离岸贸易

离岸贸易方式之所以重要,是因为贸易方式决定贸易功能,贸易功能体现贸易主体对全球贸易的驾驭水平和资源配置能力。(1)离岸贸易强化了总部经济集聚力。离岸贸易需要大量跨国公司为其提供与贸易相关的配套服务,进一步集聚金融、保险、地产及商用服务行业的跨国公司地区总部。(2)离岸贸易推动服务贸易结构细分和升级。该模式下,贸易中间商扮演着供应链管理、整合和优化角色,通过服务外包和集成,催生新贸易服务部门不断涌现,比如,贸易信息资讯服务、贸易展示服务、与国际贸易有关的研发设计和打样服务、贸易代理服务、贸易融资、结算和保险服务、国际物流服务、国际采购服务、国际批发服务、国际零售服务、国际电子商务服务和国际维修服务等。

资料来源:根据沈克华、彭羽:《离岸贸易与香港国际贸易中心地位的演变》,《亚太经济》,2013 年第 5 期整理。

离岸贸易兴盛表明，香港已悄然进入了第三次转型，重新回到了一个国际市场掮客的角色，在超越珠三角（目前占港商离岸贸易的60%）、进入全国和亚洲其他地区，覆盖更大的产地的同时，在本土提供更全面的全球供应链管理，完成全球销售链需要的多种服务。

三、 新加坡的科技创新模式

新加坡是扼守马六甲海峡和新加坡海峡的重要战略要塞，1819年英国人莱佛士登陆后，确定把这一优良的深水港开辟成完全自由的港口。新加坡以自由贸易立国。通过几十年的发展，新加坡拥有较强的高科技产业和石油加工工业。新加坡是全球实践智慧城市建设的标杆国家，早在2006年就公布了“智能城市2015”计划，2014年又进一步提出了“智慧国家2025”计划。

该模式实行高度整合的信息统一监管系统，建立高效的物流体系以促进贸易自由化、便利化。新加坡港是国际著名的转口港，也是世界最大、最繁忙的集装箱港口之一。每2—3分钟，就有一艘船抵达或离开新加坡港。20世纪60年代，新加坡是亚洲第一个推行自动化的现代集装箱港口，有“世界利用率最高的港口”之称，在科技创新和绿色智慧之路上一直处于领先水平。2008年全球金融危机爆发后，新加坡港的发展面临艰难时刻，对绿色智慧的关注进一步增强。智慧绿色理念融入港口系统工程，贯穿政策制定、码头开发与运营、技术创新、日常管理等过程。

先进海事信息管理系统和技术集群培育提升港口竞争力。新加坡贸易便利化、监管高效化、具备自由港最佳国际竞争力的一个集中表现是运用信息网络手段，建立“单一窗口”服务体制。最为核心的是3个“Net”系统（TradeNet、PortNet、MarineNet），集合政府职能部门、航运公司、物流企业、金融和法律服务机构等一起高效运作，实现了实时电子商务和一站式通关服务。所以，集装箱通过港区大门通道只需25秒，载有3 000个标箱的货船，港区周转时间只需6小时。当前，新加坡正致力第四代集装箱港口建设开发,并且作为未来港口转型的一个蓝图。据此,新加坡港务集团将创造性地使用最先进的智能技术,持续为港口、航运及物流园区的广大顾客和利益相关者提供优质高效服务。应该引起重视的是,新加坡正在西南部建设的新大士(Tuas)港,估计未来智能化程度和竞争力不亚于上海的洋山深水港。新大士港将整合新加坡目前四个港口的集装箱作业,吞吐量预计将达年均 6 500 万 TEU,将是新加坡现有集装箱码头吞吐能力的两倍,可容纳最大型的集装箱船只长度可达 500 米或以上。大士港将分四阶段发展,计划 2027 年完成,采纳新科技、多套自动化系统实现高度自动化。

新加坡港将技术研发和技术集群视为提高港口竞争力的重要途径,致力成为海事知识与创新顶级研究中心之一。为此,新加坡海事局和港务局成立了许多创新与科技基金项目,为港口自动化、人工智能、海洋环境、导航安全领域、海事贸易和金融生态系统交易解决方案等领域提供研究资助支持。

提出海洋新加坡绿色倡议,将环境可持续性纳入港口设计和建设。新加坡对港口发展项目的环境影响极为关注,并在启动一切港口项目时进行环境影响评估。新加坡海事和港务局自 2011 年 7 月 1 日起,编制了 5 年计划,投入经费 1 亿元新币(约 4.8 亿元人民币),大力发展 LNG 燃料。为应对全球油改气减排趋势要求,新加坡作为全球最大的装燃料港口,拟成为全球最大 LNG 船用燃料加气港,计划到 2020 年向船舶提供 LNG 作为燃料。

在自由贸易区的经营与管理上,新加坡采取的做法是将港务管理工作委托给更具效率与活力、更具有国际水平顺应全球化趋势的企业来负责。2001 年 6 月,新加坡政府推出全球贸易商计划(Global Trader Programme),旨在吸引大型国际贸易公司前来设立区域营运中心,对政府批准的“国际贸易商”给予 5 年至 10 年的企业所得税优惠,税率为 5%或 10%。同时,推出一系列特殊优惠政策吸引航运企业集聚,包括核准国际船务企业计划、核准船务物流企业计划、新加坡海事金融优惠计划、国际船运企业优惠、船舶注册登记制度等。①新加坡自由贸易港的特色还体现在政府高效服务和优惠税制安排方面。例如，1969 年在裕廊码头设立第一个自由贸易区，并通过《自由贸易区法案》保障自贸区的稳步推进。

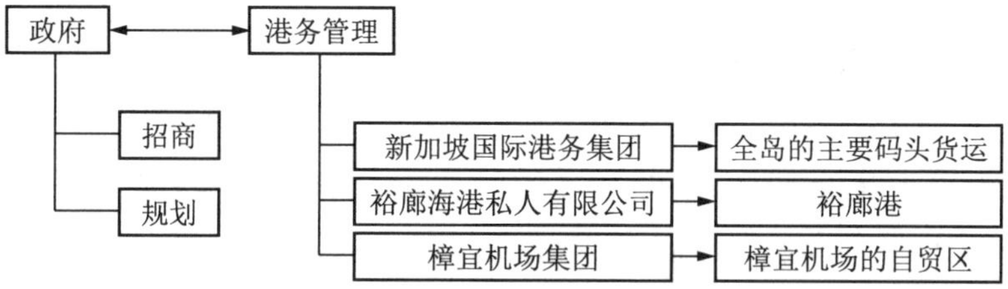

图 10.1　新加坡自由贸易港管理架构

总体而言，新加坡以提供一流的港航服务为切入口，持续发挥科技创新支撑作用，提升软硬件建设、法律法规实施两方面水平，打造和维持有活力的商业生态系统集群。商业生态系统还涵盖金融服务、外汇交易、保险、法律仲裁、人才等方面，它们能够与贸易结合起来，共同推动自贸区的发展。②

当然，其他视角认为新加坡成功的另一个因素是，借助自由贸易港发展炼化工业为重要支柱产业。炼化行业产值已跃升至新加坡制造业的 34%，占比超过其传统电子制造业的 31%。新加坡尽管不是一个产油国，但却是世界领先的加油港。尽管不产一滴油，新加坡也可以成为世界主要的炼化中心之一，裕廊工业园区就聚集着壳牌、英国石油、埃克森美孚、中石油、中石化等重要石化巨头。新加坡凭借自由贸易港的政策，以及交通枢纽的位置，从毫无本土石油资源发展成为世界三大炼油中心之一、国际石油贸易中心之一。新加坡凭借强大的炼油能力和集散交易能力，建立了亚洲第一家能源期货交易市场。由此，新加坡掌控了亚洲油品市场价格行情，成为亚洲石油产品定价中心。

① 董晨甦：《新加坡自由贸易区的发展》，《港口经济》，2014 年第 2 期。
② 张欢等：《全球三大自由贸易港为海南提供经验》，《中国外资》，2018 年第 5 期。

四、阿联酋迪拜的特殊经济区组合模式

阿联酋迪拜的特殊经济区组合模式，以不同功能类型的开发区域作为载体，以全方位开放和税收优惠等政策红利为支撑，打造承接全球产业转移的综合性平台和枢纽。

发挥西亚北非独特区位优势。迪拜被誉为海湾明珠，是阿联酋第二大酋长国，战略位置突出，地处被称为“一运、两洋、三洲、四峡、五海之地”的西亚北非地区。①世贸组织曾表示，迪拜港是继新加坡与香港之后的全球第三大转口中心。1894年，迪拜宣布建立免税自由港，1902年，迪拜进一步减免进出口税以吸引大量的商人。此后，迪拜对港口资产和运行做了整合，形成了阿联酋对港口、自由贸易区、海关采取“三位一体”的管理模式，其管理机构是迪拜港董事局。董事局为政企合一的实体，统一管理、经营港口和自由贸易区，董事局主席为皇室指派，对协商事宜具有最终裁定权。

自贸区是迪拜经济多元化和产业多样化的重要工具。迪拜长期致力于打造“伊斯兰经济之都”。2015年发布的《迪拜2021年规划》确定了“人、社会、体验、城市、经济、政府管理”六大发展主题，旨在打造“宜商宜居的国际大都市及世界经济中心”。金融、海运、交通、房地产和零售是迪拜吸引外资和实现经济稳步增长的五大支柱产业。特别是迪拜国际旅游业强势崛起，从2004年开始，旅游收入已经成为迪拜财政收入的主要组成部分。数据显示，迪拜2017年国际游客数量为1 579万人次，同比增长6.2%。其中，印度游客数量居首，达200万人次，增长15%；沙特游客数量居次，达153万人次，下降7%；英国游客数量排名第三，达127万人次，增长2%。2017年，新增20国对阿联酋普通护照实施免签待遇，使得阿联酋护照免签国达到140，列全球第19位，首次

① 一运：苏伊士运河，两洋：大西洋和印度洋，三洲：欧洲、亚洲、非洲，四峡：直布罗陀海峡、土耳其海峡、曼德海峡、霍尔木兹海峡，五海：地中海、黑海、红海、里海、阿拉伯海。

跨入前 20 的行列。迪拜旅游局表示,到 2020 年,迪拜国际游客数量预计将达 2 000 万人次。

迪拜长期致力建设世界一流基础设施和商业设施。20 世纪 70 年代就以高标准、高起点的新思维,确立了把迪拜港迅速建设成为中东地区规模最大集装箱枢纽港的指导原则。港口方面,迪拜世界港口公司(DPworld)是全球最大的港口公司(见专栏 10.3)。航空方面,1960 年始建迪拜国际机场的国际客流量居世界第二,第二座国际机场马克图姆国际机场建成后将是世界最大机场。商务设施方面,迪拜国际会展中心有超过 9 万平方米的展览和会议空间。安全方面,国际刑警组织评定为世界上最安全的城市之一。

专栏 10.3　迪拜世界港口公司简介

迪拜世界港口公司(DPworld)是全球最大的港口公司,由迪拜港务局和迪拜国际港务公司合并而成,属阿联酋政府资产。迪拜世界港口公司目前运营全球 40 个国家 78 个港口,在全球 13 个地区的 15 个集装箱码头拥有股份。2017 年实现税息折旧及摊销前利润(EBIDTA)25 亿美元,净利润 12 亿美元,较 2016 年增长 10%。2017 年业务总量为 7 010 万标准集装箱,同比增长 10.1%。从地区市场来看,亚太和印度次大陆市场增长 7.9%,业务量达到 3 190 万标箱,占比居首。欧洲、中东和非洲市场增长 11.5%,业务量达到 2 900 万标箱;美洲、澳洲增长 13.8%,业务量达到 880 万标箱。此外,DPWorld 进行了大规模并购,迪拜环球港务集团(DPWorld)2017 年资本性投资达 10 亿美元,通过一系列并购,使业务多元化并探索智能技术投资和可持续发展。2017 年,迪拜环球港务集团在加拿大鲁珀特王子港、塞浦路斯、卢旺达、厄瓜多尔、巴西等地开展港口物流等投资,并扩大了杰贝·阿里港的集装箱吞吐能力。2017 年 9 月宣布以 1.8 亿美元收购 Maritime World 集团,向 Drydocks World 集团注资 2.25 亿美元。从 2018 年至 2020 年,公司还将每年投入 10 亿美元加大投资并购步伐,近期将斥资 1.8 亿美元收购迪拜航运城,出资 2.25 亿美元收购世界干船坞公司。

迪拜建设多种类型的特殊经济区打造营商环境。迪拜先建造了港口码头,经过成长发展再建立自由贸易区,使两者形成优势互补的状态。杰贝·阿里自由贸易区毗邻杰贝·阿里港,迪拜港的周围还有国内最大的迪拜国际机场。迪拜把"两港一区"的模式当作一个海空联运的主要转运港,即形成"一个航空港+一个海港+一个自由贸易区"的组合物流协作模式。1985年迪拜政府在杰贝·阿里建立第一个自由区以来,阿联酋境内设立的各类自由贸易区及经济特区已超过30个,是其经济的重要组成部分,主要分布在阿布扎比和迪拜,迪拜拥有超过20个。

比较著名的如杰贝·阿里自由区总面积超过57平方公里,是阿联酋最大的自由区。2015年吸引了迪拜32%的国际直接投资,创造了迪拜21%的国内生产总值,园区共有员工14.4万人;贸易额达到了876亿美元,占迪拜所有自由区贸易总额的72%,货物总规模的97%。目前入驻企业8 000多家,涉及电子产品、石化产品、建材、汽车、机械设备、食品、医疗保健和医药等领域的贸易仓储和分销、工业生产,以及服务和物流行业。2004年创立的迪拜国际金融中心,与伦敦和北京的时差均为4小时,2016年底,注册的活跃公司达1 648家。迪拜已成为全球第六大金融中心,位列伦敦、纽约、新加坡、香港、法兰克福之后。迪拜机场自由区是整个中东地区自由区革新和物流仓储枢纽先行者,在中东率先实施100%免征公司营业税和个人所得税、允许外商拥有100%外资企业股权、100%返还资本利润和快速通关等。2015年迪拜机场免税店销售额约19.3亿美元,是世界最大的机场免税店。迪拜还活跃着其他特殊经济区,包括迪拜网络城(Dubai Internet City)、迪拜媒体城(Dubai Media City)、迪拜珠宝城(Dubai Gold and Diamond Park)、迪拜汽车城(Dubai Cars and Automotive Zone)、迪拜知识村(Dubai Knowledge Village)、迪拜五金城(Dubai Metal & Commodities Zone)。迪拜以这些不同功能类型的开发区域为载体和全方位开放和税收优惠等政策红利为支撑,打造承接全球产业转移的综合性平台和枢纽。

自由贸易区解决了中东地区法律对企业投资的严格限制。根据中东地区的法律，外国人设立公司须遵循保人制度，即必须由当地人作保，且保人持股至少占比51%甚至100%。这种特殊的制度限制使得许多大型企业轻易不敢踏足，加之中东地区的战事动荡和阿拉伯民族的传统习俗，更增添企业的诸多隐忧。阿联酋的现行法律不仅对外资进入行业明确规定，而且对自由区外的外商投资持股比例也规定不能超过49%。然而，根据迪拜政府的相关规定，自贸区内企业可享受100%外资拥有、50年免除所得税、期满后延长15年免税期、无个人所得税、进口完全免税、资本金和利润允许100%遣返以及充足的廉价能源等政策。此外，自贸区还提供无国籍限制的简单高效招聘程序、高标准的行政支持，这些都对外资企业有极大的吸引力。①

最近阿联酋内阁公布了20个免征增值税的自由区名单，该名单从阿联酋全国45个自由区中选出。②根据《增值税条例》，上述名单指定区域间的货物转让免税。但从阿联酋其他地区运送货物至上述指定区域，不能视为从阿联酋的出口，不能享有出口到海合会国家以外的退税待遇。

五、启示：自由贸易港六大关系

自由贸易港是在全球商品、服务与资源的配置规律和发展趋势中谋求发展。典型自由贸易港的兴起、建设与发展历程，对于探索中国特色自由贸易港建设具有重要启示和借鉴意义。

（一）顺应全球变化趋势，把握发展新机遇

比如，新加坡、中国香港主要是抓住欧美日产业转移机遇，通过实施出口导向战略发展加工贸易和转口贸易奠定发展基础。当前而言，全球经贸领域两大新趋势直接关系中国建设自由贸易港的发展定位

① 黄达：《迪拜：永不停歇的自贸区》，《宁波经济（财经视点）》，2013年第9期。

② 驻阿拉伯联合酋长国使馆经商处，2018-1-21，http://ae.mofcom.gov.cn/article/ddfg/qita/201801/20180102701717.shtml。

问题。

一是跨国公司从离岸布局向近岸布局转变。国际金融危机后,跨国公司全球生产布局进行了重大调整,从以母国市场为中心的“中心—外围”式离岸生产布局为主,转向以东道国市场为中心的近岸生产布局为主。[①]而且,目前该趋势还在发展过程中。由于全球贸易中近90%都是跨国公司内部贸易,跨国公司的这一全球生产链再布局,重构了全球竞争格局。这就要求自贸港应探索有利于价值链竞争的环境,为提升国家和区域全球价值链创造制度安排:提高研发、设计、品牌、总部管理能力;提高全球配置资源与管理要素流动性的能力;提高全球产品供应链整合能力和与价值链高端相匹配的基础设施硬软件能力。[②]

二是全球出现了服务贸易、货物贸易联合的趋势,这将对全球经济产生深远影响。服务经济占全球经济总量达70%,服务贸易增长成为全球贸易增长的重要引擎。2017年全球服务贸易占全球贸易额的比重超过20%,如果按增加值统计,服务贸易占比为50%左右。全球服务贸易年均增速高于同期货物贸易增速1.5个百分点,高达30%的货物贸易则是由服务贸易带动的。同时,规则制定方面出现了一些新议题,包括促进全球数字市场开放、互联网的自由接入、解决本土化壁垒等。最近15年,全球贸易格局的最大变化就是服务贸易比重快速上升,但中国服务贸易却变化不大。就上海而言,2017年服务贸易额超过1万亿元人民币,占到全国的25%、全球2%以上,但服务进出口结构与纽约、香港、新加坡相比仍有差距。这也说明上海站在服务业改革开放前沿引领服务贸易大发展具有巨大潜力。

(二) 认真研究处理六大关系

产业发展方面,一是产业链角度布局。突破传统航运集群,从海洋经济范畴和海洋经济细分行业角度统筹考虑自由贸易港产业布局。

---

① 王新奎:《全球经济再重构》,《中国外资》,2013年第10期。

② 盛斌:《中国自由贸易试验区的评估与展望》,《国际贸易》,2017年第6期。

二是传统产业升级。石化产业升级与环保生态矛盾可以调和，避免片面理解石化产业。新加坡至今仍是世界石化产业基地，鹿特丹炼化工业也是其基础产业，而且正结合传统行业优势发展生物产业集群，致力成长为国际化生物港口。三是合理的产业配套。现代制造业与服务业以及两大产业细分行业之间都具有共同集聚的特点。新加坡、中国香港发展金融、法律法务、海事中介等配套服务业，阿联酋迪拜结合发展旅游业等做法都带有启发性。

港城关系方面，自由贸易港与母城之间存在着离心力和向心力关系。货运集装箱化、船舶大型化及深水港等趋势导致港城分离倾向，而自由贸易港竞争力还来自其他的配套设施诸如燃料销售、货运代理、仓储、物流、银行、保险、医疗等的通达性，金融、航运、商业等高端服务业对综合性服务对港城一体化具有较高要求。与此同时，港口与城市之间的功能、生命周期总体高度耦合。从全球港口发展阶段来看，发达国家自进入后工业化时期，现代港口就步入第三代港口发展期，显著表现在工业向柔性和个性化方向发展，虚拟企业开始出现，港口成为全球生产、销售等整个供应链中重要的节点，加之高新技术在港口领域得到全面应用，港口功能进一步完善，港口经营管理从追求规模化转向追求规模化与满足个性化相结合，提供全程、全方位、多层面的综合性服务，港口与所在地区或城市的发展更为紧密，与人类社会更为协调，从而形成区域经济、技术、文化、利益的共同体，最终成为全球资源配置的重要枢纽。①另外，现代海港和空港的组合，已是国际上自由贸易港的主流布局，发挥海—陆—空港综合优势是未来趋势。

管理制度方面，体现国际与国内规则接轨关系。现代交通通讯发达条件下，制度相对地理重要性上升。自由贸易港成功关键是针对商品与要素流动，政府、企业及社会的激励相容的制度机制设计。首先，贸易便利化和投资自由化制度探索。一方面，确保落实“境内关外”，实

---

① 李学工：《构筑现代港口物流发展的政策框架》，《水路运输文摘》，2006 年第 3 期。

现“一线放开,二线管住,区内自由,人货分离”管理模式。①另一方面,难度较高的是在可控范围内,进一步提高金融便利程度,包括试点资本项目开放相关政策,提升外汇结算便利程度,构建配套的金融创新体系。这既能够为港区内企业转口贸易业务提供更直接的金融支持,降低港区企业的贸易风险,又能吸引跨国贸易企业入驻,发展总部贸易。其次,探索具有国际竞争力的离岸税制安排。前文四个自由港在税制方面都做出了特殊安排,这是自由贸易港建设的惯例和竞争力的直接体现。第三,争取参与国际海运规则、标准制定的话语权。可以预见,未来的国际竞争势必更加激烈,也将更多地体现为规则之争、标准之争。作为全球第二大经济体、第一大货物贸易国、第一大港口国和第四大航运国,中国应有获得话语权的实力与决心。②

技术运用方面,一是提出建设智能港口新目标。在电子围网、物流物联网监管、口岸大数据分析与应用、口岸作业机器人等方面加大智能化建设力度。二是关注和借鉴全球前沿科技应用。包括全球范围自由贸易港、船舶公司、航运业的科技前沿应用。利用智能化技术,提升港口的自动化、信息化管理和服务水平,借助智能化的科技方案解决日益增多的压港问题等。近期荷兰鹿特丹港务局与 IBM 合作,利用物联网传感技术和人工智能应用实现港口的高效运营,致力于使鹿特丹港成为世界上最智能的港口。全球航运巨头马士基联合 IBM 宣布合资组建一个基于区块链的航运和供应链公司,旨在借助区块链技术,创建透明的数字化平台,该平台以开放为基础,全球贸易生态系统中的各方均可使用。目前,全球已经建成和正在建设的自动化码头有 40 余座。2017 年 12 月,全球最大单体自动化智能码头和全球综合自动化程度最高的码头——上海洋山深水港第四期码头正式开港,未来应在此基础上进

① 余淼杰等:《逆全球化背景下我国自由贸易港建设的动因与路径》,《江海学刊》,2018 年第 3 期。

② 张文广:《中国可以对〈鹿特丹规则〉说“不”》,《珠江水运》,2013 年第 4 期。

一步完善，致力成为港口智能化领域引领全球的新标杆。

人才流动方面，一是重视国际化人才引进和培养。形成海上、港口和岸上国际化人才新优势。与本地人才优势良性互动，提升本土人才国际化视野和水平。吸引高科技人才和开放型人才，为高端人才提供优厚的待遇。促进商务自然人流动，扩大外国人永久身份证的申请范围，吸引更多海外高层次人才到区内创新创业。例如，上海浦东新区挂牌“海外人才局”已先行一步。二是提高人员流动自由度。建立便捷高效的人才签证制度，规范外国人来华工作许可制度，为跨境务工人员出入境和停居留提供更大便利，吸引人才聚集，避免出现高端人才引进难、留住更难的问题。例如，积极借鉴与利用中国香港在人才培训方面的比较优势，由于实行国际商贸社会熟悉的普通法制度和国际商贸惯例，中国香港是亚太区的国际法律及解决争议服务中心，通晓两文三语、具备国际视野的人才雄厚，可为内地企业提供多元化的专业法律及相关服务，协助内地企业有序稳定地开拓海外市场。新加坡也有许多经验，其高级官员常到访航运企业了解需求，同时派遣高级官员和海事、港务管理人员到国外招商引资；2002 年出资 8 000 万新元成立航运中心基金，支持宣传活动、奖学金计划等。

环境与可持续发展方面，香港、鹿特丹、新加坡在建设绿色港口，支持可持续发展方面走在前列。例如香港积极支持《乘风约章》①，在 2012 年推出宽减计划，向转油的远洋船只提供港口收费减免。此外，国际上将船舶废弃物视为水域环境主要的污染源之一，而船舶压载水尤其是国际船舶压载水的排放，更是影响地区水域以及外来物种潜在入侵的一种重要隐患，为此特别重视和完善船舶废弃物和船舶压载水处

① 《乘风约章》是一个由航运业发起的、自愿性质参加，并且在无任何补贴资助下成立的转油计划，其对象为停泊在香港港口的远洋船舶计划，是亚洲首个停泊转油计划，并同时是世界上首个无补贴资助、自愿性质的转油计划。2012 年远洋航行中一般采用的常规燃油每吨的成本大约为 650 美元，而转用的低硫燃油的单价约 1 050 美元。

置及监管。所以,当前要主动对接《国际船舶压载水及沉积物控制和管理公约》等国际公约的实施,构建港口船舶压载水标准和技术体系,建立集管理、执法、检测服务于一体的压载水综合管理机制和平台。

第三节

中国探索建设自由贸易港

一、中国特色自由贸易港的区位选择

时至今日,世界自由贸易港的形态、功能和内涵都发生了很大的变化,由早期单一的海港,演变到空港,甚至陆港,再到发挥海陆空组合优势和港城融合优势的港城一体化。无论如何变化,承担自由贸易港功能的海港、空港和陆港都必须具备一定的区位优势、资源禀赋和社会人文环境。

首先,自由贸易港一般设在具有优越地理位置的地区,比如重要港口、江河码头、航运通道或大型国际机场附近。这些地区拥有四通八达的交通运输网络,链接或联系境内外多个国家或地区,有利于货物贸易和制造业原材料、制成品的进出及人员的流动。区位优势也常体现在良好的气候特征方面,比如爱尔兰香农属于温带海洋性气候,全年气温平和。香农河是大西洋畔的黄金海岸,凭借清新宜人的海洋性气候、迷人的田园风光、古色古香的中世纪城堡,吸引了大量国际游客。此外,时区要求也是一项重要的区位优势。比如,中国香港位于欧亚与美洲的中点,在当今两大最活跃的金融市场即伦敦和纽约之间,与伦敦相差八小时,与纽约相差十三小时,从而在时间上自然地弥补了欧美两大金融市场开市和收市空缺,成为国际金融交易每天 24 小时不间断运转的一个重要节点。这个条件对香港经营国际性业务非常有利。其次,自由贸易港在资源禀赋方面的要求,主要包括:就海港而言,港阔水深、风浪小,地形平坦开阔,陆地地质稳定,能够满足大型船舶停泊与航行需要;周

围有大城市依托，较强的产业支撑和基础配套优势，腹地经济发达；拥有高效的物流体系和发达的港口服务业；等等。最后，在社会人文环境方面，自由贸易港一般依赖于开放的金融环境和运行良好的金融体系，便利自由的贸易政策，优惠的税收支持及国际化的人才环境。

当前，我国已是一个贸易大国、交通大国和海洋大国，正在努力迈向贸易强国、交通强国和海洋强国。中国有 1.8 万多公里的海岸线和 12.7 万公里的内河航运线，自北向南依次分布着五大港口群，分别是环渤海港口群、长三角港口群、东南沿海港口群、珠三角港口群和西南沿海港口群。2017 年末，全国铁路营业里程达到 12.7 万公里，其中高铁 2.5 万公里；公路总里程 477.4 万公里，其中高速公路 13.7 万公里；全国港口拥有生产用码头泊位 2.76 万个，其中万吨级及以上泊位 2 366 个。我国对外贸易依存度已高达 60%，对外贸易运输量的 90%是通过海上运输完成的，世界航运市场 19%的大宗货物运往我国，22%的出口集装箱来自中国。在 2017 年全球前二十大集装箱港口排名中，中国占据了七席。①同时，中国内陆和沿边地区而言，劳动力充裕，自然资源富集，基础设施不断改善，特别是随着“一带一路”建设加快推进，中西部地区逐步从开放末梢走向开放前沿，开放型经济发展空间广阔。这些得天独厚的自然条件，不断改善的交通条件及日益强大的经济条件，为中国自由贸易港的探索发展奠定了良好的基础。由此，在全国空间布局方面，我国依托海港、空港、陆港或其组合形式探索建设自由贸易港都有很大的选择空间。

从操作层面看，可行的选择是在中国现有的自由贸易试验区中，选取一个或若干个相对成熟的自由贸易试验区，实施深化改革和探索建立自由贸易港的试验。基本操作方案是，将自由贸易试验区的海关特殊监管区域与非海关特殊监管区明确划分，形成“境内关外”的独立区，

---

① 分别是：上海港（第一）、深圳港（第三）、宁波—舟山港（第四）、广州港（第七）、天津港（第十）、厦门港（第十四）以及大连港（第十六）。

在这块独立区的“飞地”上建立自由贸易港;在非海关特殊监管区形成境内关内区域,大胆进行完善市场经济体制机制,深化政府与市场关系的一系列改革。在自由贸易试验区内则构成深化经济改革试验区与自由贸易港区两个相互连接的区域。深化改革试验区作为自由贸易港区的第一阶段,或自由贸易港的第一阶段,而自由贸易港区是自由贸易试验区的归宿。①

二、 中国特色自由贸易港的产业定位

中国特色自由贸易港的产业定位问题,需要综合国内产业基础、国际经验、政策导向等多方面因素加以认识。特别是,前文已分析指出,中国现有的自由贸易试验区是未来设立自由贸易港的重要可行选择。由此,自由贸易试验区的产业布局一定程度上构成中国特色自由贸易港最直接的产业基础,也是我们认识中国特色自由贸易港产业定位问题的理想切入点。

通过梳理代表性自由贸易试验区的总体方案、实施方案或产业规划发现,现有自由贸易试验区的产业布局具有以下显著特点,将直接影响未来中国自由贸易港的产业定位。

表 10.1　代表性自贸试验区的空间布局与产业定位

自贸试验区	空间布局	产业定位
天津	天津港片区	航运物流、国际贸易、融资租赁等现代服务业
	天津机场片区	航空航天、装备制造、新一代信息技术等高端制造业和研发设计、航空物流等生产性服务业
	滨海新区中心商务片区	金融创新为主的现代服务业

① 佟家栋:《中国自由贸易试验区的改革深化与自由贸易港的建立》,《国际商务研究》,2018 年第 1 期。

（续表）

自贸试验区	空间布局	产业定位
福建	平潭片区	商贸服务、航运服务、现代物流、金融服务、新兴服务、旅游服务和高端制造
	厦门片区	
	福州片区	
广东	广州南沙新区片区	航运物流、特色金融、国际商贸、高端制造、生产性服务业等
	深圳前海蛇口片区	金融、现代物流、信息服务、科技服务等战略性新兴服务业，世界服务贸易
	珠海横琴新区片区	旅游休闲健康、商务金融服务、文化科教和高新技术等产业
辽宁	大连片区	港航物流、金融商贸、先进装备制造、高新技术、循环经济、航运服务等产业
	沈阳片区	装备制造、汽车及零部件、航空装备等先进制造业和金融、科技、物流等现代服务业
	营口片区	商贸物流、跨境电商、金融等现代服务业和新一代信息技术、高端装备制造等战略性新兴产业
陕西	中心片区	战略性新兴产业、高新技术产业，高端制造、航空物流、贸易金融等产业
	西安国际港务区片区	国际贸易、现代物流、金融服务、旅游会展、电子商务等产业
	杨凌示范区片区	农业科技创新、示范推广、国际合作
湖北	武汉片区	新一代信息技术、生命健康、智能制造等战略性新兴产业和国际商贸、金融服务、现代物流、检验检测、研发设计、信息服务、专业服务等现代服务业
	襄阳片区	高端装备制造、新能源汽车、大数据、云计算、商贸物流、检验检测等产业

(续表)

自贸试验区	空间布局	产业定位
湖北	宜昌片区	先进制造、生物医药、电子信息、新材料等高新产业及研发设计、总部经济、电子商务等现代服务业
河南	郑州片区	智能终端、高端装备制造及汽车制造、生物医药等先进制造业及现代物流、国际商贸、跨境电商、现代金融服务、服务外包、创意设计、商务会展、动漫游戏等现代服务业
	开封片区	服务外包、医疗旅游、创意设计、文化传媒、文化金融、艺术品交易、现代物流等服务业，提升装备制造、农副产品建工国际合作，国际文化贸易、文创产业等
	洛阳片区	装备制造、机器人、新材料等高端制造业以及研发设计、电子商务、服务外包、国际文化旅游、文化创意、文化贸易、文化展示等现代服务业
四川	成都天府新区片区	现代服务业、高端制造业、高新技术、临空经济、口岸服务等产业，开放型金融产业、商贸物流等
	成都青白江铁路港片区	国际商品集散转运、分拨展示、保税物流仓储、国际货代、整车进口、特色金融等口岸服务业和信息服务、科技服务、会展服务等现代服务业
	川南临港片区	航运物流、港口贸易、教育医疗等现代服务业，以及装备制造、现代医药、食品饮料等先进制造和特色优势产业

资料来源：根据各自贸试验区方案整理。

特点一：先进制造业与现代服务业并举。表 10.1 显示，代表性自由贸易试验区的产业布局涵盖行业领域、范围较为广泛，既包括商贸服务、航运服务、现代物流、金融服务、新兴服务、旅游服务等现代服务业，也包括装备制造、机器人、生物医药、电子信息、新材料等高端制造业和高新产业。个别自贸试验区还涉及农业，比如陕西自贸试验区的杨凌示范区片区以农业科技创新、示范推广为重点，通过全面扩大农业领域国际合作交流，打造“一带一路”现代农业国际合作中心。自贸试验区的先进制造业与现代服务业并举的产业布局，一方面较好地体现了中国现阶段在先进制造业与现代服务业领域较为一致的积累优势和新发展需求，另一方面，也体现了不同地区的资源禀赋差异和优势产业特点。这也意味着中国特色自由贸易港的产业定位将有所突破，并不仅仅局限在航运物流、金融商贸、口岸服务和信息服务等现代服务业方面。2018 年宣布设立的海南自由贸易港即明确不以转口贸易和加工制造为重点，而以发展旅游业、现代服务业和高新技术产业为主导。

特点二：服务贸易与货物贸易并举。近十年来，全球贸易格局的最大变化在于全球服务贸易比重快速上升，服务贸易增长成为全球贸易增长的重要引擎。但是，中国服务贸易长期滞后于货物贸易，服务业的开放程度远低于制造业。这也是从上海自贸试验区设立以来，几乎所有的自贸试验区巩固扩大货物贸易的同时，进一步被地方作为发展服务贸易的重要抓手，围绕发展服务贸易积极产业布局的重要原因之一。比如，浙江自贸试验区积极推进油品全产业链建设，打造国际油品贸易平台，全面服务于储运、加工、交易、补给、配套等各领域，同时建设以舟山渔山岛炼化项目为核心的国际石化基地。

2015 年 2 月，国务院印发《关于加快发展服务贸易的若干意见》，首次全面系统地提出发展服务贸易发展的战略目标和主要任务。同时，商务部选择部分城市和区域开展服务贸易创新发展试点。服务贸易管理体制、发展模式、便利化等制度建设和探索仍将是自由贸易试验区的重要任务。在此基础上，自由贸易港致力于成为物流、金融、贸易、会展、商事服务与中介等服务业的集聚地。

特点三:海关特殊监管区与非海关特殊监管区并举。现有自贸试验区的实施范围,通常由海关特殊监管区域与非海关特殊监管区两部分构成。其中,非海关特殊监管区又大多在已有经济技术开发区或高新技术产业区基础上建立海关特殊监管区的形式涉及保税区、保税物流园区、综合保税区、保税港区等。在功能布局上,自贸试验区的海关特殊监管区部分,主要进行以贸易便利化为主要内容的制度创新,开展保税加工、保税物流、保税服务等业务;非海关特殊监管区则较多依赖本身良好的产业基础,进行投资体制改革,完善事中事后监管,发展高端制造业、高新技术产业和现代服务业。

自由贸易港要发挥国际贸易中心、国际金融中心、国际商务中心和国际航运中心的重要节点或枢纽功能作用,可在现有自贸试验区海关特殊监管区基础上有所突破。比如,针对现有保税港区一般不设立商业性消费的限制,允许区内消费,使其可以容纳众多的服务业企业并形成集聚。或者自由贸易港的区划不扩大海关特殊监管区,但在围栏外建立配套区,金融、商事服务等行业在配套区集聚。①

三、 中国特色自由贸易港的制度安排

自由贸易港的建设不是一蹴而就的,而是一个长期系统的过程。为此,应对标国际高标准,以高度市场化、国际化、法治化、现代化为目标要求,统筹考虑、因地制宜、因时制宜地建立自由贸易港政策和制度体系,发挥制度保障作用尤为重要。

首先,考虑地方立法先行。目前,海关特殊监管区的法律依据只有《海关法》第三十四条的授权“经国务院批准在中华人民共和国境内设立的保税区等海关特殊监管区域,由海关按照国家有关规定实施监管”。自贸试验区的建设依靠全国人大常委会和国务院的“双层授权”

① 崔凡等:《论中国自由贸易港的战略意义与功能定位》,《国际贸易》,2018 年第 4 期。

方式取得立法权限突破。国际上，许多自由贸易港建立的一个做法是，先立法后设港区，专门制定自由贸易港相关法律，明确其区域性质和法律地位。如表 10.2 所示，美国制定了《对外贸易区法案》，新加坡制定了《自由贸易区条例》，规定了自由贸易区的制度安排。中国特色自由贸易港可以参照性制定地方性法规、地方政府规章，加强法律层面的顶层设计，克服现有制度安排带来的不便。

表 10.2　全球代表性自由贸易港法律法规制度一览表

国家／地区	法律法规	基本内容
美国	《对外贸易区法案》、《对外贸易区条例》	规定对外贸易区的申请、批准、监管、经营、处罚等实体内容及程序规则
新加坡	《自由贸易区法令》、《自由贸易区条例》	规定自由贸易区的制度安排，包括功能、定位、管理体制、优惠制度及监管制度等
韩国	《关税自由贸易区专门法》	对自贸区定位、管理体制、关税、优惠等专门规定
中国台湾	《自由贸易港区设置管理条例》	规定港区之划设及管理，货物自由流通，港区事业自主管理，租税措施，出入境及出入区许可等内容
中国香港	《香港特别行政区基本法》、《进出口（登记）规例》、《应课税品条例》等	确立香港特别行政区保持自由港地位，系单独的关税去，实行自由贸易政策

资料来源：黄建忠、文娟主编：《探索建设自由贸易港蓝皮书（2017）》，中国经济出版社 2018 年版，第 206 页。

其次，逐步形成系统性的自由贸易港政策体系和制度环境。

一是不断健全贸易便利化政策措施。既要促进传统贸易方式的发展，也要促成过境贸易、转口贸易、离岸贸易和跨境电商贸易的发展。借鉴香港经验，试行“先入区、后报关”制度，采用新型通关方式特别是智慧通关以适应跨境电商发展，提高监管效率和便利化程度，提高国际中转集拼业务比重。

二是探索支持自由贸易港发展离岸贸易与离岸金融,提升资金进出自由度的相关支付结算和管理措施。比如,改善和推广现有FT账户,改造升级现有的OSA账户制度,或是在有效监管情况下推行自由贸易港资本项目自由化。

三是设计具有国际竞争力的税收制度。借鉴西方国家"低税率、宽税基、少减免、严征管"经验,提高自由贸易港税制的针对性、灵活性,加强国内外税收协调、港内外税收协调,同时尽量防止过度避税。

四是建立"境内关外"监管模式与风险监管框架。按照"一线放开,二线管住,区内自由"总体要求,建立"境内关外"总体监管模式,以实现货物、人员、资金安全、便捷、高效、自由流动为指向,以跨部门的智能化信息系统为支撑,联系政府和市场主体,把货物进出境、国际贸易、航运物流、金融服务等相关领域改革集成,形成系统性的制度环境。同时,针对若干风险监管领域,建立包含离岸金融、贸易风险、投资风险和法律风险的风险监管框架。

五是加强信用体系和信息共享制度建设。完善自贸试验区和自由贸易港信用体系和征信系统建设。通过法律法规形式加强信息共享制度建设,解决监管机构各自为政、碎片化监管,建立跨部门联动、综合执法的监管体系。利用互联网和大数据等新技术手段,提升政府治理和监管现代化水平。同时,建立自由贸易港内企业的市场化退出机制。

六是提供自由贸易港的争端解决机制和保障。改进和完善现有上海自贸试验区的商事仲裁制度,对标国际投资仲裁机制,打造国际投资仲裁中心。在自由贸易港内提供一流的、符合国际标准的仲裁服务场地和软、硬件设施,为国际投资仲裁活动参与者提供简便签证待遇,免签入港等人员自由流动的便利措施等。

七是人才政策与外籍劳工管理。探索如何吸引国内外高端人才和专业人才,探索商务人员自由方便出入境管理和外籍劳工入境居留管理的新举措。

另外，管理机构与运营机构的设置。自由贸易港的管理与运营实行有效分离，一方面，为实现自由贸易港区按照国际最高开放程度和标准实现统一管理，可以尝试设立单一管理体制的自由贸易港管理机构；另一方面，引进国际高水平的自由贸易港区开发运营机构，鼓励采用合作、合资等多种方式开展运营管理，直接提升区域开发开放和运营管理的国际化水平。对此，《中共中央国务院关于支持海南全面深化改革开放的指导意见》中已经明确提出，积极吸引外商投资以及先进技术、管理经验，支持外商全面参与自由贸易港建设。

四、 中国特色自由贸易港的积极探索

(一) 海南：第一个中央明确提出支持建设自由贸易港

2018 年 4 月 13 日，习近平总书记在庆祝海南建省办经济特区 30 周年大会上发表讲话时郑重宣布，支持海南全岛建设自由贸易试验区，支持海南逐步探索、稳步推进中国特色自由贸易港建设，分步骤、分阶段建立自由贸易港政策和制度体系。由此，海南成为全国第 12 个自贸试验区，第一个中央明确提出支持建设自由贸易港的省份。第一个自由贸易港试点为何选择海南？海南如何建设自由贸易港？这是过去几个月以及未来一段时间社会各界共同关心和关注的两大问题。

海南获得自贸试验区与自由贸易港政策“双加持”尽在情理之中，并非意外之举。2017 年，党的十九大报告强调，开放带来进步，封闭必然落后。中国开放的大门不会关闭，只会越开越大。推动形成陆海内外联动、东西双向互济的全面开放新格局。2017 年底，中央经济工作会议指出，要在开放的范围和层次上进一步拓展，更要在开放的思想观念、结构布局、体制机制上海进一步拓展。2018 年 4 月 10 日，习近平主席应邀出席博鳌亚洲论坛 2018 年年会开幕式并发表主旨演讲时强调，实践证明，过去 40 年中国经济发展是在开放条件下取得的，未来中国经济实现高质量发展也必须在更加开放条件下进行。进而在扩大开放方面提出，大幅度放宽市场准入、创造更有吸引力的投资环境、加强知

识产权保护、主动扩大进口等重大举措。在中国特色社会主义进入新时代的大背景下,赋予海南经济特区改革开放新的使命,是习近平总书记亲自谋划、亲自部署、亲自推动的重大国家战略。支持海南建设自贸试验区和探索建设自由贸易港是彰显我国扩大对外开放、积极推动经济全球化决心的重大举措。

就海南自身而言,2018 年是贯彻党的十九大精神的开局之年,是改革开放 40 周年,也是海南建省和兴办经济特区 30 周年。1988 年,海南建省和兴办经济特区是党中央着眼于我国改革开放和社会主义现代化建设全局作出的重大战略决策。经过 30 年的不懈努力,海南作为全国最大的经济特区发生了翻天覆地的变化,由一个边陲岛屿蜕变为我国改革开放的重要窗口。统计数据显示 1987 年,海南地区生产总值仅有 57 亿元,地方财政收入不到 3 亿元。人均国民收入相当于全国水平的一半,农村人口比例高达 80%,17%左右的人口未解决温饱。2017 年,海南地区生产总值 4 462 亿元,人均地区生产总值 7 179 美元,地方一般公共预算收入 674 亿元,城镇化率和第三产业比重都已经超过了 50%。尽管与其他省份相比仍有不小差距,但 1988 年至 2017 年海南地区生产总值、人均生产总值、地方财政收入分别增长 21.8 倍、14.3 倍、226.8 倍,发展成绩显著。①特别是旅游业发达,2017 年全省接待国内外游客总人数达 6 700 万人次。新时代要有新作为,在这样一个特殊的历史节点,宣布海南建设自由贸易试验区和探索建设自由贸易港,推动海南成为新时代全面深化改革开放的新标杆,对于构建中国改革开放新格局具有重大而深远的影响。此外,海南地理位置独特,现有 930 万人口,面积为 3.5 万平方公里,是中国最大的经济特区和天然离岛;拥有全国最好的生态环境,森林覆盖率高达 62%、空气优良率保持在 99%以上。这些禀赋条件为海南未来建设成为世界最大的自由贸易港奠定了良好的基础。

① 刘德伟:《海南自由贸易试验区真的不一样》,《中国外资》,2018 年第 5 期。

在全国已经形成 1＋3＋7 自贸试验区格局下，海南如何差异化建设自贸试验区和探索建设自由贸易港？对此，2018 年 4 月 11 日《中共中央国务院关于支持海南全面深化改革开放的指导意见》（以下简称《意见》）提出了总体要求。正如上文表明的，提出海南建设自贸试验区与自由贸易港这一重大举措，需要置于国家新时代改革开放大局、海南深化改革开放新使命中予以理解。当前，海南自贸试验区与自由贸易港建设方案尚未公布情况下，我们重点基于《意见》这一官方文件，解读海南探索自由贸易港建设的总体思路和主要内容。

首先，对海南作出了新的战略定位，是指导海南建设自贸试验区和探索建设自由贸易港的总纲领。全面深化改革开放试验区、国家生态文明试验区、国际旅游消费中心、国家重大战略服务保障区构成的“三区一中心”战略定位，为海南在新时代新的起点上推动形成改革开放新格局指明了方向，是海南新一轮改革开放的重要方向，也是建设自贸试验区和探索建设自由贸易港大有作为的着力点。例如，围绕全面深化改革开放试验区的战略定位，自贸试验区与自由贸易港建设应纳入探索建立开放型经济新体制框架，致力快速提升海南开放水平，深化琼州海峡、泛珠三角区域合作，积极对接粤港澳大湾区建设，全面加强国内国际联系，打造更高层次、更高水平的开放型经济，把海南打造成为我国面向太平洋和印度洋的重要对外开放门户。打造国际旅游消费中心，实施外国人入境旅游免签政策，加大出入境安全措施建设，为进一步扩大免签创造条件，也需要合理利用自贸试验区与自由贸易港政策进行针对性的探索和突破。

其次，为海南擘画了发展新蓝图，表明了自由贸易港的建设步骤。《意见》为海南发展明确规划了“四步走”的发展目标：2020 年，与全国同步实现全面建成小康社会目标，自贸试验区建设取得重要进展，国际开放度显著提高；2025 年，经济增长质量和效益显著提高；自由贸易港制度初步建立，营商环境达到国内一流水平；2035 年，在社会主义现代化建设上走在全国前列，自由贸易港的制度体系和运作模式更加成熟，营商环境跻身全球前列;到21世纪中叶,率先实现社会主义现代化,形成高度市场化、国际化、法治化、现代化的制度体系,成为综合竞争力和文化影响力领先的地区。可见,海南“四步走”的发展目标具有两个明显特点:其一,海南四个阶段的发展目标,与“两个一百年”奋斗目标以及中国梦紧密衔接;其二,明确将自贸试验区和自由贸易港建设列为发展目标,分别提出在2020年、2025年和2035年须要达到的建设要求。这意味着,2035年以前,自贸试验区和自由贸易港建设作为海南发展新蓝图中的一条工作主线贯穿其中,同时也表明自由贸易港建设步骤实际有明确时间节点依据。

再次,提出海南推动形成全面开放新格局,明确自由贸易港建设总体要求。一是建设步骤方面,坚持全方位对外开放,按照先行先试、风险可控、分步推进、突出特色的原则。第一步,在海南全境建设自贸试验区,赋予其现行自贸试验区试点政策。第二步,探索实行符合海南发展定位的自由贸易港政策。可见,现阶段海南自贸试验区建设,主要是复制推广其他11个自贸试验区试点内容和政策。与国内其他自贸试验区不同之处,则是有步骤地加快推进自由贸易港的政策和制度建设。这需要海南先行先试的自我探索。海南自贸试验区建设是明确以自由贸易港建设为目标指向的,自贸试验区只是建立自由贸易港的一个过渡阶段和准备阶段,“区港联动”是不同于其他自贸试验区的一个重要特点。

二是产业布局方面,海南自贸试验区建设将围绕种业、医疗、教育、体育、电信、互联网、文化、维修、金融、航运等10个重点领域,深化现代农业、高新技术产业、现代服务业对外开放,并且推动服务贸易加快发展。海南探索建设自由贸易港则强调,不以转口贸易和加工制造为重点,而以发展旅游业、现代服务业和高新技术产业为主导。显然,海南自贸试验区和自由贸易港建设,是以加快生活性服务业开放和生产性服务业市场开放为重点,形成服务贸易发展新高地,这也是海南从自贸试验区走向自由贸易港的一个艰巨的重大任务。

特别是,《意见》提出要创新促进国际旅游消费中心建设的体制机制,为海南旅游业发展创造了新的历史契机。比如,在拓展旅游消费发展空间方面,实施更加开放便利的离岛免税购物政策,实现离岛旅客全覆盖,提高免税购物限额;支持海南开通跨国邮轮旅游航线;制定支持境外患者到博鳌乐城国际医疗旅游先行区诊疗的便利化政策;探索发展竞猜型体育彩票和大型国际赛事即开彩票;大力推进海南旅游消费国际化等。《意见》所提出的实施更加开放的离岛免税购物、邮轮游艇、海岛旅游、医疗旅游、文化体育产业发展等政策,是根据海南国际旅游岛建设转型升级需要、量身打造的开放政策,有利于促进境外消费回流、推动经济增长从以投资拉动为主向以消费拉动为主转变;同时,这一系列含金量极高的海南国际旅游岛建设新政策和新举措,有赖于与自由贸易港政策体系统筹设计、协同推进。

三是风险防范方面,强调加强风险防控体系建设。其主要包括:出台有关政策要深入论证、严格把关,成熟一项推出一项。打好防范化解重大风险攻坚战,有效履行属地金融监管职责,有效防控金融风险。优化海关监管方式,强化进出境安全准入管理。建立检验检疫风险分类监管综合评定机制。强化企业投资经营事中事后监管,实行"双随机、一公开"监管全覆盖。

最后,特别强调人才作用,海南要坚持五湖四海广揽人才。习近平总书记在庆祝海南建省办经济特区 30 周年大会上的讲话中指出,海南建省办经济特区初期就有"十万人才过海峡"的壮举。海南全面深化改革开放是国家的重大战略,必须举全国之力、聚四方之才。《意见》强调完善人才发展制度,实施人才强国战略,深化人才发展体制机制改革,实行更加积极、更加开放、更加有效的人才政策,在创新人才培养支持机制、构建更加开放的引才机制、建设高素质专业化干部队伍、全面提升人才服务水平等方面取得新突破加快形成人人渴望成才、人人努力成才、人人皆可成才、人人尽展其才的良好环境。为此,2018 年 5 月,海南省出台了 46 条落实措施和"百万人才进海南"行动计划,引才聚才先行,加快推进自贸试验区和自由贸易港建设。

(二)上海全力探索建设自由贸易港

除海南省外,上海市、浙江省是最早谋划并在正式方案中明确提出建设自由贸易港的省份。2017年3月,国务院正式印发《全面深化中国(上海)自由贸易试验区改革开放方案》通知(国发〔2017〕23号),首次提出在洋山保税港区和上海浦东机场综合保税区等海关特殊监管区域内设立自由贸易港区。同时,国务院正式印发《中国(浙江)自由贸易试验区总体方案》通知(国发〔2017〕16号),提出"对接国际标准初步建成自由贸易港区先行区"(见专栏10.4)。

专栏10.4 上海、浙江提出建设自由贸易港区

在洋山保税港区和上海浦东机场综合保税区等海关特殊监管区域内,设立自由贸易港区。对标国际最高水平,实施更高标准的"一线放开"、"二线安全高效管住"贸易监管制度。根据国家授权实行集约管理体制,在口岸风险有效防控的前提下,依托信息化监管手段,取消或最大程度简化入区货物的贸易管制措施,最大程度简化一线申报手续。探索实施符合国际通行做法的金融、外汇、投资和出入境管理制度,建立和完善风险防控体系。

——《全面深化中国(上海)自由贸易试验区改革开放方案》:(十六)设立自由贸易港区

经过三年左右有特色的改革探索,基本实现投资贸易便利、高端产业集聚、法治环境规范、金融服务完善、监管高效便捷、辐射带动作用突出,以油品为核心的大宗商品全球配置能力显著提升,对接国际标准初步建成自由贸易港区先行区。

——《中国(浙江)自由贸易试验区总体方案》:(三)发展目标

上海当好改革开放的排头兵、创新发展的先行者,探索建设自由贸易港是重要途径,有助于形成更高程度的资源优化配置,为全面深化改革和扩大开放探索新路径、积累新经验。首先,前文分析表明,自由贸易港建设是一个复杂且系统的工程。根据国际经验，上海需要从港区一体化、组织架构、监管制度、税收体系、市场准入、基础设施、特色产业与腹地经济等方面入手，依托深化方案，逐步搭建主体框架。

其次，深化监管制度创新。自由贸易港实行“一线放开，二线管住”，海关后撤到二线，自由贸易港的内部成为“境内关外”，在该情形下如何实现有效监管，在“一线”最大程度放开后，能不能有效进行风险管控，是检验自由贸易港建设成败的关键所在。基于建设国际最高标准自由贸易港的战略目标，上海自由贸易港不仅要完善基础设施建设、构筑发达运输网络体系、拓展航运功能和运输能力，更为重要的是要营建具有国际市场竞争力的营商环境，具体包括高标准的国际投资贸易制度、良好的法治保障环境以及高效、便利、透明的现代管理体制，这是一个跨领域的、体系庞大的系统科学工程，唯有借助政策支持和制度创新才能有效予以推进。为此，上海要实施更高标准的贸易监管制度，建立“一线放开、二线安全高效管住”为核心的“境内关外”制度体系和“集约化监管”的管理体制，进一步优化口岸监管执法流程，提高进出口货物通关效率①。

最后，凸显“自由贸易”功能。按照主体功能的培育要求，上海自由贸易港要发展贸易金融、航运金融、外汇管理、支付结算、全球维修、自然人（专业人士）出入境便利等功能。

在贸易功能方面，上海要积极争取国家各部门支持，努力形成自由贸易港的集中监管体系、区港一体化运作体系、安全有效的风险管理体系、信息化的服务体系，以及与之相配套的法律支撑体系，争取在自由贸易港实现畅通的转口贸易和离岸贸易功能。同时，还需加大力度推进开展全球维修业务，在风险可控前提下推进高端设备再制造业务。围绕做强贸易平台，利用自由贸易港建设，引导现有的大宗商品现货市场全面整合产业链，延伸服务链，健全物流、金融服务体系，加快建设面

① 张文扬：《沪浙先行自由港开跑》，《经济观察报》，2017 年 10 月 27 日。

向国际的大宗商品现货交易市场,实现期货市场和现货市场、保税交易和非保税交易、一般贸易和转口贸易联动发展。

在金融功能方面,《国务院关于印发进一步深化中国(上海)自由贸易试验区改革开放方案的通知》提到,要建立“以资本项目可兑换和金融服务业开放为目标的金融创新制度”,“加大金融创新开放力度,加强与上海国际金融中心建设的联动”。作为金融改革的试验田,上海自由贸易港的金融领域的改革试点将涵盖人民币资本项目可兑换、金融市场利率市场化、跨境人民币外汇管理、国际大宗交易平台建设等方面,助力上海国际金融中心建设。上海自由贸易港要对标国际最高标准,实行高水平的贸易和投资自由化便利化,需要在金融、外汇、保险等方面探索实施符合国际通行做法的管理服务制度;要实行贸易结算资金自由收付制度,对通过 FT 账户分账核算系统发生的经常项目跨境资金收付和直接投资业务,应最大限度放松管制并取消额度限制;支持有真实业务背景的贸易金融、航运金融跨境融资业务发展。

在航运功能方面,形成自动化、智能化、信息化的港区一体运作模式是上海自由贸易港追求的目标之一。自由贸易港除了进行原有的码头装卸、仓储、转运等作业外,还承担了诸如订货、采购、拼箱、拼装及配送等服务,其核心是以满足客户的不同要求为目标,并为此提供最佳的物流供应链方案。自由贸易港的发展是建设和巩固国际航运中心的必然条件。将洋山保税港区建设自由贸易港区,可以进一步增强枢纽港的地位,也可以更好地服务海上丝绸之路和长江经济带建设,提高上海港在全球航运市场的话语权。上海自由贸易港建设必将成为上海国际航运中心建设的新引擎。

参考文献

艾德洲:《中国特色自由贸易港下行政边界冲突和机构改革问题研究》,《经济学家》,2018 年第 5 期。

崔凡等:《论中国自由贸易港的战略意义与功能定位》,《国际贸易》,2018 年第 4 期。

黄建忠、文娟:《探索建设自由贸易港蓝皮书(2017)》,中国经济出版社 2018 年版。

李鲁、赵方:《中国园区经济的国际认知与新使命》,《改革》,2017 年第 7 期。

佟家栋:《中国自由贸易试验区的改革深化与自由贸易港的建立》,《国际商务研究》,2018 年第 1 期。

汪洋:《推动形成全面开放新格局》,《人民日报》,2017 年 11 月 10 日。

朱福林:《建立自由贸易港的战略思路与对策》,《全球化》,2018 年第 6 期。

后 记

《拓展与升级：中国（上海）自由贸易试验区建设进程与展望》由中共上海市委组织部牵头、中共上海市委党校组织编写，是一本供各级领导干部进行专题学习教育的参考读本。

全书十章，具体分工如下：中共上海市委党校经济学教研部副主任、教授唐珏岚任主编。第一章、第六章与第九章由唐珏岚编写，第二章由中共上海市委党校公共管理教研部孙志建副教授编写，第三章和第四章由中共上海市委党校经济学教研部叶敏华副教授编写，第五章和第八章由中共上海市委党校上海发展研究院副院长潘文轩副教授编写，第七章由中共上海市委党校公共管理教研部蔡爱平副教授编写，第十章的编写者是中共上海市委党校经济学教研部的李鲁博士。全书由唐珏岚负责统稿、定稿。

本书的编写得到了中共上海市委组织部和中共上海市委党校等单位领导、专家和同志们的大力支持。中共上海市委党校副校长曾峻参与了提纲讨论、书稿修改。教务处赵勇、吕平、宋薇等同志为编写和出版工作提供了帮助。浦东新区政府陈希，上海自贸试验区管委会郑海鳌，上海市金融办李军、谢善鸿、殷军，上海市商务委申卫华，上海行政法制研究所王天品等同志对书稿提出了建设性修改意见。在此一并衷心感谢！本书在编写过程中得到了上海自贸试验区管委会、上海市金融办等单位提供的大量数据资料，还参考了一些相关著述，在此也一并表示感谢。

由于时间仓促和编者水平有限，本书难免存在一些不完善之处，尚祈读者批评指正。

编者

2018年10月

图书在版编目(CIP)数据

拓展与升级:中国(上海)自由贸易试验区建设进程与展望/唐珏岚主编.—上海:上海人民出版社,2018
ISBN 978-7-208-15535-0

Ⅰ.①拓… Ⅱ.①唐… Ⅲ.①自由贸易区-经济建设-研究-上海 Ⅳ.①F752.851

中国版本图书馆CIP数据核字(2018)第246061号

责任编辑 吴书勇
封面设计 李婷婷

拓展与升级
——中国(上海)自由贸易试验区建设进程与展望
唐珏岚 主编

出　　版 上海人民出版社
(200001 上海福建中路193号)
发　　行 上海人民出版社发行中心
印　　刷 上海商务联西印刷有限公司
开　　本 720×1000 1/16
印　　张 23.5
插　　页 4
字　　数 304,000
版　　次 2019年1月第1版
印　　次 2019年1月第1次印刷
ISBN 978-7-208-15535-0/F·2565
定　　价 75.00元